生涯学習とアソシエーション

三池、そしてグラムシに学ぶ

黒沢惟昭

写真提供：森山沾一氏

社会評論社

はじめに……9

I　三池から学ぶ――終らない炭鉱《やま》の物語……13

序　章　三池へのプロローグ
――映画「三池　終わらない炭鉱《やま》の物語」を観る――……14
一　三池労組解散　17
二　三池炭鉱、苛酷な労務政策　20
三　三池闘争略史　24

第一章　三池闘争と学習活動――成立と展開――……28
はじめに　28
一　三池学習活動の成立　35

二　三池学習活動の展開　51
三　一九六〇年代三池学習活動の組織論　58

第二章　女性、子どもたちと三池闘争
——『三池主婦会二〇年』によせて——……71
一　三池主婦会産みの苦しみ　72
二　「英雄なき一一三日のたたかい」と主婦会　74
三　たたかいと分裂と差別のなかで　76
四　学ぶこと、残された課題　80

補論Ⅰ　その後の三池——三井三池労組における「五人組」組織——……83
一　抵抗と助け合いの小集団　84
二　合理化攻撃と職制支配　86
三　長期抵抗路線の核としての「五人組」　87
四　「五人組」の発展　91

第三章　三井三池闘争と階級・差別の問題
——労働運動と部落解放運動——……95
一　問題の所在　95

二　三井三池における労働者のたたかいと教育　96
三　労働運動と部落解放運動の接近　98
四　接近のなかでの意識の変革　100
五　問題点――若干の傍証　101
六　あとがき　110

第四章　労働者学習・教育試論……118
はじめに　118
一「窮乏化理論」について　119
二「自然発生性」と「意識性」　123
三　労働者の学習・教育についての仮説　125
おわりに　127

補論II　久しぶりに大牟田で「三池の学習会」を学ぶ……131
一　労働者の誇りと学習会　131
二　半世紀をこえる交流　135

Ⅱ　生産者社会から市民社会へ……137

プロローグ……138

序　章　カオスの現代を読み解くグラムシの思想……141
一　グラムシの生涯　141
二　『獄中ノート』の思想　143
三　ヘゲモニーとしての教育と現代の課題　146

第一章　組織された生産者社会の夢の再生
――グラムシ「工場評議会」と人間の問題――……148
一　工場評議会運動の生成・展開――生産者社会の夢と挫折――　148
二　組織された生産者社会　154
三　「ソチエタ・レゴラータ」と知識人の問題　163

第二章　現代日本の生涯学習と市民社会……174
はじめに　174
一　「社会教育」の再検討　175
二　社会教育から生涯教育へ　185

三　生涯学習時代の到来　196
四　生涯学習と現代市民社会　211

第三章　新しい社会形成とボランティア・ネットワーキング……………227
一　マルクスの再評価と社会民主主義　227
二　「小さな政府」の再審　231
三　社会形成の原理としてのアソシエーション　242
四　生涯学習とボランティア・ネットワーキング　251

第四章　市民的ヘゲモニーの生成と展開――生産者社会から市民社会へ――…263
はじめに――現代日本におけるグラムシ思想と教育研究――　263
一　資本主義の変貌と現代の市民社会　267
二　市民社会の主体形成――グラムシの思想を視軸にして――　269
三　現代日本の主体形成　277
おわりに　292

あとがきにかえて――初出と追記……………………………………298

索　引　303

はじめに

全国の教師が自分の教育実践のレポートをもちよって報告・討議する研究集会（日教組全国教研）に参加して二〇年になる。私が共同研究者（助言者）をつとめるのは、子どもたちの進路をどう保障するかをテーマとする分科会である。高校進学率が九七％になるのに、残りの三％が依然として希望しても入れない。多くは知的障害者である（入試で振り落されるのだ）。希望者には全員高校進学を保障すべきだ。それにはどうしたらよいか。これが二〇年間一貫した私どもの分科会の討論の柱である。

それが今年から新しい論点が加わった。奨学金である。奨学金がもらえない。あるいは返済ができないために進路保障が困難になったというレポートが多くみられた。しかも、さいきんは、少子化に地方自治体の財政悪化も加わり学校の統廃合が進んでいる。それに伴う遠距離通学の交通費の負担増が高校進学・通学に大きな影響を与えているのだ。

高度経済成長以降それほど目立たなかった貧困が子どもたちの進路に大きな影響をもたらしているのだ。

ところが、小泉元首相と構造改革路線を推進してきた格差化の「元凶」竹中平蔵氏は、総務大臣当時、次のように発言したことがある。

「格差ではなく貧困の議論をすべきです。貧困が一定程度広がったら政策で対応しないといけませんが、社会的に解決しないといけない大問題としての貧困はこの国にはないと思います」（『朝日新聞』二〇〇六年六月一六日）。

続いて、当時の安倍晋三首相は、「生活必需品が調達できない絶対的貧困率は先進国の中で最も低い水準にある」と国会で答えた（『東京新聞』二〇〇七年七月一三日）。

しかし、湯浅誠氏は、「海外の民間団体がたった七〇〇人に電話して主観的な回答を聞いただけの調査」が以上の断定の根拠になっていると告発する（湯浅誠『反貧困――「すべり台社会」からの脱出』岩波書店、二〇〇八年、九七頁）。

因みに同書によって「貧困化」の一端を引用すれば次のようになる。「一九九〇年代の長期不況以降、正規から非正規への雇用代替が急速に進み、非正規労働者はこの一〇年間（一九九七―二〇〇七年……）で五七五万人増え、正規労働者は同時期に四一九万人減った……今や、全労働者の三分の一（一七三六万人）が非正規であり、若年層（一五―二四歳）では、四五・九%、女性に至っては、五割を超えている（五三・四%）。また、地方商店街が「シャッター通り」化し、米価も暴落……するなど、自営業主の生活の厳しさも露《あらわ》になっている。いわゆるフリーターの平均年収は約一四〇万円であり……国税庁の発表では年収二〇〇万円以下の給与所得者が二〇〇六年、一〇二二万人に達した。もはや『まじめに働いてさえいれば、食べていける』状態ではなくなった。労働の対価として得られる収入によって生活を支えていく、というこれまでの日本社会の『あたりまえ』が『あたりまえ』ではなくなったのである……」（前掲湯浅書、二一一頁）。

この「あたりまえ」でなくなった日本社会の変容をグラムシの用語でいえば「受動的革命」であり、

その転換点となったのは五〇年代から六〇年初頭の三池闘争とその敗北であった。その後、七五年のスト権ストの敗北によって国鉄労働組合は解体の道を辿ったが、三一三日間の全面ストライキに象徴される三池闘争は「総資本対総労働の対決」であった。その敗北後日本の労働者の多くは企業人、会社人間に変じ高度経済成長を支えたのである。まさに三池闘争は戦後日本の画期となった。

しかし、三池労組が解散したのは実に二〇〇五年四月一〇日であった。その日、結成以来五九年の歴史を閉じたのである。最大時二万五千人を数えた組合員はその時一四人。九七年に三池炭鉱が閉山して八年。同じ日、炭鉱労働組合が全て消えたのだ。

闘い続けること――それが三池労組の歴史だった。「歴史が正しく書かれるやがてくる日に／私たちは正しい道を進んだといわれよう」（本書Ｉ部参照）。国や企業に「弱者切り捨て」がまん延する。弱者が無視されない社会をどう構築するか。

グラムシの思想と生き方が大きな示唆を与えてくれると私は考える。彼は若き日に「工場評議会運動」によって生産者が主人公になる社会の構築を目指した。この運動は一時的には高揚した。三池闘争の三〇年まえ、イタリアの工業都市トリーノにおいてであった。しかし、遂には敗北した。様々な理由が挙げられるが、端的にいえばヘゲモニー闘争に敗れたのである。つまり、資本のヘゲモニーは生産の場を超えて市民社会の全域に及んでいたからだ。このことを彼はファシストによる投獄の獄中の思索の中で思い至る。有名な『獄中ノート』は彼の思索の過程とその成果の結実である。

市民社会のヘゲモニーによって工場評議会の理念を実現する。これがグラムシの思想の核心である。そうであれば、批判的市民、志のある市民をいかに形成するか。「ヘゲモニーは全て教育的関係である」。『獄中ノート』の有名な章句である。広い意味の教育にグラムシが期待したことは間違いない。

このグラムシのテーゼに触発されて私は教育とりわけ現代日本の生涯学習に注目し、これをヘゲモニーの視点から脱構築することを試みてきた。それによって、三池労組の理念を現代日本に生かそうと念うのである。いいかえれば生産者社会の夢を市民社会において実現する。これが本書の内容である。成否については読者の判断にまつしかない。忌憚のないご批判をお願いしたい。

三池闘争への関わり、グラムシ思想への思い入れ。そのために私の学生時代以来の長い年月が流れた。お世話になった人々、ご教示をうけた方々は数知れない。逐一御礼を申し上げるスペースがない。そこで若き日に三池への関心を開示しいていただいた向坂逸郎氏、グラムシ思想の魅力を説かれた重岡保郎さんのお二人のお名前だけを、ここに誌して篤く御礼を申し上げる。また出版については昨年の『アントニオ・グラムシの思想的境地　生産者社会の夢・市民社会の現実』に続いて格別のご高配を賜わった社会評論社社長の松田健二氏に心から感謝の念を表したい。さらに長野大学の若い友人丸山泰央氏にもご協力いただいたことに御礼申し述べる。さいごに本書を慎しんで三池労組の皆さんに捧げる。

二〇〇九年四月　染井吉野爛漫の日に

黒沢惟昭

Ⅰ　三池から学ぶ——終らない炭鉱《やま》の物語

序章　三池へのプロローグ
――映画「三池　終わらない炭鉱《やま》の物語」を観る――

三〇〇ほどの席が上映まえから埋まり、若者が多いことが目についた。映画情報誌（「ぴあ」）によれば、ハリソンフォード主演の娯楽大作をしのぐ人気を博したという。苛酷な労働の炭鉱《やま》の物語がなぜ多くの人々の関心をとらえるのか。現代の青年を魅了するのか。

冒頭のシーンは、廃坑になって久しい三池宮原坑である。巨大な第二立坑やぐらにまず圧倒される。私も訪れたことがある万田坑もかってての主力坑でいまは宮原坑とともに国の重要文化財である。次のシーンでは、石炭運搬の鉄道、機関車、三池港などかっての三井三池を支えた炭鉱《やま》の〝遺産〟が次々と登場する。

一転して場面は生い繁る夏草の小道。万田坑に進む熊谷博子監督の後姿。入口で巨大な廃坑を仰ぎ見つつ赤レンガを一枚づつていねいにさすっている。昔日の大三池を蘇らせようとするかのように。坑内に入るとコンクリートの床にひざまずく。赤さびた鉄網の穴から底をのぞきこむ彼女。マイクが地下水の流れる音をひろう。ピタピタというかすかなその音は一瞬タービンの轟音と化し、坑内は騒然たる出炭の場に変じたかのように私には思われた。

三池炭鉱は良質の豊かな炭層で、日本一の優良炭鉱であった。官業として出発したが、その後大財閥三井に払い下げられ近代日本発展の原動力となった。

ところが、労務管理は苛酷で、戦前は中国、奄美大島、与論島出身の労働者を強制的にこき使った。戦前には多くの囚人までも働かせ、直接鉱内に通ずる地下道も掘られていたのである。十四歳、十九歳で強制連行された中国人が当時の労働の実態を静かに語るシーンも胸を打つ。与論島出身労働者の小屋のような住居が島差別を雄弁に物語る。イギリス人捕虜も三池で酷使されたことを私はこの映画ではじめて知った。

五〇年代終りのエネルギー革命とともに石炭産業は斜陽化。三池闘争が激化。三一三日間全面ストライキは大闘争の象徴である。しかし、組合はついに分裂、かつての同志、親、きょうだいも憎しみのるつぼに。そのなかで第一組合員の一人が暴力団に刺し殺された事件は痛ましくも有名だ。

それから半世紀、分裂を策した当時の労働課長、第一、第二組合の幹部が監督のインタビューにこたえてそれぞれの立場をこもごもと語り出す。しかし、「落盤におうたときは第一も第二もない……『炭掘る仲間』なんだ」。九一歳の元労組員の述懐が「炭掘る仲間」の調べとともに伝わる。憎悪の底にはこのような労働者の魂が宿っていたに違いない。

六三年一一月九日、三川坑で炭じん爆発。四五八人が一瞬に殺され、ＣＯ中毒患者八三九人を出した。安全を軽視、生産第一主義による戦後最悪の炭鉱事故である。それにまつわる自殺、離婚、家族の蒸発。それは決して過去の物語ではない。炭鉱《やま》で働き、傷つき、斃れたのは男たちだ。だが、それを支え、助けたのはまちがいなく女であった。

その一人は語る。「一口に38年て言いますけど、一日一日365日、一年掛けるの38年ですよね。……うん、まったく別人に変えられた人間破壊ですよ。これ、どうしてくれる」。明るい日ざしのなか、彼女の訴えに私は言葉もない。CO訴訟のハンガーストライキ。坑底で座り込む女性たち。女性が主役というメッセージが伝わってくるシーンだ。

私が三池に関心をもったのは、この映画にも登場する向坂逸郎さんの講演がきっかけだった。大学で『資本論』を勉強するのもいいが労働者の学び方も知らねばならん。そのためには三池へ行きたまえ。その奨めに従い三池の炭鉱住宅に泊り込み家族ぐるみの交流を深めた。学習会にも参加した。それから40年余、幾度三池へ通ったことだろう。学んだことははかり知れない。だが次のことばを私は生涯忘れることができないだろう。「自分が助かるためには他人を助けなければならない。このことを学習会で身体にすりこまれてしまった」。解雇された労組員の回想の一句だ。団結、連帯――。豊かさのなかで死語になりかけたこの言葉を、国や企業に「弱者切り捨ての風潮がまん延し、格差化が急速に進む今日」なんとしてでも蘇らせなければならない。そうでなければ、「豊かさは三池の地獄の上に咲いた徒花」（鎌田慧のことば）になってしまうだろう。しかし、多くの若者たちがこの映画を観ることに私は希望をつなぐ。三池の労働者たちが〝地獄〟のなかで、人間の尊厳を守るために、仲間とともに学び闘い、前述のような珠玉のことばを胸に刻みつけていった事実を学びとって欲しいのだ。

この映画を観てしばらくの後、六三年の炭じん爆発の事故で45年間寝たきりの一労働者が死去したことを新聞が伝えた。この映画にも紹介されたその人の名は受川孝さん。享年65歳。やはり、「炭鉱《やま》

の物語」は終っていないのだ。（教育文化総合研究所のホームページの拙稿を若干修整）

一　三池労組解散

三池労組が解散──二〇〇五年四月一一日の全国紙社会面に読者の何人が目を留めたであろうか。しかし、私にとっては忘れられないニュースであった。

六〇年安保と呼応して、戦後最大の労働争議といわれた「三池闘争」を三一三日間の全面ストライキで闘い抜いた福岡県大牟田市の三井三池炭鉱労働組合が四月一〇日で解散し、四六年の結成以来五九年の歴史を閉じたのであった。最大時二万五千人を数えた組合員は、組合分裂や相次ぐ解雇などで最後にはわずか一四人であった。九七年に三池炭鉱が閉山して八年。国内から炭鉱労働組合がすべて消えたのだ。

私が三池に関心をもったのは、大学時代に三池闘争の理論的指導者として知られる向坂逸郎さんの講演を聴いた時だった。『資本論』がテーマだったが、それよりも当時「向坂教室」と呼ばれた三池の労働者の学習の話の方が興味深かった。私たちが解読に苦しんでいたゼミナールのテキスト『資本論』を炭鉱労働者たちがどのように読み、理解するか。

研究室で『資本論』を勉強することも重要だが、現場で労働者がどのように学ぶかを知る必要がある。この向坂さんの「教訓」の重要性に気付いたのはずっとあとのことであるが、向坂さんのすすめにしたがって、大牟田の炭住（労働者の社宅）に泊まり込み学習会に参加した。学生・院生時代そして教職に就いてから。幾度、三池に通ったことだろう。

訪れるたびに組合員をはじめ家族、子どもたちとの交流をふかめた。現地の研究者との討議も含めて学んだことははかり知れない。なかでも解雇されて三池を去った元労組員の言葉が忘れられない。「組合に色々批判もあるが、自分が助かりたかったらまず他人を助けなければならない。このことを組合の学習会で身体内にすり込まれてしまった」。ここに学びと教育の原点が簡潔に表現されている。

三池の闘いに労組が敗北したが、それは一労組の敗北ではなかった。石炭から石油へのエネルギー革命が時代の背景にあった。その転換のなかで資本側は総資本として結集し、労使関係の根本的変革を企図した。労組側も総労働として団結し、これに対抗したがついに敗れた。以来、日本の多くの労働者は労働者というより、企業人に変じた。したがって、三池闘争の敗北が契機となって高度成長は軌道にのり日本は豊かな国になった。それは否定できない。しかしその反面で、ともに学び助けあう大切な人間の心が喪われてしまった。教育の荒廃がいわれて久しい。その遠因はここにあるのではないか。三池労組は消えても三池の労働者が育み遺してくれたものを若い世代に語り継がねばならない。それが三池に関わった世代の責務と考えてきた。そう念じつつ本書を書き綴った。たとえ時代の壁は厚く、世代の差は越えがたくとも。

ここで、念のために、現地で取材した若い記者の気持ちを確かめたい。

「弱者を切り捨てぬ社会を」と題された署名入りの解説記事（『西日本新聞』二〇〇五年四月一一日付）にはこう記されている。

〈闘い続けること―。それが、十日解散した三池炭坑労働組合（三池労組）の歴史だった。

二年前、福岡県大牟田市で労組の取材を始めた当初、集会のたびごとに会社や国を指弾する労組に違和感を覚えた。「なぜ、まだ続けるのだろうか」と。

彼ら自身、国策や資本と闘う中で、労働者の「限界」は感じていたかもしれない。それでも、「闘わずして負ければ、労働者に次は何も残らない」と三池労組最後の組合長、芳川勝さん（六二）はいう。沈黙すれば弱者切り捨てがまかり通るその危機感を常に背負った三池労組の闘いの歴史。私の違和感は解けた。

解散の日の朝、芳川さんから一編の詩を見せられた。詠み人知らずの詩は旗に書かれていた。

歴史が正しく書かれるやがてくる日に／私たちは正しい道を進んだといわれよう（中略）私たちの肩は労働でよじれ／指は貧乏で節くれだっていたが／そのまなざしは／まっすぐで美しかったといわれよう。（中略）

「総資本」と「総労働」の対立が先鋭化した一九六〇年。三池争議の最終局面となった三川鉱ホッパー前で、一人の活動家がつくった「やがてくる日に」と題する詩だ。争議の敗北を予感した労働者が、未来にこそ運動の広がりを託したのではないか。

労働者の魂の叫びに似たその詩は、労組組織率が二割を切り、リストラが日常化する競争至上主義の今を鋭く突く。

三川鉱炭じん爆発事故で被災した一酸化炭素（ＣＯ）中毒患者の多くが入院する大牟田労災病院は、国の再編計画で本年度中の廃止に直面する。事故や病気で記憶などに障害がでる「高次脳機能障害」の治療拠点として存続できないかと、患者・家族たちは闘う。労組が解散しても、まだ未解決の問題が残っている。

国や企業に「弱者切り捨て」の風潮がまん延する。弱者が無視されない社会をどう構築するか。闘い続けた三池労組の理念は、これからも生かされると信じたい。〉（大牟田支局・稲葉光昭）

二　三池炭鉱、苛酷な労務政策

1、日本屈指の炭鉱

三池炭鉱は福岡、熊本の両県にまたがり、一八八九年から閉山まで一〇八年間三井資本が支配していた日本一の炭鉱であった。一九七三年の資料では、当時、一ヶ月で二万トン掘れば優良炭鉱とされたが、三池ではなんと一日で二万トンも出炭され、日本の石炭の三分の一は三池で出炭されたのである。

三池炭鉱の自然的社会的条件について『三池炭鉱労働組合史』（以下『組合史』）は次のように述べている。

「三池炭鉱は良質の石炭からなる厚い炭層に恵まれ、全国でも最もすぐれた炭鉱であった。坑内の労働条件は他の群小炭鉱のとうてい及びえないものがあり、機械化にも有利であった。三池は、筑豊炭田からも北九州の工業地帯からも離れ、福岡県南部に位置し、筑後および肥後の農村をもつため、この炭鉱の労働力構造が筑豊炭田のそれと決定的に異なることとなった。三池炭鉱の経営は最初は官業として出発し、その払い下げをうけたのが日本屈指の大財閥（三井）であった。
これらの諸要因が、この炭鉱で働く労働者たちに、他に類のない特徴と性質をもたらすこととなった。」

2、囚人労働

ところが、三井の労務政策は大変苛酷で戦前は中国、奄美大島、与輪島出身の労働者を強制的にこき使った。三池炭鉱では敗戦時点で二千二百九十七人の朝鮮人が在籍していたという資料がある。しかも戦前は多くの囚人も使われた。監獄はレンガ塀で囲まれ、囚人が地上に出ないで直接鉱内に行ける地下道が掘られていた。

したがって戦後になっても炭鉱のイメージはたいへん悪く、坑内には囚人たちの幽霊がでる、といううわさが立つほどであった。

三池における囚人の労働は一八七三年（明治六年）に始まるが、その実態は悲惨の一語に尽きる。「囚人は監獄から手足を鎖でつながれて出て来て坑内で鎖がはずされ、一二時間の労働を強制させられた。一人当りの出炭量は筑豊の坑夫の二倍だが、賃金は逆に半分程度で、それも囚人に交付されるのは多くて七〇％、あとは監獄の収入となった。そのあまりにも苛酷な労働のために死亡する者は、明治一八年（一八八五年）に囚人の四・八％、一九年には四・四％と、一般の監獄の数倍に達した。このような悲惨な状況を前に福岡県議会は明治二一年（一八八八年）に三池監獄の廃止を議決するほどであった。」（『組合史』）

なお、次の指摘も注目すべきである。

「他の炭鉱にはほとんど例をみないこの囚人労働は、ただ単に坑夫募集難の解決と低賃金の点で三池の経営者を利しただけではなく、囚人と一緒に働くという劣等感を与えることによって、いわゆる『良民』労働者の近代的労働者意識の成長を妨げ、三井資本の三池経営、ひいては大牟田市を中心とする周辺一帯の社会的・経済的支配を容易にした」と湯村武人は『みいけ二〇年』の中で書いている。

次に三池の労務管理の特色については、親子二代にわたって三池の炭鉱労働者として過ごし、三池闘争とともに、一労働者として生きた藤沢孝雄さんがご自身の経験から貴重な記録を残されているので、その一部を引用させて頂く。

3、「世話方」「請願巡査」による労働者管理

三井の労務管理とも関わるので、私たち炭鉱労働者がどんな生活をしていたか、少し話しておきます。

炭鉱では、炭鉱住宅（炭住・たんじゅう）と呼ばれる「社宅」に労働者を住まわせて、労働者をがっちりと確保、管理していました。労働者の八割くらいは炭住で生活していました。生活すべてが炭住の中でまかなえるような仕組みをつくっていました。必要な品物は会社が経営する売店で買う。子どもは三井の私立小学校に通う。病院も保育園もありました。つまり、炭鉱労働者は一般社会から隔離（かくり）されていたわけです。それはなぜかというと、労働者を管理するのにはそれがいちばん効果的、安上がりだからです。いったん事故が起きたり、何か非常の事態が生じた時には、すぐに

動員できるし、監視もしやすいからです。

炭住には、「世話方」（せわかた）という会社の職員が配置されていました。世話方は炭鉱には出ずに社宅に勤務し、労働者の生活態度、家族状況、すべてを監視していて、逐一会社に報告するようになっていました。また、「請願巡査」という制度もあって、会社の要請で警官が社宅に住んでいました。

世話方制度は戦後も続いていましたので、よく覚えています。子どもの頃、兄弟げんかをしていると、おふくろたちは「早ようやめんか、世話方さんが来よらすぞ」とよく言ったものでした。世話方の報告ですべてが決まっていましたので、子どもにとっても恐ろしい存在として映っていたのです。

炭鉱労働者は低賃金なので、給料日前にはだいたいどの家庭でも財布が空っぽになっていました。そこで会社は、売店で品物を買える「通い」（かよい）という通帳を全坑員に持たせ、ツケで買えるような仕組みをつくっていました。「通い」でつかった代金は、給料から天引きされるようになっていました。しかも、「通い」は二種類つくられていて、成績がいい坑員には「黒通い」、成績が悪い坑員は「赤通い」というぐあいに、差別されていました。

勤務形態は、三交替と常一番（じょういちばん、昼間だけの八時間勤務）がありました。三交替は一番方（いちばんかた）、二番方、三番方などと呼ばれていました。

労働者は出勤すると、作業着に着替え、キャップランプを借り、繰込場（くりこみば、仕事の割当を指示する場）で配役（はいえき）をもらい、坑内に行く電車に乗ります。切羽（きりは、採炭現場）までは、電車で一時間ほどかかりました。どんどん掘り進むので、毎日毎日、掘った分だけ遠く

なっていくのです。（藤沢孝雄『三池闘争と私』三池闘争と私刊行委員会、二〇〇〇年二月一〇日第三刷発行、一二三ページ）

三　三池闘争略史

1．前史

三井三池炭鉱は、福岡県大牟田市から熊本県荒尾市にかけて広がっていた三井鉱山系の炭鉱で、太平洋戦争敗戦によるＧＨＱ　ＳＣＡＰの民主化政策により、一九四六年（昭和二一年）に労働組合が結成された。もともと三池炭鉱労組は労使協調の力が強く、労働争議などには消極的な組合であった。

しかし、一九四七年（昭和二二年）頃から、大牟田市出身で三池炭鉱ともゆかりの深い九州大学教授の向坂逸郎が頻繁にこの地を訪れるようになり、向坂教室と呼ばれる労働者向けの学校を開いて『資本論』などを講義するようになってから、労組の性格は一変する。向坂は三池炭鉱を来るべき社会主義革命の拠点と考えており、『資本論』の教育を通じて戦闘的な活動家の育成を図ったからである。

2．一九五三年ストライキ

一九五三年（昭和二八年）、行過ぎた労働争議拡大に危機感を抱き、逆に締め付けを図っていたＧＨＱによる占領も終結していたが、次第にエネルギー源は石炭から石油へと変化し、石炭需要が落ち込みを見せ始めたことから、三井鉱山は経営合理化のために希望退職を募った。しかし、希望退職者が会社をあらかじめ系列の鉱山に割り当てた数に達しなかったため、三、四六四人に退職を勧告し、それに従わない二、七〇〇人を指名解雇した。このような会社の措置に炭鉱労働者と事務職員がともに反発し共闘。指名解雇に反対し、ストライキに突入した。ストライキは一一三日間に及び、ついに会社側は指名解雇を撤回、労働者側の勝利に終わった。この戦いは当時、「英雄なき一一三日間の闘い」ともてはやされ、三池労組は一躍その名を高めた。

3. 炭鉱労働者の自治区

以後、三池労組では労使協調派は力を失い、灰原茂雄を中心とする向坂門下の活動家たちが影響力を振るうこととなった。一九五五年（昭和三〇年）には、三池労組は三井鉱山に対して、労働者が退職した際には必ずその子女を採用すること認めさせた。また、労働者自身で各労働者の収入を平均化させるために、割の良い仕事と割の悪い仕事を労働者が交互に輪番制で請け負う制度をつくるなどして、三池炭坑はさながら労働者の自治区のような様相を呈することとなった。一方で、一九五三年のストライキの成功によって一部の炭鉱労働者が増長し、事務職員に因縁をつけて吊るし上げたりするようになったため、事務職員は次第に炭坑労働者との連帯意識を失っていった。

4. 一九五九〜六〇年ストライキ

一九五三年のストライキ以降、経営合理化が進まない三井鉱山の経営はますます悪化していった。

このため、三井鉱山は三池炭鉱からの活動家の一掃を決意し、一九五九年（昭和三四年）、一月一九日、六、〇〇〇人の希望退職を含む会社再建案を提示した。同年八月二九日には四五八〇人の人員削減案を発表。続いて一二月二日・三日には一四九二人に退職を勧告し、これに応じない一、二七八人を指名解雇とした。

労組側はこの措置に反発し、無期限ストに突入した。一方、会社側も経営再建の決意は固く、三池鉱山のロックアウトと組合員の坑内立ち入り禁止でこれに対抗した。財界が三井鉱山を全面的に支援した一方、日本労働組合総評議会（総評）は三池労組を全面的に支援したため、三井三池争議は「総資本対総労働の対決」などと呼ばれた。ただし、総労働と言っても、事務職員層は日頃から吊るし上げなどを受けてきた恨みから、今度はストライキに加わらなかった。

ストライキは長期化し、総評からのカンパ以外の収入を絶たれた組合員の生活は、次第に苦しくなっていった。生活苦に耐えかねた一部の組合員は一九六〇年（昭和三五年）三月一七日、第二組合（三池新労）を結成してストライキを離脱する。三月二五日にはピケを張っていた三池労組の組合員・久保清が暴力団員に刺殺される。三池労組の組合員の約半分が三池新労に加わって、ストから離脱した。七月七日、石炭を出荷まで貯めておく貯炭場であるホッパーへの組合員立ち入り禁止の仮処分を福岡地裁が下すと、福岡県警はホッパーを占拠している三池労組組合員を排除するため警官隊を差し向け、ホッパー周辺は一触即発の状態となった。そこで、流血の惨事を恐れた日本炭鉱労働組合（炭労・全国の石炭産業の労働組合）と三池鉱山は中央労働委員会に事態の解決を一任した。

八月一〇日、中央労働委員会は斡旋案を発表したが、その内容は会社は指名解雇を取り消す代わりに、整理期間の終了を待って、指名解雇された労働者は自然に退職したものとみなすという組合側に圧倒的に不利なものであった。しかし、もはや戦う限界に達していた炭労も総評も斡旋案受諾を決め、向坂も斡旋案を受諾するよう三池労組幹部を説得し、十一月十一日に三池労組は無期限ストライキを解除して、三井三池争議は組合側の敗北に終わった。

向坂はその後も三井三池争議を神聖化したが、民間企業では労使協調路線が浸透して、労使対決型の組合員は各地の労組で少数派となっていった。三池労組を支援・指導した日本社会党や社会主義協会内でも、高橋正雄など従来の対決型の政治に対する反省が生まれ、構造改革論が台頭するきっかけとなった。

三池炭鉱では一九六三年十一月九日に三川鉱で炭じん爆発が発生した。この爆発事故は四五八人の死者と一酸化炭素中毒患者八三九人を出す戦後最悪のものとなった。炭じん爆発とは石炭の発掘の際に発生する石炭のちりが坑内に充満している時に、何らかの原因（この場合はトロッコの脱線）で火花などが発生して爆発することである。防止策としては坑内の掃除や散水で十分であったが、それすら行われていなかった。そのため三池闘争に敗北した組合の弱体化による労働環境悪化や会社の安全管理サボタージュが原因として指摘された。（この略史の資料は元朝日新聞記者、高橋庄太郎氏に提供いただいた。ご芳志を誌して御礼申し上げる）

第一章　三池闘争と学習活動
——成立と展開——

はじめに

一九六〇年一月から十月にかけてたたかわれた三井三池炭鉱の大争議に関する研究調査の文献はすでに厖大な数量にのぼっている。教育との関わりについてわたくしが利用することのできたものに限ってみれば、「三池闘争と教育」（小川太郎・津高正文・斎藤浩志ほかによる調査研究『神戸大学教育学部研究集録』第26集別刷、一九六二年一月）、「三池闘争と教育問題——調査報告——」（深山正光・木下春雄・深谷鋿作『国民教育の諸問題』国民教育研究所、一九六一年十月）が公刊され詳細な報告がなされている。未曾有の激しい闘争の日々のなかで三池の子どもたちが、自分たちの親のたたかう姿になにをおもいなにを考えたか。また、組合の分裂という悲惨にしてかつ異常な情況下で彼らの意識がどのように変化していったか。総資本対総労働という日本最大の階級闘争の真中で学校の教師たちがいわゆる「教育の中立性」をいかにうけとめ、どのように対処・行動したか。はたまた、炭住地域の「公民館」において社会教育と労働組合の教育文化活動がはらむ問題の顕在化等々。通常ならばきれいごとですまされている諸問題の矛盾が暴露され、その現実的解決を迫ったことが事実をもって示された。それはまたわれわれに感動と多くの教訓を与えてくれる。

ところで、わたくしが以下の小論で光をあてようとしたのは、たたかいの中の教育のもう一つの領域、労働者の自己教育、特に組合としての教育活動の側面である。

周知のように、三池の労働者の比類なき「ねばり」の要因としては「職場闘争」のつみかさねのなかで培かわれた強固な団結がつとに、くりかえし指摘されているが、それと同時に精力的に取り組まれた「学習活動」もまた特記されるべきである。この点に関して当時公表された或論者による見解を以下に引証しよう。

「三池の学習活動は極めて精力的になされているとはいえ、それだけをみるならば、先進的な労働組合一般におけるものと、質的にことなったものではない。量的にいってもそれが組合員の大多数をおおっていたとはいえない。しかし、三池各支部の中核になる数十名ずつの活動家が学習によって強く武装させられたこと、多くの組合員が『資本は労働者を搾取している。労働者は闘わねばならない』という素朴ではあるが正しい確信を持つに至ったことは大きく評価されねばなるまい（念のためいえば、それは世間がレッテルをはったような向坂理論などというものではない。まさに搾取を解明した理論一般なのである）

たとえば二八年闘争（「英雄なき一一三日のたたかい」＝引用者）の際大量の脱落者を出した本所

支部が、最も精力的な学習活動の中から、多数の活動家を生み出し、事務系統や非基幹職種が多いにもかかわらず第二組合の指導者を一名も出さなかった点は注目すべきであろう。会社側にいわせると、『どうにもならない奴が二〇〇〇名』とのことであるが、それが真実とすれば、その自覚した活動家の厚味は一般組合に比してたしかに段違いである。学習活動がそれをもたらすにあずかって大きな力となったことはたしかである。しかしそれは職場闘争の蓄積の中で行われたからこそであったといえる。学習活動自体だけを見るならば、むしろ世間にいわれている程ではなかったように、私には思われるのである。学習についてのいま一つの問題点は、学習のスタイルについてのものである。学習する思想の内容ではなく、それと関係はするがいわば思想の構造というか、思想の形成のされ方の問題である。つまり労働者が出来上った階級的な理論と思想を外から与えられ教えられ身につけていくというだけでなく、自らの責任において自らの思想を階級的なものに作り上げてゆく思想形成における自発性が、学習活動の中でどれだけ作り上げられていたか、という問題である。この点についての私の事実認識は極めて弱いので、これ以上の言及はさけるべきであろうが、しかしそのへんに今後の労働者の思想的発展に関連して答えられるべき問題があることだけはたしかと思われる」（高木督夫《時評》「三池争議の問題点」『思想』No.432一九六〇年六月号、傍点引用者）

さらに、それから二〇年後に、もう一人の論者も、三池における学習についての見解を公表している。まず、この論者は組合員の意識を次の三層にわける。すなわち、第一は、「労働者の組合への団結を第一義的なものとして肯定し擁護するX層」、第二は、「〝寄らば大樹のかげ〟として経営と経営職制に期待し身を寄せるY層」、第三には、「経営と組合と双方にたいして傍観者の立場に立ち、是々非々の態度をとるZ層」、以上三つの層があるとする問題提起である。当時喧伝されたこの有名な「X・Y・Z論」に関わって以下のように論ぜられている。

「三池労組はこの分析を基礎にして、X層を基軸に、学習とくに実践学習の組織化を通じてその層を厚くし、職場活動（世話役活動を含む）を通じて日常的にZ層を組合にひきつけ、職場闘争を通じてY層を孤立化させつつZ層を組合的団結に引き寄せる活動を精力的に展開した。

これらの諸活動、とくに第二項に挙げた思想性・倫理性（『平等と連帯』を労働組合が実現すべき価値として基準化させ、職場活動と居住活動（主婦会を含む）を通じて、日常課題から経験的に取り上げ、例えば『坑内繰込み輪番制』や『生活革命運動』、さらには『組夫、臨時夫の排除』『粗鉱権＝炭鉱型下請け制度の拒否』に見られるように、労働者共同体の実現と内部における自覚的規律性への模索といった『労働社会』の将来展望までにじみこませた指導部の理念と倫理性」（＝引用者）、第三項に挙げた組織論的展開（前述の「X・Y・Z論」＝引用者）にあたって指導的役割を演じたのは、争議以前、争議中、争議以後を通じて、実力ナンバーワンの塚元敦義本所支部長、労組戦術委員（後に書記長。塚元氏については後論参照＝引用者）であったことは、この際指摘しておく必要があろう。向坂教授（後述＝引用者）がもっとも信頼したこの高弟は、その人柄と誠実な努力を通じて信頼を集め、向坂イズムは多分に同氏の人間性を通して浸透していたと筆者は多年感じていた。三池向坂教室は、マスコミその他巷間で伝えられたような、棒をのんだような教条主義ではなかったと断言して差し支えない。三池学習会の特色は、理論学習の聞き流しではなく、『実践学習の組合組織化』（谷端一信三川鉱支部長の証言）にあった。それゆえ、理論学習に不得手な坑内労働者に深く浸透拡大した（古賀春吉元宮浦鉱支部長、後に組合長の証言）」（清水慎三「戦後労働運動史における三池争議の地位」『月刊労働問題』一九八〇年十月号、傍点引用者）。

どうであろう。この引証にみる限り先に引用した高木督夫氏が二〇年前に懸念された「学習のスタイル」についての「問題点」はその後の現実においてほぼ克服されているのではないか。しかし、清水慎三氏が「実践学習の組合組織化」として高く評価する三池学習会はどのような歴史的背景から成立し、どのように発展・展開したのであろうか。当時、わたくしはこのような課題意識を抱いて三池に赴いたのであったが、必ずしも整理されていない厖大な資料の中からわたくしの課題を追求・剔抉することは困難であった。

そのような情況下で、向坂逸郎氏が折に触れて書かれたエッセイ、川口武彦氏をはじめ九大の諸教官および宮川睦男組合長、塚元敦義氏をはじめとする組合執行部の人々からのききとり、さらに調査時に宿泊した「炭住」の人々そこに参加した多くの組合員の方々の体験談などをもとにどうやら学習会の成立・展開の過程をまとめたのが第一章である。そこでは、いわゆる〝向坂教室〟の成立・展開が中心となっているためそれ以外の分野の教育が直接的には視野に入っていない。その点で一面性を免れていないという批判は甘受しなくてはなるまい。また、第一章の補論として、三井三池労組の小集団方式の学習形態を「五人組」を中心に考察した。さらにその後に、『三池主婦会二〇年』が三池の主婦たちの手で編集・公刊された。われわれの待望していたものであった。それを通してたたかいにおける「主婦」たちの活躍・位置づけを、紹介を兼ねて試みたのが第二章である。第三章は三池闘争と部落解放運動との接点を軸に階級と差別の問題を扱った。一面的という批判にこたえたつもりである。終章は、三池の学習活動の理論的支柱として大きな役割を果したいいわゆる〝向坂理論〟とはいかなるものか。その内実を労働者の自己教育という視点からわたくしなりに整理したものである。いうまでもなくわたくしは、「経済学」「社会政策」「労働運動」のいずれの分野においても門外漢である。そのため専門家からみれば、初歩的誤りを犯しているかもしれない。いずれにしても本書はあくまでわたくしの総括であることを断っておかなくてはならない。

最近、偶然の折に、『あのとき私は』（三池を闘った私たちの記録刊行委員会編、一九八一年）を読むことが出来た。それは「資本という怪物が、みずからの体制に危機を感じ、その延命をはかるために、その桎梏《しっこく》となった労働者・労働組合に、本性をムキ出しにした攻撃をくわえてきた」のに対して、「労働者の生活と権利、命を守るためのギリギリの闘いの日々の記録であり、胸を張って子や孫に語りつがねばならない生きざまの記録」（同書「あとがき」）である。そこにおける数々の記録はわれわれの胸を打つ。それらの中からある主婦の手記を以下に掲げてみたい。

「いま思いますことは、組合や主婦会が合理化反対闘争、職場の民主化、生活革命運動を進め、家庭の民主化（家族会議）を労働運動の一つとして取り組まれた家族ぐるみの闘いは、子供たちに大きな影響を与えたことがうかがえます。社会に巣立っていった若者たちは、それぞれのところで社会にたいする目をひらき、生きつづけていることをみても、正しかったといってよいでしょう。そのことは、私たちに勇気を与えてくれます。
三池闘争後二〇年たった今日、六〇〇〇名の組合員と主婦会の人々が、三池闘争以来きずきあげた闘いの歴史を受けつぎ、全国に三池の火を広げ、子供の教育問題、お年寄りの問題、生命とくらし、平和を守る闘いをつづけておられることを嬉しく思うと同時に、運動に定年はありませんので、私もいっしょに頑張りたいと思っています」

いうまでもなく、三池闘争は日本労働運動史を飾る大闘争であった。労働者は文字通り命を賭けて、階級的な理想に燃えて、「家族ぐるみ」でたたかった。二〇年後のいまもその記憶は生々しく残っていることをこの記録集からも読み取ることができる。今後ともかれらの苦闘とほこりが「原寸大で」（鎌田慧「三池その後」前出『月刊労働問題』）評価され、受け継がれることをあらためて祈らざるを得ない。

一　三池学習活動の成立

1．学習集団成立の諸契機（敗戦昭和二〇〔一九四五〕年〜二五・六〔一九五〇〜五一〕年）

三池の労働者は戦前・戦中を通じて有名な深川労務政策（産報魂）[1]で鍛えられ、戦後もしばらくその伝統のなかで眠っていた。たしかに炭鉱労働者は戦前、戦中の深川労政によるみじめな生活にたいして憤りはもっていたが、その憤りをどこへ吹き上げ、どのように組織するかについては、理論的にも、経験的にも学んではいなかった。やりばのないこの不満を労働者は炭鉱からの離脱として表現した（このため社宅の半数以上が空家になったこともある）。すなわち三池の労働者はまだ「みいけ」炭鉱労働者ではなかった。

しかし、昭和二一（一九四六）年二月一万六〇〇〇名（製作所を除く）を組織した三池炭鉱労働組合が結成され、次の六項目を決議した。(1)会社経営への即時参加、(2)組合員甲種勤労所得税の撤廃、(3)退職金及慰労金の大幅引上げ、(4)生産意欲を阻害する職員の粛正、(5)職員従業員差別待遇撤廃、(6)現員徴用解除手当支給。みられるようにきわめて抽象的スローガンの域をでていない[2]。当時の組合が「執行委員になる組合員の資格は勤続年数二年以上でなければならない」さらに、また職場委員になるためには「勤続年数一年以上でなければならない」という組合規約をもつ典型的な企業内幹部組合であってみればスローガンの抽象性・労使協調的性格もまた当然であった。当時本所支部に勤務していた三池争議時の本所支部長塚元敦義は組合結成時の感想を次のように述べている。「私は、三池炭鉱労働組合の結成大会が二月三日にあるということを知りませんでしたし、たとえ知っておっても結成大会にはいかなかったでしょう。なぜなら、労働組合とはどういうものか、なんのために結成されるのかということを、考えてもみませんでしたし、わかってもおりませんでした。ですから、結成大会で、どういうことが決まったのか、だれが役員になったのか、ぜんぜん知りませんでした」[3]。また塚元自身の組合員意識について、「自分が、三池炭鉱労働組合の組合員になっておるんだなとわかったのは、翌月十五日の給料日のときで、組合費が少ない給料から引いてあった、そのとき、はじめて、ハハア、おれも組合員ということになっているんだなと感じた程度です。それも給料を家内に渡したあとは、知らん顔でした」と述べている状況であった。このような状況下にあっては組合による学習会など望みうべくもない。すなわちこの時期の学習活動は組合外で「会社ばかりじゃなく、労働組合にも、わからんように」はじめられたのである。それはいかにして可能であったろうか。

(1) 当時の炭鉱労働の状況[4]

荒廃した戦後産業のなかにおける石炭産業の占める位置は大きかった。増炭を至上命令として課するGHQは主食の増配割当（いわゆる特配）で労働者を奨励したが、物資特配だけでは償われない低賃金と過重労働という劣悪な労働条件下における生産第一主義のために炭鉱労働者は疲弊していたが、前述の性格をもつ三池労組は資本にたいする闘争よりも労使協調・生産第一主義に傾斜していた。昭和二二（一九四七）年六月誕生のわが国初の社会党政権による片山内閣もインフレに悩む労働者の生活を救済するものではなかった。GHQの脅迫と圧力、その威に乗じた会社により、労働者は「盆も休日も返上した労働強化による増炭」を強行された。特に昭和二三（一九四八）年十二月の「経済安定九原則」は三池労組に実質賃金の引下げ、標準能率一〇％の引上げを強制した。さらに、同二四（一九四五）年～二五（一九五〇）年のレッドパージのために三池労組員一、九七名が馘首された。その他保安軽視のため同年二二（一九四七）年九月から二五（一九五〇）年四月までに珪肺患者は八七名（珪肺罹病率は三池が全国最高）に及び、一〇名が死亡、二四名が退職を余儀なくされた。以上がこの時期における三池労働者に対する合理化の主なる発現形態である。こうした作用に対して、組合はほとんどなすところを知らなかった。たとえばひきつづく首切りに対しても、「反対ではあるが」なんら抵抗らしい抵抗もしないまま「涙をのんで認め」たのである。わずかな「反抗」としては、共産党が指導する「入坑遅延」「諸要求獲得闘争」があったが、それはきわめて一揆的かつ「ものとり」的なものでしかなく、労働者の主体形成への展望を欠いたものであり、たたかいの一定の前進はありながらも、この闘争の指導者が解雇されたときには、反対運動さえくめなかったのである。[5]

(2) **主体形成の諸要因**　この時期の労働者の教育学習活動としては大別して以下の二つの潮流がみられる。

(イ) 占領軍や官庁による労働者教育　これは、近代的労使関係の確立、民主的労働組合の育成などを目的に行なわれたものである。最初に行なわれたのは炭連[6]の労働学校への受講生の派遣である。この炭連労働学校は、「日本炭鉱労働組合総連合加盟組合」から将来組合運動の中堅となるべき優秀な人材を選抜入校させて短期間の教育を施し、労働問題、社会問題、経済問題等に対する適正な認識と正確な判断力とを養って、識見、教養の向上をはかり労働組合運動に対する正しい指導理念を体得させる……事を期する」という趣旨のものであり、講師には労働組合幹部、労働関係官庁職員、九州大学教授などが当った（校長は三井山野職組の田中光夫）。三池一〇、田川七、山野五等々という風に炭連加盟各組合に割当てて選抜した四〇～五〇名の受講者を二ヵ月間寮に収容して教育を行なった。三井山野鉱業所を教室にして第一期（昭和二二年十月）から第七期（昭和二四年二月）まで三年間行なわれた（その後経費難等のため二四年七月炭連評議員会で閉鎖決定[7]）。

次に、福岡軍政部労働課によって昭和二四（一九四五）年五月に、大牟田地区労働学校が設立された（ひきつづき同年八月より八幡、九月より小倉、田川、飯塚、十月より直方、福岡、久留米、若松に設立）。一期間を十日間とし労政事務所を通じて決定された割当に従い地区内各組合より受講者を出す方式で行なわれた。

大牟田地区労働学校[8]についてみると、場所は三池染料青年学校に定め、定員五〇名（そのうち三鉱労組員は十六名）の受講者を駆り出して、五月三〇日開校（昭和二五〔一九五〇〕年三月より場所を西本願寺大牟田別院に移動）。講師としては主として労政事務所、公共職業安定所、労働基準監督署の職員が当り、その他に、産別・総同盟などの代表や九州大学教授などが加わった。しかし、(イ)経営者側が従業員が一人でも職場を離れることを好まなかったこと。(ロ)労組員のお役所的な強制による教育への反発などの理由できわめて不評であったが、昭和二六（一九五一）年四月末において受講者数が、四二期一、七二四名（内訳、男一、六二六名、女九八名）を数えたことはこの時期の啓蒙教育活動として高く評価されねばならないであろう。たとえ「上からの」という制約はあっても当時このような知的雰囲気が大牟田に存在したことは学習主体の形成に大きな力があったことは留意されるべきであろう。

(ロ)　労働者の自己教育活動　　次に、(イ)で述べたような「上から」の育成指導のほかに、「下から」

の、組合員自身による学習が昭和二二（一九四七）年頃から始まっていた。たとえば同二二（一九四七）年頃、市内三池町に居住する労働者と知識人とが「三池政治文化協会」と称する文化団体を結成して各種の講演会や夏期講座などを主催していた。

この団体はやがて図書の寄贈や貸出しをうけて図書館をつくり、その運動を母胎に青年たちのあいだで読書会を催していた。[9]この運動が、そこに参加していた三池労組の組合員を通して三池労組の本所、三川支部に持ち込まれた。

同じような盛り上がりは、本所や三川の支部と時を同じくして宮浦支部で結成された「同志会」の運動にみられる。これは一二～一三名の同志によって結成されたもので会費五〇円を徴収して雑誌を購入したり、『エルフルト綱領批判』（終戦直後のためテキストは原典をがり版刷にして使用）その他のテキストを中心に研究会を行なったりしていた。こうした運動の主導者に、灰原茂雄、塚元敦義（両者とも本所支部）帖地国男（三川支部）、久保田正巳、河野昌幸（両者宮浦支部）といった後年の三池闘争の指導者がいたことは興味ぶかいことである（このような諸運動がその後どのような発展ないし、解消をとげたかは資料不足のため残念ながら追究できない）

ところで、以上のようなことを可能にした背景には次のごとき事情があると思われる。

〈表1-1〉、〈表1-2〉にみられるごとく、三池炭鉱（労組）は他と比較して教育水準が高いことが注目される。清水慎三はこの点に関して「その労働力構成の型は一般の炭鉱型よりも地方の大工場型に類似し、正確にはその中間型といえるだろう[10]」と指摘している（因みに、灰原茂雄は華北交通の技師、塚元敦義は旧制中学を中退して終戦直前は海軍将校であった）

表１－１　炭鉱労働者教育程度比較(％)（昭和23年）

	不就学または小学校中退	小学卒	高小卒	中学中退	中　卒	専門以上
三池炭鉱	1.3	13.5	64.7	5.3	13.4	0.3
全九州平均	19.0	56.0	6.6	8.9	0.4	—

「みいけ十年」各種統計表より抜すい　（同書159頁）

表１－２　炭鉱労働者の学歴(％)（昭和41年５月）

	全国			九州	三池労組	昭和30年の三池労組
		大手	その他			
小学校卒	89.1	88.4	92.9	88.8	20.0	14.9
高等小卒					53.7	66.9
新制中卒					3.3	2.7
旧制中卒	10.3	11.1	6.1	10.6	8.5	11.3
新制高卒					5.6	0.8
高専・短大・大学卒または中退	0.2	0.2	0.3	0.2	0.7	0.7
学歴なし	0.4	0.3	0.7	0.4	0.4	0.1
不明	—	—	—	—	1.0	—

「みいけ20年」より抜すい（同書967頁）

終戦による復員兵、軍需産業失業者、引揚者等が米の特配（前述）に惹かれて、三池炭鉱に多く流れ込んだこと、また、その後の首切・レッドパージなどによって深川労政で鍛えられた労働者が去っていき、「三井の恩を知らぬ」戦後入社派がそれだけ相対的に多数になったことが注目される。

以上の二点から、三池労働者は、戦前・戦中の前近代的なものから近代的プロレタリアートに脱皮していたといえる。[11]ところが、これに対する三池経営者の労務政策は、形式的にはともかく、実体的には「労働者を人とも思わぬコキ使い方」であった。したがって、近代的プロレタリアートと前近代的労務政策との激突は不可避であった。この激突は、後述の、炭労六三日スト（昭和二七〔一九五二〕年）、三鉱連企闘「英雄なき一一三日のたたかい」（同二八〔一九五三年）において決定的となるのであるが、すでにこの時期においても「知能のすぐれた労働者（カウツキィ）」は「反抗」の兆候を示している。

この典型例を塚元敦義にみてみよう。彼は、戦後まもなく（昭和二一〔一九四六〕年一月）〝特配〟につられて三池に入ったきっすいの戦後入社派であり、また、旧制中学卒の高学歴者でもあり、いわば三池における前述の事情を満たす、典型的な、「三井の恩を知らぬ」近代的プロレタリアートであった。その彼が入社後二～三ヵ月後に、ある不愉快なことに気がつく。それは、彼よりも二つも年が若い課長が「私をはじめ、従業員を呼ぶときに『塚元』と呼びすてにしている」ことであった。「軍隊ですら、えらい人が、私なんかを呼ぶときも、『塚元中尉』……とか、なにかを姓の下につけて」いたのに「民間会社で、しかも若い課長が、従業員を呼びすてにするというのはどう考えてもおかしいんじゃないか」と思って、呼びすてにされるたびに「〝おかしいな〟〝なんでなんかなぁ〟と、だんだんカッカしていった」のである。どうにもたまりかねてその点を課長にただしてみたところ、答は「わが社は、明治二〇（一八八七）年の創業以来、経営者や部課長が従業員を呼ぶときには呼びすてにするという習慣になっておる。したがって、君のいうのも一理あるけれども、〝さん〟とか〝君〟とかをつけると、問題になると思うし、今後も、やっぱり姓だけを呼ぶ以外にない」というものだった。さらに、彼の妻が急病で倒れたときも、会社の規則をたてにとって、すぐには帰宅を許してくれない。こんな不愉快なできごとが重なり、「軍隊というところも、とんでもないところだと思っておったが、三池炭鉱というのは軍隊よりもっと悪い。本当に、会社の利益だけを考えて、労働者のことなんか考えたことがないんじゃないか。したがって、米の特配をもらうことも大切なんだけれども、家内が病気といっても、証明書がなければ帰さない。若い課長が呼びすてにする。それだけじゃありません。その他にもいろいろある、等々と考えてみると、半年か一年くらいならがまんはしてみてもいいけれども、炭鉱の定年は五五才ということですから、あと二〇年も、二五年も、このまま辛抱ができるだろうか。……五五才まで辛抱してみてそこでやっと解放されても、あと四〜五年もすると平均寿命になって、死んでいく。そうすると一体、なんのために生まれてきたのか、なんのために生きてきたのか、いうなれば、三池炭鉱で辛抱するために、生まれてきたのか、生きてきたのか、というようなことを考えていくと、とても辛抱できそうにない」

引用が長くなったが、前近代的労務政策のなかで苦吟する近代的青年労働者の姿が見事に描かれているではないか。このように、三池における労働者の「反抗」の契機は前近代的な状況に対する近代人の意識（反感）であったことに注目すべきである。[12]

その後塚元青年は「職場はいやだ、働きたくないと思いながら」も「特配米がなくなって、さつまいもを食うのも辛抱できない」ので「やめるにやめられず」、しかも「そのまま辛抱するという気にもなれない」。その苦しみを解決しようとして友人のすすめで当時九州大学教授であった向坂逸郎をたずねることになる。ここに、「意識のすすんだ労働者」の「反抗」が科学的社会主義理論と結びつく可能性が生じたのである（レーニン『なにをなすべきか』参照）。しかし、ただちに高名な「向坂教室」が始まったわけではない。そこに「教育者」向坂の並々ならぬ〝配慮〟がある。最初の出逢いのときに、「向坂先生のところへいけば、マルクスをよく勉強され、そのなかから、今日の実態についてもよく知っておられるということだから、そういう問題をもちかければ、即座に、マルクスの『資本論』の何頁に、こういうふうに書いてあるから、こうしたらいいだろうという、具体的な答が聞けるだろう」という塚元の期待に反して向坂のいったことは「みんなが困っておるか、不満があるかをきいてごらん。聞いてみんなに不満があるというなら、話合いをしようじゃないかと呼びかけなさい、みんなの話し合いのなかからどうしたらいいかということがでてくるはずだ」というものだった。

ほかにいい考えもなかったから半年間程、組合員の間をまわってきいてみるが、その結果「みんな困っている、しゃくにさわるという。しかし、話し合いをしようということになると、誰一人話し合いをしようという人がおらんですがね」と向坂に再び相談するのであるが、それに対する向坂のこたえは「それはそうかも知れんな、まあ、簡単にいかんだろう。といって、これ以外に方法はないんだから、塚元さんが話し合いをしようと呼びかけて、なおかつ話し合いをしようという人がおらんであれば、なかなか、今後もでてくるかどうかわからんけれども、三池炭鉱には二万六〇〇〇人も労働者がおるんだから、そのなかには、三井がおそろしくても、たとえ、やってもムダだということであっても、ひとつやってみようじゃないかという変りもんがおるはずだ。そういう変りもんを探したらどうか」(傍点用引者)。ということで、塚元は、不満だったが、「それ以外に方法がない」から、また半年近くも「どうか、どうか」と呼びかけた。その甲斐があって、とうとう「変りもの」を発見する。その喜びを塚元は次のように表現している。「やっぱり先生がいわれたとおり、変りものがおりました。変りものが八名みつかりました。

　こうして、昭和二二(一九四七)年十月から毎週火曜日五時から八時まで集会がはじまる。場所は、会社と組合の目をのがれて、最初は塚元家で、のちには生長の家、東本願寺別院、個人の家等々転々と変えて行なわれる。しかし、最初は、集会の中味は、「職場の不平・不満のいい合い」だった。こうした話し合いのなかから八人のそれぞれは「とにかく、自分の胸の中にこもっている不平・不満をそのなかでぶちまけられたという気持ちですね。もう一つは不平・不満をみんながいい合うわけですから、そういう不平・不満で苦しんでいるのは、〝おれ一人じゃないんだな〟〝みんなもそうなんだな〟という、これがあったわけです。非常に勇気がでてくるわけですね。……なにかこのなかから、やめたいな、という気持を解決できる方法がみつかるんじゃないか」という期待をもちはじめる。しかし、「どこまでいっても、不平・不満はつきないんですけれども、どうしたらよいかということについては、なにもでてこない」。

　そうするうちに、向坂は「不平・不満を各自でいいよったただけでは、解決はでてこない。なぜかというと、その不平・不満が、どこからどうしてでてくるのか、そこのところをはっきりしなくちゃいかん。一口でいうなら、資本主義という社会のしくみのなかから、そういうものがどうしてでてくるのか、これをはっきりさせなくちゃいかん。なぜでてくるかがわかると、どうしたらよいのかということもでてくるはずだ。そのへんをはっきりしないといかんわな。ただ、しゃくにさわる、それが不満である、というだけでは解決がつかないよ。したがって、その不満の原因がどこにあるのかをはっきりさせるためには、勉強しなきゃいかんわな、資本主義社会のしくみ、構造について、理論的に理解せないかんわな。その理論的に理解するなかから、どう対応するかということがでてくるんじゃないか」（傍点引用者）と忠告した。さらにそのためのテキストには、「『共産党宣言』とか『帝国主義論』とか、マルクスやレーニンがいろいろな本を書いておるけれども、なにをやっても君らにはわからんだろう。どうせわからんなら、ひとつ『資本論』をやったらいいだろう。それも、一年や二年じゃだめだぞ、五年か一〇年ぐらいはつづけてやるということでなければ」。塚元青年らは、「いささか承服しかねた」けれども、不平・不満をいうだけではどうにもならないということをいままでの話し合いで実感したあとだったので、〝それをやりましょう〟ということになった。こうして週一回、向坂が大牟田に出向いて三池の『資本論』学習会がはじまる。

昭和二八（一九五三）年までかかって『資本論』第一巻が一通り終わった。向坂の「わかったか」という問に「わからない」と一同答えると「わからんのがホンのこつ。マルクスという天才が、一生かけて書いたものを、君らが一週間に三時間、五年くらいやったってわかるはずがない。わからんのが本当だ。それをわからんというのは正直だ。それじゃ、もういっぺんやろう」。こうして、昭和三三（一九五八）年までかかって二回目が終わるが、「わかったか」「わからん」「もう一ぺんしよう」ということで現在、三池闘争で中絶があったが、第三回目を続行中とのこと。人数も出発は八人だったが、昭和二四（一九四九）年には十五名、同二五（一九五〇）年には三五名、第一回が終了した同二八（一九五三）年には九〇名にふくれあがった。そのなかで塚元は「まだ、〃わかった〃という状態にはなりませんけれども、わからんなかからも、その原因がどこにあるのか、少しずつ、つかんできた」といっている。社会主義理論が少しずつ、「知能のすぐれた労働者」のなかに、伝えられていることが感じられる。社会主義理論の研究者向坂逸郎というすぐれた指導者をもっていたという点で、この学習グループは前述の労働者の自己教育の諸グループに比べて特に注目されねばならない。そこで次に教授主体の側面をみてみよう。

(ハ)　社会主義理論の教授主体　通常どこの組合やサークルの学習会でも講師難という問題にぶつかるのであるが、三池の『資本論』学習会には向坂逸郎という誠にねがってもない講師がいた。向坂は人も知る労農派の論客でその思想のため九州大学を三年で解職され戦前、戦中の浪人中に、文筆活動のかたわら『資本論』研究に専心した。この浪人中に、わが国においては、マルクスの理論が一部のインテリにしか実を結ばず、大衆と離れる傾向があったこと、つまり「理論」が「大衆」をつかんでいなかったこと（『へーゲル法哲学批判序説』）、そのために遂に戦争を防ぐことができなかったことを痛切に感じていた。こうした日本のマルクス主義に対する彼自身の反省は、彼をして「日本の労働運動を強くする以外に、あの暗い戦前の日本の再来を防ぐ方法はない、……民主主義の最後の最強の衛りは、労働者の組織であると思い、産業の各部門に、ことに基幹産業の労働者組織に、強い太い柱を立てることによって、労働者の組織を支える(13)」ことに自分の生涯を捧げる決意をさせる。この決意は敗戦直後、思想問題で追放されたものはもとの大学へ復職させる、という当時の文部省通達と、彼の師山川均の「労働者の都市大牟田で、どっかりとすわりこんで労働運動をやるといいですね[14]」というすすめで「大学教授の職と社会主義者とのいずれかを選ばなければならない場合には、間違いなく社会主義者の方を選ぶ[15]」ことを条件に九州大学に復職したときに現実化の一歩をふみだす。

このような背景があったから、たとえ、塚元青年との出逢いがなくともなんらかの形で彼の生地でもある大牟田の三池労組員とは結びつく必然性はあったろう。さらに彼は、昭和二六（一九五一）年戦前労農派マルクス主義の理論家で、社会党を階級的に強化することを志向した「社会主義協会」を山川均と共に結成した。この影響をうけて『資本論』学習グループは、次々に社会党に入党し、社会主義協会に加入してゆく。さらに『資本論』のほかに、『空想から科学へ』や『共産党宣言』その他世界や日本の資本主義の発達史、世界の経済的・政治的情勢、社会主義運動や労働組合運動の歴史も読まれたのである（とくに『左翼小児病』を熱心に読んだことは、後に、このグループが次々に組合執行部に入るときの独特な戦術として大いに役立ったことを向坂はわれわれによく語った）。

以上のような学習のなかで、「意識のすすんだ労働者」は、マルクス主義を「研究室でのように浮世ばなれ[16]」したものでなく明確な目標をもって、すなわち労農派マルクス主義者として（政党としては、向坂自身の綱領起草による「左派社会党」）育成されていったのである。向坂はこの点に関して「学習会とは、ただ知識を得るためのものであると考えないことである。知識を働く人間が獲得すると力になる。しかし、知識だけでは組合は強くなるのではない。組合は人間の結合である。われわれが、学習会を始めたとき、お互いの同志的結合が育ってくることを感じた[17]」（傍点引用者）といっている。この場合の「同志的結合」とは、単に「教授」と「学生」という知的交流や親睦会的なものでもなく、同一の戦略、戦術に従うという、組織的・実践的なことを意味していると思われる。向坂門下生の証言によれば[18]彼の九州大学における学生・若手研究者に対する影響力も大きいものがあり、それらの者も、「同志的」結合によって、学習活動の拡大と共に献身的にチューターとして参加するのである。三井三池の労働組合が「講師にめぐまれていた」ということについては以上の諸点も考慮しなければならない。

2. 組合改革（大衆路線）の萌芽（昭和二六・一九五一年～二八・一九五三年）

昭和二五（一九五〇）年から昭和二八（一九五三）年にかけての日本労働運動の課題は、文字どおり混乱と停滞からの脱皮にあった。反動期の後退のなかから、労働運動が前向きの姿勢をとりはじめたのは、昭和二六（一九五一）年三月の総評第二回大会において平和四原則を決定したのが第一歩であった。総評の「ニワトリからアヒルへ」の脱皮が始まる。三池においても、この勢いにのって同二六（一九五一）年早々組合創立以来はじめて賃上げのための長期連続ストを経験し、組合員は自分たちの潜在的な力をあらためて発見・認識した。このストの成功は、幹部に大衆信頼への反省を迫り、組合員もまた、たたかわないかぎり賃金を出そうとしない資本の本質を実感としてかみしめた。こうした状況を実践的に表現したのが昭和二六（一九五一）年夏の三池労組執行部による画期的な「行動綱領」である。そこでは大げさな世界情勢分析は影をひそめ、そのかわりに一人一人の組合員が具体的に「何をなすべきか」がかかれていた。いわば大衆路線の「萌芽」がみられる。とくに次の四項目を内容とする教宣活動[19]は注目される。

(1)　執行委員の教育機関として毎週一回の労働講座、研究討論会（その時間は組合業務を中止して執行委員に出席の義務を課す）

(2)　委員と一般組合員の教育機関として少なくとも月一回の労働講座、研究討論会。

(3)　ニュースカー、映写機の購入による視聴覚教育の実施。

(4)　労働協約ならびに労働者の権利意識を徹底させる。

「七月頃から毎週一回九州大学から講師をまねいて研究会が開始され、……地味ではあるが根気強く行なわれた幹部に対する労働講座は運動に対する幹部の理論的武装に役立つことが多かった」（『一〇年』）とあるが、現実には、実行されたのは本所支部だけ（昭和二六〔一九五一〕年九大の奥田八二による『賃労働と資本』、そのほか『経済原論』『イギリス労働運動史』の講座その他[20]）でしかも恒常的なものではなく闘争によって、中断してしまった。

昭和二六（一九五一）年秋、この大衆路線の上にたって炭労の賃金ストが六三日間にわたって行なわれる。これは政府の緊急調整令発動によって七％の賃金上昇と一時金五〇〇〇円で闘いは終結する。このような闘いのなかで「大衆路線」はますます浸透してゆくのであるが、そのばあいこの時期における次の重要な諸点に注目すべきである。

前項で述べた『資本論』学習グループ員が次々と本所支部の執行部に入る（昭和二三〔一九四八〕年一月塚元敦義初当選）。そして同二六（一九五一）年には、一一名の本所執行部全員をこのグループがとった[21]。この本所支部の動きは、他の支部へも大きな影響を与え、しだいに、三池労組全体の動きになっていく。さらに「学習活動をすすめながら、活動家を育成し活動家が職場の中で不平・不満を吸いあげ組織するという実践活動にとりくんで[22]」いった。この点は、「科学的社会主義理論」が「意識のすすんだ労働者」から、一般労働者大衆のなかへ伝達されていく橋頭堡（レーニン『なにをなすべきか』）を獲得していく過程として特筆されるべきである。

また昭和二七（一九五二）年度行動方針は、同二六（一九五一）年度のそれをいっそう徹底的に具体化させることを意図し、特に地域に於ける組合員、家族の福利及び文化の向上を図ると共に組合活動推進の協力機関にする任務を帯びた地域分会の組織作りも決定され、教宣活動の新しい指向重点がこの年はこの地域分会におかれることになる。そしてこの年に社宅関係の地域分会はほぼ一〇〇％結成された。

六三日ストは家庭の主婦の役割を鮮やかに意義づけた。昭和二八（一九五三）年度行動方針案は「既存婦人会とは併立的に或いは吸収的に逐次地域分会婦人部組織に切り替え年度内に炭婦協加盟を完成する」ことを謳い、会社側の妨害にもかかわらず昭和二八（一九五三）年七月三池炭鉱主婦協議会（日本炭婦協三池支部）が結成され次の六項目を具体的方針[23]として決定した。

(1)　炭婦協発展のための組織強化対策
(2)　文化活動のための諸活動
(3)　生活向上のための諸活動
(4)　政治への関心を深める運動
(5)　夫や子弟の首切りや労働強化に反対する闘争

(6)　平和と独立をかちとる運動

こうして、学習グループ中心の組合改革でできた職場分会、地域分会と共に主婦会が、日常活動の単位として成立したのである。いわば労働組合による〝二四時間総学習〟、〝学習による人海戦術〟の組織的基礎ができあがったのである。

二　三池学習活動の展開

1．大衆路線の定着（昭和二八〔一九五三〕年〜昭和三一〔一九五六〕年）

前節で述べた「大衆路線」は、職場闘争・地域分会・主婦会を立体的に組み合わせた学習活動によってますます深化拡大してゆき、昭和二八（一九五三）年の「英雄なき一一三日のたたかい」の結果、直接の成果として「退職勧告拒否者」の首を守ることに成功し、三井六山で一、八四一名（三池三二一名）を復職させるという偉大な成果をあげた。清水慎三はこのことを「日本はおろか世界の資本主義諸国の労働運動のなかで企業合理化に伴う首切りに反対して成功した事例は数少ないからであり、日本の労働運動のなかに打立てられた金字搭として全労働者階級への鼓動激励となった」（『清水論文』）と高く評価している。さらに昭和三〇（一九五五）年には、三鉱連的規模において、有名な三井の「長期協定」をたたかいとった。

それは「会社側の全面後退」であり日経連をして「経営権の放棄」となげかしめたものである。このように、合理化の直接の発現である首切りを阻止した点でこの闘いは大きな意味をもつものである。

だが、その後退職金目当ての退職者が続出し、結局実質的には首切りは成功という皮肉な結果になる。このため三池労組は昭和二九年（一九五四）度行動方針で「衣食住に関する生活様式の改善を指導する」ことを目標に、居住生活そのものの改善運動を積極的に行なう。たとえば高利貸からの借金を組合共済会で肩かわりし、ひどい人には家計簿を組合が支給して、それを組合が点検するということまで行なった。さらに、集会時間の厳守、虚礼の廃止、節酒から「家族会議による生活設計」「給料一日ねかせ運動」[24]にまで発展する。こうした「生活革命」ともいうべき運動において地域分会や、とくに炭婦協の果した役割りは大きい。その注目すべき具体例としては昭和二九（一九五四）年多年三池労務管理の支柱の一角であった「三井世話方制度」[25]が廃止され、かわって組合の地域分会と主婦会が主役となって三池独自の地域社会が形成される。（序章三を参照）

以上の生活革命とともに次の二つの地域に対する取り組みも、「階級連帯」の観点から注目されよう。

第一に三池労組の三〇年度行動方針は「市民、農民との提携」について、その一は「労働者の収入の上下と市民の景気の上下は、長い目でみれば常に一致していることを啓蒙すること」、その二は「ストの実力により一時的感情をつき破ってでも毅然たる態度で、労働者の価値を認めさせ、自分の利益ばかりしか考えない世論を屈服させること」の二つを強調し、この方針のもとに四二五店の加盟店をもつ大牟田市革新商店連盟が結成された。

第二に電化労組に対する首切り攻撃に対しては、三池の組合員が電化社宅を一軒一軒オルグし、また鉄鋼室蘭や杵島炭鉱への攻撃にもニュースカーとオルグ派遣はもちろん、資金や物資のカンパを行なうなど、企業や産業別の枠をこえた労働者連帯をかちとった。また政治活動についても、三池では衆院選をはじめ、推せん候補全員を当選させた。とくに三池労組出身候補については昭和二六（一九五一）年四月の市議選にくらべて、得票数は二倍になるほどに組合員の意識は向上する。これが同三〇（一九五五）年度の行動方針で、「階級政党の育成」「本来は政党が行なうべき政治行動の実践部隊とならねばならない」という形にまで高められる。(26)

以上の点を考慮するとき当然に、学習活動が活発に行なわれたことが推察されるが、その資料的裏づけはできない。おそらく持続的なものとしては第一節でみた『資本論』学習が主たるものであとは、単発的なものであったのではあるまいか。資料的裏づけは不可能としても、「生活革命」「階級的連帯」「政治活動」が学習会とくに、具体的問題についての徹底的話し合いと密接に関連して行なわれたことは容易に想像される（たとえば生活革命時に次のような話題が討論にのぼったことが報告されている。「正月に二一〜三人で酒をのんでいるところに世話方がくれば、奥さんは断わりきれずに上にあげるだろう。そうすれば世話方はゴウ然とあがってくるだろう。これをどう思うか(27)」。おそらくこれに類似した話題が、主婦会、地域分会で毎日くりかえし討論されたと思われる。こうしたことにもとづく組合員相互の信頼がなければ、家計簿を組合が管理するなどという社会主義的集団行動などスムーズにいくはずがあるまい）。こうしていわゆる〝三池人〟が生活、地域の場においても形成されていったのである。いい方を変えれば、科学的社会主義の理論が職場から地域、家庭にまで浸透する契機が生じたといえよう。

2. 学習活動の定着（昭和三二〔一九五七〕年～昭和三五〔一九六〇年〕年）

長期闘争のあと、ひきつづいて期末手当闘争、賃金闘争が闘われたが、その賃金闘争に三池の職場闘争が強く深くくいこんでいった。そして、組合は、「現行の労働法では、組合が委譲すれば職場分会にも三権があるんだ、ストライキ権、交渉権、妥結権――この三権を行使できるんだ、という立場にたって」職場闘争をすすめていった。ところが会社側はこれを違法な「山猫スト」であるとして、賃金カット、さらにロックアウトの挙にでた。この結果は中央の団交で急転直下妥結することになり、どちらが有利であったか、容易に判定のつかない妥結ではあった。「勝ったのか負けたのか端的に問いかける」一般組合員の要求に対して、塚元敦義は次のような評価をしている。「私たちは、勝ち負けの議論をするのは正しくない、あえていえば、今後、職場闘争、職場活動ができるかできんかで決まってくる。それができるのであれば、勝ちであるし、できなくなるのであれば、負けたことになる。……階級闘争というのは、こういうもんではなかろうか、と考えております。逆にいえば、このたたかいを通じて、階級闘争というのが、三池の労働者の中に定着していったのではなかろうか」[28]（このとき組合側は労働法学者を動員し、中労委に持ち込むなど、いろいろな方法で争ったが、会社の正当性も、組合の主張も認められないという結果におわった）

この闘争の意義は、職場闘争の徹底によって、学習運動が飛躍的に発展したことであろう。すなわち「英雄なき一一三日の闘い」からこの闘争にいたる期間に、各支部に支部研究会が組織された。そこには二つの型があった。一つは、活動家養成を明確な目標とした持続的なものであり、もう一つは、組合員の不特定層を対象に非系統的に行なうものであった。それがこの闘争以後、各支部とも、特定層にしぼって活動家養成をはかるための講座式教育と、一般組合員だけの講演会式教育との二本立てで進むという定式が根づいていく。さらに本所支部のような進んだ支部では、この講座式教育もさらに構造化されて、第一学習会と第二学習会との二本建ての組織にしたところもある。そこでは、活動家によるものを第一学習会とし、第一学習会のメンバーが中心になって第二学習会を開き、そこへの参加は組合員の自発性にまつことにするが、参加者は登録し、出欠を記録することになっていた。さらに、これらの支部研究会に参加した者が、それぞれの職場研究会、地域研究会では一般組合員の指導にあたり、あわせてみずからの古典学習の成果を実践に応用していく、という方法によって、三池労組全体の教育＝学習運動は、全「みいけ」のものへ発展・拡大している。(29) さらに、学習単位を小さくし、地域単位、「方別」単位、職場単位の研究グループ結成が提唱された。また、昭和三二（一九五七）年総会には「学習活動を強化し、敵階級の宣伝を粉砕しよう！」、昭和三三（一九五八）年総会では「学習活動を盛んにし、新しい社会の担い手となろう」のスローガンが採択された（この期の学習組織構造と学習内容および各支部の労働講座実績については、〈図1-1〉、〈表1-3〉～〈表1-7〉を参照のこと。但し〈図1-1〉は三池闘争時の完成的なものである。しかし、ほぼこの原型がこの時期にできたとみてよい）。

塚元の指摘のごとく、この闘争は会社側が「福岡熊本の両県警はもとより、陸上自衛隊の動員までをも配慮したうえでのロックアウト攻勢」という性格が強くあらわれ、あらゆる権力的弾圧機関を総動員した総資本の結集であり、その意味でまさしく「階級闘争」の本質をまざまざと具備したものであったといえる。こうした状況に対して、組合側は、従来の学習活動をすでにみたごとく、より拡

図1-1　三池の研究組織構造(30)

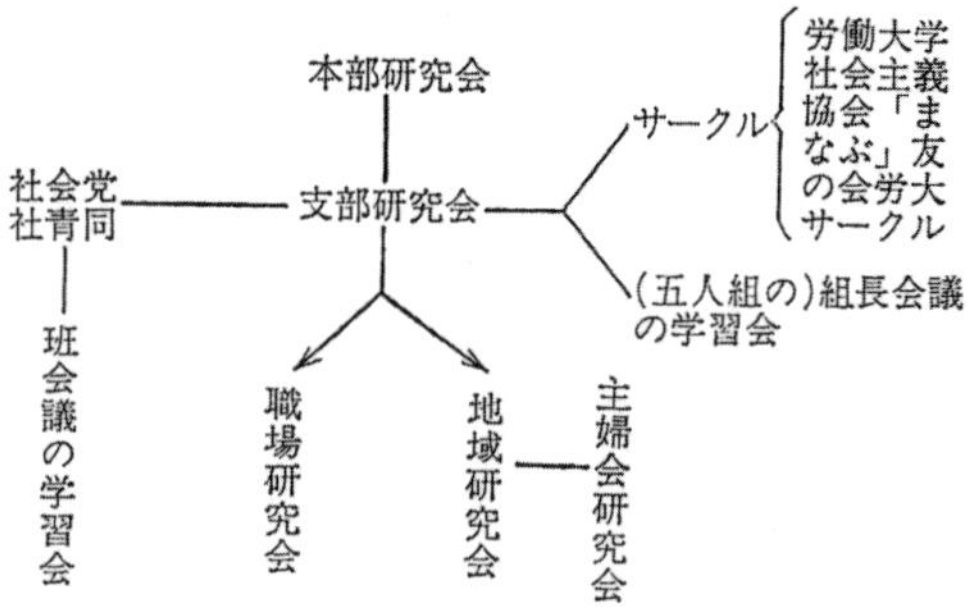

表1-3　32年度労働講座実績表(31)

支部＼月	4	5	6	7	8	9	10	11	12	1	2	3	計
宮　浦					1	4	4	5	6	6	19	10	55
四　山						4	1	4	1		14	4	28
三　川	6			4	7	11	8	11	16	9	10	4	86
本　所	3	4	4	3	3	6	6	4	3	6	5	4	51
港　務	2					3	4	4	2	1	6	3	25
製　作					3	2	1	2	2	3	6	3	22
計	11	4	4	7	14	30	24	30	30	25	60	28	267

表1-4　宮浦支部の学習内容例(32)

① 支部全体対象
労働者の社会科学（連続講座）　23回
日本近代史　（　〃　）　18回
計41回

② 職場対象
不況と政治，経済（講座）　7回

③ 支部執行部対象（時事説）　3回
たとえば自民党の労働政策，春闘，など

④ 地域分会長・主婦会分会長対象　2回
（時事解説）

⑤ 行動隊対象　1回
（時事解説）

⑥ 主婦会対象
民主主義と私たちの組織　1回

計55回

表1－5　三川支部の学習内容(33)

①　地域分会（社宅）対象（時事解説） 現下の社会情勢，政府の労働政策，ＩＣBM，家庭生活のあり方，職場と政治運動，春闘をひかえて，当面の教育問題		30回
②　職場対象		
職場闘争を強化するために （執行部による）	20回	24回
そ　の　他	4回	
③　支部全体対象（時事解説） 現下の社会情勢，自民党の経済政策 機械化と私たち		21回
④　外来分会対象		2回
⑤　行動隊対象		1回
⑥　不明		8回
		計86回

表1－6　本所支部の学習内容(34)

①　支部研究対象		
資本論（向坂による講座）	12回	35回
資本論（他の講師による）	2回	
空想から科学へ	13回	
そ　の　他	8回	
②　主婦会対象（支部長らの講話会他） 子どものしあわせについて，九大見学，生活の考え方，労働運動と生活，資本論，新春ぜんざい会		16回
		計51回

表1－7　33年度労働講座実績表(35)

支部＼月	5	6	7	8	9	10	11	12	1	2	3	4	計
宮　浦		6	13	8	12	7	6	4	5	3	3	3	70
四　山			3	3	4	3	4	4	4	4	5	4	38
三　川		1	8	7	11	23	15	17	12	21			115
本　所	3	8	6	1	2		2		3	5	3		33
港　務	5	5	6	9				4	1	1		4	35
製　作				2	1	2	2	1	1		1	2	12
計	8	20	36	30	30	35	29	30	26	34	12	13	

大・深化し、さらに、きめこまかくすることによって対決した時期である。社会主義理論はしたがって、その深化・拡大の度をまし、さらに、学習単位を小さくすることによって、より徹底的に労働者大衆に浸透する可能性が生じたのである。

〈表1-3〉―〈表1-7〉をみると、本所支部の向坂による資本論学習会が組織的に行なわれ、また三川支部においては昭和三二（一九五七）年、三三（一九五八）年と開講講座数は他支部に比してかなり多く、古典学習はみられないが、職場・地域にまで学習会がくいこみ、内容も多岐にわたっている。また主婦会の学習では本所支部が抜きんでていることがわかる。

三　一九六〇年代三池学習活動の組織論

1．三池闘争（昭和三四〔一九五九〕年～昭和三五〔一九六〇〕年）

昭和三四（一九五九）年一月三井鉱山は三鉱連へ第一次合理化案を提示した。第一次合理化反対闘争は準備不足のまま組合側が敗北した。三池労組は第二次合理化を予測し、五月の総会で「たたかいはまさにこれからである」「資本の容易ならない決戦のかまえを」「『学習』による『階級的』知力と連帯によって」正しくつかもう、という意志統一を行なった。そして、従来の支部単位による情宜を全体の情宜計画におきかえ、組合組織の点検、統一化実現へと隊列整備に全力をつくした（〈図1-1〉の組織による学習の徹底化に努力が集中されるである）。この三池労組の不退転の決意に対して第二次合理化案提示、一二〇〇名指名解雇通告（昭和三四〔一九五九〕年十二月）がなされ、明けて昭和三五（一九六〇）年一月会社側の三池鉱業所ロックアウトと同時に組合は全面無期限ストライキに突入、二四時間ストライキ三一三日間を含む四四五日間にわたる大争議となった（因みに、組合側がついやした経費二二億円、三池現地に動員された労働者のべ三二万人、会社側の損失二二〇億円といわれる。まさしく空前の大争議であった）[36]。

この争議の本質は、資本の側が職場活動家（資本側のいう「生産阻害者」）を名指しで企業外に、いな経済的生活から抹殺しようとした点にある。つまり、資本の意図は単なる合理化でなくて、労使関係の根底の変革をふくむ合理化であった。しかも、それが巨費と、国家権力と総資本の援護のもとに遂行されたのである。この闘争の進行過程で労働者は、資本主義的国家権力をつぶさないかぎり労働者側が勝利しえないところにまで追いつめられた。しかし、安保を切り抜けた権力側の相対的力の増大、第二組合の発生、炭労における三池の孤立、等を主因として労働者側は結局、資本の側の条件で争議を終結するほかなかった。

争議期間中、これまでの蓄積がいっせいに開花したごとく、網羅的な学習活動が行なわれた。学習会は地域に浸透し、ホッパー前のピケ内ではホッパー大学が開催され、多くの労働者がこの大学を卒業していった。三池の学習運動はこの期に一挙に大衆的基盤を拡大・深化していった。

また闘争のなかで、地域分会はたたかいの部隊であり、オルグとの交流の場となった。組合員の家庭に宿泊し、またピケ小屋に泊ったオルグの宿泊と炊事は、三池主婦会の手で整然と用意され、三池の労働者、家族との交流はこうしてあたためられ、全国にひろがっていったのである[37]。

さらに「オルグ派遣」「逆オルグの訪問」を媒介として「三池を守る会」が結成され事態収拾当時、

全国で約一、〇〇〇余に達していた（炭労第二九回大会議案書）。こうしたことは日本労働争議上未曾有のことである[38]。

そのほか、大争議の性質上、国家権力を直接相手にする必要に迫られ、その法廷闘争における弁護士団の献身的活動もまた特記される必要があろう[39]。

さいごに、われわれの仮説でいえば、合理化はこの時期に二次にわたる合理化案として提示され、これに対し、労働者は全面的に「反抗」を行なった（三一三日二四時間全面ストに象徴される）。しかし、資本主義下においては、総労働の立場をもってしても、総資本に勝てるものではなかった。まことに、マルクスのいえるごとく「ときおりは労働者が勝つ。しかし、それは一時的なものにすぎない」（『共産党宣言』）のである。

しかし、マルクスはこの言葉に続いて「かれらの闘いのほんとうの成果は、直接の成功ではなくて、労働者のますます拡大する団結である」と述べている。たしかに、一単組の闘いが前述のような意味で総労働者の、あるいは全国民的な闘いの様相をおびたという点でマルクスの言葉はあてはまるといえるかもしれない。しかし、三池労組内部にかぎっていえば、第二組合が発生し、二対一の比率が、五年後の昭和四〇（一九六五）年には逆に一対二、さらに、十年後の現在（当時）一対三（第一組合員一五〇〇余名）になって第一組合員が減少している事実をみるといちがいに「ますます拡大する団結」とはいえないであろう。

次に、社会主義理論の浸透についてはどうであろうか。これを客観的に検証することは不可能であるが、三池の『資本論』学習グループの創始者八人の一人塚元敦義はこの闘争時本所支部長であった

（同じく八人の一人である灰原茂雄は組合本部書記長）が、この本所支部の学習と第二組合脱落との関連についての次の清水慎三の指摘は示唆に富んでいる。「三池学習活動の代表と言われた向坂教室の本拠は本所支部であった。この支部は坑外現業と非現業を含み、通常の組合常識で言えば弱いところに相当する。ここからも第二組合員はかなり大量に発生したが、通常ありがちなようにこの部分の全滅状態はおこらず、またどこの第二組合にも見られるようなこの部分からの首謀者の誕生はおこらなかった。この支部の向坂教室はすぐれた指導者塚元敦義支部長の掌握のもとに運営され、学習会から多くの活動家を生み、その活動家を効果的に配置したばかりでなく、その職場活動も本所支部に適応させ、多分に世話役的活動であった。ここでは向坂教授のひたむきな組合強化の理論と情熱が塚元支部長の人柄力量に媒介されて効果を十分発揮したと言ってよい(40)」。この記述に関していえば、「意識のすすんだ労働者」を媒介にして社会主義理論が一般労働者大衆に、浸透したといってよいのではあるまいか。

2. 三池闘争以降（昭和三五〔一九六〇〕年～）

三池闘争以後の三池炭鉱における合理化(41)（窮乏化法則の発現）は主として次の三つに要約される。

第一に、職場の人員配置の変化（保安要員の減少・職制の増加）である。直接石炭を掘る採炭工が、昭和三四（一九五九）年には総在籍一万三五二三名に対し、九七四名であったものが、昭和三六（一九六一）年には一万九六四名に対して一五六名となって大幅に増員されている。つまりそれだけその他の部門の者が減員されているのである。たとえば三池闘争まえには主要コンベヤーには一台に一人

表1－8(42)

	年	労働者数	死亡	重軽傷	合計
	34	11,711	1	3,673	3,674
三池大闘争	35	11,431	—	757	757
	36	10,946	① 17	4,214	① 4,231
	37	10,294	15	3,870	3,885
大災害	38	9,391	474	3,790	4,264
	39	8,714	③ 11	2,814	③ 2,825
	40	9,349	③ 13	3,636	③ 3,649
	41	9,196	① 7	3,594	3,601
	42	8,598	① 16	2,674	① 2,690

1　三池労組総会資料より抜すい。
2　○内は会社統計外。

の当番がついていたのが闘争以降は一人で何台も受けもたされている（保安作業の軽視）。これと逆に、職制は五人に一人の割合で配置されている（闘争前は一〇人に一人）。これが昭和三五（一九六〇）年以降の災害の激増の原因とみてまちがいない。

特に昭和三八（一九六三）年十一月三川鉱の大爆発で四五八名の命が奪われ八〇〇名以上のCOガス患者を出したのは資本主義的合理化の結果を痛切に物語っている。

第二に、第一組合員と第二組合員との徹底的な差別をあげることができる。第一組合員には、本人本来の作業があたえられず、雑用を強制し、また一挙に一万円以上の賃下げ（残業があたえられないため）が行なわれる一方、「第二組合に加入すれば賃金があがる、好条件の作業につける」と第一組合脱退を強要する。

第三に、職制の権限が強化されるとともに、各現場ごとの生産目標が割当てられ、それが達成できなければ配転させられるか、解雇になるという仕組みになっている。逆に第一組合員に差別を行ない、第二組合に多くの者を加入させた職制は昇格できることになっているため、職制の第一組合員に対するしめつけがいっそうつよくなっている。

以上のことを内容とした生産第一主義、出炭至上主義を強行しているのである。

このような状況に対して、労働者の抵抗（「反抗」）はどうであろうか。これについて⑴長期抵抗路線の設定、⑵昭和三八（一九六三）年の第三次合理化反対闘争における不調印闘争、⑶ＣＯ闘争、の三つが指摘されるが、ここでは学習活動（労働者の意識形成）[43]にとってとくに大きい意味をもつと思われる⑴の長期抵抗路線[44]と五人組[45]についてまとをしぼってみよう。

⑴　長期抵抗路線　まず、長期抵抗路線は、昭和三七（一九六二）年四月に三池労組が三ヵ月の大衆討議のなかから打ち出した行動方針である。これは一口でいえば「持久戦」であり、味方の勢力の保存とその増強をはかりながら有効な反撃の時期をつくり、かつ、待つたたかい方である。それは次の三つに要約される。⑴情勢が不利なときは柔軟な構えをとる。⑵しかし敵の脆弱点には思い切ってつけこむ。⑶柔軟だが粘り強い抵抗闘争のなかで反撃を開始する。

では反撃の条件はどういうことか。⑴大衆の信頼が指導部に集中しているかどうか。⑵味方の士気が旺盛かどうか。⑶反撃に転ずる手段と目標をどう選ぶか。⑷敵の脆弱点の分析、把握が十分かどうか。⑸以上の諸条件が具体化し、発展する度合いに応じて大胆な攻撃に転ずる。

以上の長期抵抗路線を具体化するものとして追求と拡大が重視されたのが組織論としての大衆闘争路線であり、その有力な具体化として「五人組」が各分会ごとに、つまり生産点の小集団として創設されたのである。

⑵　五人組　昭和三八（一九六三）年、組合組織の最小単位として設けられ、同三九（一九六

図1－2　諸会議のサイクル(48)

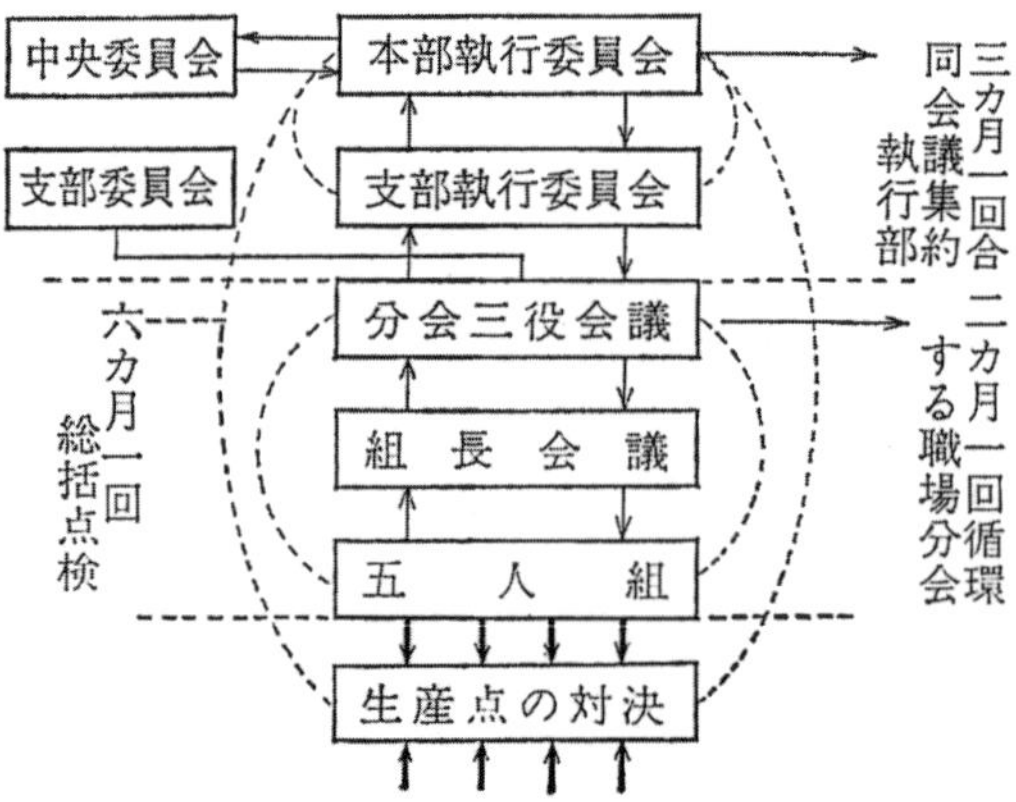

四）年度大会で正式に承認された。奥田八二は五人組について「五人組は組合の末端組織ではない。新労務管理体制下においてたたかう労働者の行動様式なのである。……組合活動のできない所で労働者は資本に対して孤立無援であってはいけないという着想からできた袖ひき合う労働者仲間なのである。……資本の攻撃に対して助け合い補い合うための特定の目的意識をもった仲間である」[46]と規定している。学習単位であると同時に闘争単位でもあるこの五人組の成立によって学習活動と組織活動は離れては考えられないという労働者の学習活動の独自性が大衆的に徹底化していく。さらに昭和四二（一九六七）年の運動方針では、この五人組を組合員の意識形成の有効な武器とするために次のことが決定された。⑴毎週火曜日を中央執行委員会とし、毎月九日は定例坑内入坑点検日とする。⑵執行部は三ヵ月一回の本部・支部の合同会議を各支部ごとに行ない、活動の集約・検証を行ない、さらに方針の強化・補強を行なっていく。また三池全体としての検証は毎年一月、五月の二回行ない、次年度の活動方針をつくりあげていく。⑶三役会議はまずはじめに問題を提起し、これを組長会議組会議に伝達していく。そして五人組が生産点におけるたたかい、実践のなかからの

意見を集約したものを、組長会議、三役会議に検証集約し、次の新しい問題提起をするという循環方式をとる。この一連の会議を一単位（サイクル）として、少なくとも二ヵ月以内に一巡するように各支部で具体的にとりくんでいく（〈図1-2〉参照）[47]

つまり毎日が、実践と運動方針による討議の連続ともいえるので労働者の意識変革は急速にたかまっていき、同時に運動方針が労働者各自に浸透していく。見事な大衆路線の徹底化である。日本の労働運動が一貫して追求して、なしえなかったこの路線がここにほぼ完成的な形で定着したとみてよいのではあるまいか。

以上、三池闘争後の合理化の実態とそれに対する三池労働者の対決の諸相をみた。まだ論ずべきことは多くある。なかでも、三池に学ぶ会、職場闘争と地域闘争の関連[49]、さらに産業別闘争に発展させるための社会主義政党の役割等[50]の考察は重要な問題であるが、これらについては論者の見解も分かれ、三池労組としてもまだ統一した見解を提起していないと思われるので、資料の不備な点の補充とあわせて、他日を期したい。

おわりに、三池闘争以降長期抵抗路線を学習によって自らの生きる指針に血肉化していった本所支部の一労働者の手記をかかげる。

「私が学習ということを意識的にはじめたのは三池闘争後の一九六〇年十二月一日就労以降ということが正しいと思う。まず当時の私の環境条件をいえば、三池炭鉱の支配の中核となる本社人事部人事課のなかに席が与えられていた。その人事課には三池労組員（第一組合員）は私一人で、他は課長以下職制ならびに第二組合員である。私は就労以降今日にいたる十年間まだ仕事を与えられず、机、イス、事務用具を与えられたきりで孤立させられている。

さらに課内のことについては、私をじゃまものあつかいし、すべてからハネ出し、ものをいうなといったぐあいで、まったく非人間的な差別といやがらせを強行している。職場における市民権さえも剝奪し去り、孤立無援に追いこみ、自分で退職するように意図的なあつかいがつづけられてきた。

私は一日一日が無味乾燥な、暗い苦しい毎日を、〝格子なき牢獄〟で送らされた。このとき私は自らやめていくか徹底的に抵抗してたたかいをすすめていくのか二者択一を要求されたのであった。たたかうといっても誰も身近かに仲間がいないし、いらだたしい毎日がつづいた。一日一回、組合事務所での仲間との話し合いは、それぞれの職場での差別やいやがらせ、第二組合の卑屈さを笑い合いながら話し合ったが、それでもその敵の攻撃はどうはね返すか、自分たちの苦しいたたかいの展望はなにかということについては毎日会議で話し合ったがなかなか名案はでなかった。

賃金は五千円から一万円の差別をうけるうえに、いやがらせが毎日つづき、脱落するものがつづいた。脱落するものは敵視した。脱落するものがいるから敵はなめてかかる、脱落者は利敵行為だと憎んだ。さらに、当時の組合員の中心的な思想は早く三池闘争以前の状態に復帰することである。そのためには三池闘争以前の果敢な職場闘争を勇敢にたたかわねばならぬというあせりが組織内部に満ち、私もその一人であった。係員吊し上げが職場闘争であり、第二組合員誹謗が三池労組の誇りを維持する基本だと考えて行動をした。敵の攻撃は職員、第二組合一体となって三池労組におそいかかってきた。

そんなころ一九六二年四月、三池のたたかいの長期の展望をもった戦略路線が提起された。いわゆる『長期抵抗・統一路線』であった。

私たちは連日の職場討議や数ヵ月の学習会を通じてその大枠を知ることができたし、さらにその後の学習会で、九大の先生方や塚元・灰原さんらによる『実践論・矛盾論』講座、三池闘争総括、人間疎外論、体制合理化、分裂組合の経験などの運動論や、『共産党宣言』『空想から科学へ』『国家と革命』『帝国主義論』さらには『資本論』などをじっくりと学習会でまなびつづけた。

このなかで、現実を変革する闘争は冷静に、ひとつひとつ長期にかまえ、思想によってつくりだされる人間性をまなびとることが必要なことを知った。そしてたとえ脱落しても、長い苦しいたたかいをともにたたかった多くの仲間の気持を私たちが積極的に理解してやる以外に、第二組合のなかに核を残すことはできないし、彼らも第二組合を正しいと思って脱落していったのではないかぎり窓を閉すべきではないこと、つねに人間的に自らを正し、抵抗と人間性を理解させ、たたかいへと発展させねばならないと考えるようになった。

いま考えてみれば、会社が私を差別したことが、今日の私が人間性を追及する重大な条件であったと思えば、三井鉱山にむしろ礼を申さねばならぬのかもしれない」（労大・ハンドブック『団結・抵抗・統一』所収の中田忠男の手記より）

註

（1）昭和初期におこなわれた巧妙な労務政策について、労務担当者深川氏の名をとって深川労務政策と呼ばれる。それは労働者側を完全に懐柔することに成功した。この点、上妻幸英『三池炭鉱史』（教育社、一九八〇年）も参照。さらに山根房光も労働者の立場から詳しく論じている（『みいけ炭鉱夫』労大新書、一九六一年、Vの二）

（2）三池炭鉱労働組合編『みいけ二〇年』労働旬報社、一九六七年、（以下『二〇年』と略称）参照。

（3）塚元敦義著『労働者宣言』（労働大学出版、一九六九年。以下『宣言』と略称。わずらわしいので逐一頁数を附すことは避けた。）本稿に登場する塚元敦義の発言はすべて本書からの引用であるので、以後の注記は省略したものが多い。（本書の内容については『教育』一九六九年十一月号における黒沢の「書評」参照）。

（4）この状況の記述は三池炭鉱労働組合編『みいけ一〇年』労働旬報社刊、一九五六年（以下『一〇年』と略称）。『二〇年』も参照。

（5）労大ハンドブック『団結・抵抗・統一』一九七〇年。（以下『ハンドブック』と略称）四三―四四頁参照。

（6）日本炭鉱労働組合総連合の略称で、炭鉱労働組合全国協議会（一九四六年一月結成）内における共産フラク排撃の目的で四八組合、一〇万七〇〇〇の全国の中立系を一本にした組織。一九四六年三月結成。

（7）、（8）、（9）『一〇年』参照。

（10）、（11）藤田若雄・塩田庄兵衛編『戦後日本の労働争議』（下）御茶の水書房（一九六二年）所収の第IX章清水慎三論文「三井三池争議」（以下『清水論文』と略称）とくに五〇二頁。

（12）清水論文、五〇二～五〇四頁。

（13）、（14）、（15）、（16）、（17）向坂逸郎「わが生涯の闘争」（『文藝春秋』〔一九六〇年七月号

(18) 主として九大教授、川口武彦・奥田八二らの証言。
(19) 『二〇年』及び『二〇年』参照。
(20) 加藤克子「労働組合における学習の意義について」(『月刊社会教育』一九六六年十月号。以下「加藤レポート」と略称) 参照。
(21)、(22) 『宣言』参照。
(23) 『二〇年』、『二〇年』及び本書第二章も参照。
(24) 生活革命運動の一環として、「つけの支払い」などを一日まってもらい、賃金のつかい方を家族で話し合ってきめていこうという運動。
(25) 社宅居住者の出生死亡、転出入などの移動をはじめ、社宅営繕修理などの職務を行なうものだが、このような表面上の職務処理を通じて、社宅居住者の出勤状況、素行思想言動などを調査し、スト切り崩しや退職勧告など、労働運動を下からきりくずす役割を果していた。
(26) 『二〇年』。
(27) 『ハンドブック』。
(28) 『宣言』。
(29) 山下メモ (筆者が大牟田での調査の折貸与された労組員山下開氏からの詳細なメモ。以下『山下メモ』と略称)
(30) 山下メモ。
(31)、(32)、(33)、(34)、(35) 「加藤レポート」より転載。
(36) 奥田八二著『体制的合理化と労働運動』労働旬報社、一九六九年、三六八頁。(以下『奥田論文』と略称)
(37) 『ハンドブック』。

(38)、(39) 清水論文、五五五～五五八頁。
(40) 清水論文、五五四頁。
(41)、(42) 労働組合運動講座5『今日の労働組合運動の課題』(労働大学、一九六八年)所収の宮川睦男論文を筆者なりに要約。〈表1-8〉は同論文のものを抜すいして転載。
(43)、(44)、(45)『朝日ジャーナル』一九六九年十一月二日号、座談会「『三池』を今日に生かす道」における三池労組書記大津留宏の発言、および同誌の灰原茂雄論文「何を学びどう実践したか」参照。
(46) 奥田論文、四七四～四七五頁。
(47)、(48) 山下開「労働者の思想性とはなにか」(大内兵衛・向坂逸郎編集『社会主義』一九六八年二月号再建五号)参照。〈図1-2〉はこの論文より転載。
(49)、(50) 一九六七年、主としてこの点をめぐって三池の指導的理論集団「社会主義協会」が分裂した。

第二章　女性、子どもたちと三池闘争

――『三池主婦会二〇年』によせて――

数年まえ、九州大学の川口武彦氏による三池主婦会の紹介を女性総合誌で読んだとき、炭住（社宅）で三池の主婦たちと語りあった夕が懐しく想いだされた。私たち社会教育関係者の小グループが三池労組の教育面の調査のために大牟田を訪れたのは、三川鉱の炭じん爆発による大変災から二年ほど経た昭和四〇（一九六五）年秋の数日間であった。組合本部における宮川睦男、塚元敦義氏をはじめとする幹部の説明、組合宣伝カー「はたかぜ」に乗り込んでの各支部の見学、そこにおける若い労組員たちとの話合いも実に感動的なものであったが、分宿した炭住で、ヒザをつきあわせての三池主婦会の人々との懇談はとくに印象的であった。私が泊めてもらった炭住の組合員は、会社の病院のマッサージ師であった。第一組合員であるために皿洗いに配転させられ、賃金も半分以下に減り、そのため一日の仕事の終了後、アルバイトとしてマッサージをしている初老の人だったが、帰宅はいつも夜半になってしまい、なりよりも大切な手が皿洗いで荒れて困ると会社の仕打ちに憤っていた。しかし、三池主婦会会員である夫人ともども、最大の関心事は高校と中学の二人の子どもの教育のことであり、その将来であった。「貧しい労働者ですから子どもたちに何もしてやれませんが、どんなに

いためつけられても、正しいことを正しいことだと闘っていることだけが子どもたちにしてやれることなのです」。その後、近くの分会長宅での集いでも、多くの主婦から繰返し淡々と語られたこの章句は、三池労組員の、とくに主婦たちの教育観の表白として感動を覚えた。

ところで、かつて三池労組は「眠れる豚」といわれた。その後の闘いのなかで、豚ではなく闘う〝獅子〟であったことを自ら証明していくのであるが。とくに三一三日間の長期ストライキに象徴される大闘争に関しては調査・研究は多方面にわたり庬大な量にのぼっているが、その闘いを支えた主婦会の活躍については、少なくとも系統的には光があてられてこなかった。いうまでもなく三池闘争は、三池の労働者の妻たちと娘たちの闘いでもあった。実際、三池労組の赤旗の立つところには、どこでも三池主婦会の旗が並び立てられた。主婦たちの力なしにはあの闘争はたたかい抜くことはできなかった。とすれば主婦会の闘いを欠落させた三池調査・研究は、一面的であるといわざるを得ないであろう。今回、三池主婦会自らが六〇〇人にのぼる「主婦の談話」にもとずく『三池主婦会二〇年』（労働大学刊、一九七三年）が公刊されたのは、従来の研究の不備を補う意味においてもまことに意義深いものがある。以下本書によって、主婦の立場からの三池のたたかいを概括し、終わりに主婦会と子どもの教育について、若干の私見を述べてみたいと思う。

一　三池主婦会産みの苦しみ

戦後の日本の復興にあたって、石炭産業の果たした役割はまことに重要なものがあった。そして

「炭労」は当然に労働運動の中心を占めていた。また炭労は戦後早くから主婦会の組織化に努めてきたが、主婦たちのなかからも「生活を守るたたかい」の要求が起こり、それが発展して昭和二七年九月に炭婦協（日本炭鉱主婦協議会）が結成された。炭婦協は各炭鉱の事情と歴史の相異を含みながら、炭労の分身であることを自らも宣言し、炭労もそれを確認して全国的に手を結んだのである。結成後まもなく突入したストライキ（炭労六三スト）を、炭婦協が「台所から力強く支えた」ことを学んだ三池労組は、昭和二八（一九五三）年の運動方針で地域会婦人部の育成にあたることを決めたが、その年七月に約五〇、〇〇〇人の参加者によって、三池炭鉱主婦協議会は以下の「具体的方針」をもって結成された。⑴炭婦協発展のための組織強化対策、⑵文化活動のための諸活動、⑶生活向上のための諸活動、⑷政治への関心を深める運動、⑸夫や子弟の首切りや労働強化に反対する闘争、⑹平和と独立をかちとる運動。

家族ぐるみの〝愛社心〟をうたう企業は現在も少なくないが、それが徹底していたのが炭鉱であった。さらに炭鉱では、賃金と福利施設費の比率は一〇対二であるといわれ、他産業に比べてその割合は著しく高く、とくに三池においては「世話方」（前出）という独特の職制がこれらを管理することによって、会社は従業員とその家族に呪術的な魔力をふるっていた。また既成の婦人会も「福利厚生制度への不満をそらし、婦人の意識的な団結への動きを抑圧するという労務管理対策」としての意味しかもっていなかった。したがって、その迷妄をふき払い、会社の脅迫・デマ等の執拗な妨害を排しての結成運動は、容易なことではなかった。しかしこの必死の妨害は逆に主婦たちに結成の意義を悟らせる反面教師となり、さらに会社の差別にたいして法廷闘争も辞さなかった組合の積極的な闘いは、実物教育として主婦たちに大きな影響を与えたのであった。炭婦協結成のためには、以上のような産みの苦しみがあったことを特記しておかなくてはならない。

二 「英雄なき一一三日のたたかい」と主婦会

三池炭婦協は産声の喜びをかみしめるいとまもなく、三池鉱山の五、七三八名首切合理化案との闘いに立ち向かわなくてはならなかった。「どうせ首切られたら、一家四散か心中より他にない。それよりもこのまま、雨にぬれても、時間がたっても、死んでも、憎しみの炎を燃しながら、親子がともに死んでもかまわない」。この炎のような怒りをこめて主婦たちは、坐りこみに、雨の中のピストンデモに参加していく。そこには夫たちに炊き出しを行ない、着替えを届け、子どもと年寄をかかえて「家庭を守り」「台所を守る」立場を越えて、闘いの真中に突き進む姿が見られる。「英雄なき一一三日のたたかい」(一九五三年)として、有名な企業整備反対闘争は、このような主婦たちの怒りの闘いでもあった。たたかいは勝利に終わった。すなわち、一、八一五名の職場復帰をかちとることができたのであった。

しかし反面、このたたかいは組合員それぞれに生活実態をみつめなおし、改善の緊急性をも示した。すなわち、高利の借金に苦しむ希望退職者を防ぎとめることができなかったという事実が残ったからである。この反省にたって、三池労組はまず組合員の借金を肩代わりすることによって、借金退治にとりくむことになる。それは「金しばりにあった人間を、人間の手にとり戻し、生かしなおす」たたかいであった。場合によっては家計簿の提出を強制するなど、「一つまちがえば、組織の団結はおろか、分裂さえもちこまれかねない」厳しいたたかいでもあったが、主婦たちの協力のもとに幾多の困難を克服し、さらに「生活革命運動」へと発展していく。要するにそれは、当時の保守党内閣が主唱した新生活運動とは異質のものであり、「封建的・資本主義的な虚栄と無駄を排除して、質的に生活を高める運動で、根本的には保守政治をやめさせ、労働者の政治をつくり上げる」ことであった。たとえば「時間厳守」「節酒」「虚礼廃止」等々、日常生活の深いひだにわたって、分会ごとで創意を生かし、それを組織的にとり上げ、実現をはかる「革命」であった。なかでも「一日寝かせ」運動――賃金はいったん自宅に持ち帰り、家族全員の討議をへて計画的に家計を建設していく――とくにそこにおける「家族会議」の実施は特筆されるべきである。三池労組を心底から変える原動力となったものは、家族ぐるみのたたかいであるが、その基礎づくりはこの家族会議から出発したのであるから。このような運動を進めるなかで炭婦協は、昭和三〇（一九五五）年規約改正によって三池炭鉱主婦会と名も改まり、翌年には七四分会一万四千名に拡大していく。

三池労組の学習活動はつとに有名であるが、主婦たちもこの時期の行動方針で「みずから陣頭に立つという意気をもって、主婦としての立場からも勉強をつづけてゆかなければなりません」と述べ、実際『女の愛と幸せ』『挽歌』『愛は死を越えて』などの読書会、また九州大学の教官等による講演や学習会も盛んになっていく。そのなかで会社にとって恐ろしい「考える主婦」が形成されていったのである。ある主婦の次の証言はこの辺の事情を象徴的に物語っている。「子どもの叱り方一つでも変わってきました。昔は溝に小石を投げていると叱ったが、その理由は服が汚れるということ。いまでは、服もよごれるが、溝を掃除して下さる方に申しわけないといってきかせるようになっています」。

二〇周年の歴史のなかで、この時期が主婦たちにとってもっとも楽しく落着いた時代であったが、それはまもなく三池大闘争によってやぶられるのであった。

三　たたかいと分裂と差別のなかで

一、二七八名の指名解雇に反対して、三池労組が昭和三五（一九六〇）年一月、全面ストライキに突入するとともに、史上空前の三池闘争は開始された。この期における主婦会の活躍は、家族構成五人をモデルとする「一万円生活」運動と、それを進めていく要石としての学習運動に集約される。前出の生活革命は、闘争突入とともにさらに厳しく遂行されてゆく。彼女たちは、各分会で、知恵を出しあって長期闘争のための一万円生活にとりくんだ。このための料理コンクールもあちこちで行なわれた。この運動とともに「長屋のカミさん」的存在を克服するために、従来の学習活動はさらに盛んになった。なかでも昭和三一（一九五六）年に発足していた本所支部の学習会は、とくに主婦会の各支部の活動家の育成の場として注目される。当時の本所支部長塚元敦義氏や、向坂逸郎氏をはじめとする主として九州大学の教授たちを講師にして、「会社赤字論の本質」「合理化と私たちの生活」「政治と主婦」等々多くの問題がとり上げられ、主婦会会員の意識の段階的発展につくした役割ははかり知れないものがあった。さしあたり、それは全主婦をひきこむほどではなかった。まずは活動的な主婦づくりに重点がおかれた。しかし闘争が激しさをますにつれて、各地から参加したオルグとの交流活動とあわせて、主婦のほとんどがこれに参加していった。この学習活動は指名解雇にたいしては、「私のうちは通達をうけてはいないけれど、結局ここで負ければ自分のことになりますからね。自分ということを元にしてやっているのですよ」とこたえ、会社による石炭斜陽論の宣伝には、「会社はつぶすということをいうかもしれないが、もともと石炭は私たちの夫や子どもたちに家事のことを心配させせず、弁当をつくり働いてもらえばチャンと石炭は掘れるのではないですか」と反論する主婦たちをつくりあげていった。

しかし、このような意識水準に到達した主婦会も分裂を食い止めることはできなかった。その原因は、いうまでもなく総資本をバックにした会社の、アメとムチのはては暴力団をつかってのなりふり構わぬ分裂工作であった。すなわちスト突入後二ヵ月ほどして、組合の分裂に先がけて主婦会は分裂させせられたのである。同じ社宅の屋根に住む者同士が、分裂させせられ憎しみあうことは、しかも「一一三日のたたかい」以来営々とつくり上げてきた団結が、つき崩されるということは、想像を絶する苦しみを主婦の一人ひとりに与えるものであった。多くの主婦たちは、分裂していった主婦や夫だけでなく、その子どもたちにも憎しみをおぼえた。子どもの教育、しつけはとりわけ彼女たちの心を痛める問題であった。昨日まで同じ三池の労働者の子どもとして、親たちのことを心配し、子どもなりに互いに助けあってきた子どもたちの相当数が、「裏切り者」「会社の手先」の子となってしまったからである。大人たちの反目・絶交は、当然子どもたちをもまき込まずにはおかなかった。しかし、この段階では、こうした憎しみをいだかずに闘争にたち上がることはとうていできなかったであろう。

結局この分裂を最大因として、第一組合に苛酷なかたちで闘いは一応の終熄をみる。だが、ここで注目すべきは、分裂即組織の壊滅では決してなかったということである。昭和三五（一九六〇）年一二月一日就労の日に、ある主婦はくやしさをこらえながら、つぎのように決意を語っている。「思えば三月、第二組合ができました。そして久保さんが殺され、ホッパーの決戦、第二七回炭労大会……と息もつかせぬ毎日でしたが、その反面、全国の仲間と家族はお互いが話しあいの場をもって、労働者としてまたその妻として、今後何をすべきかということをはっきりと知ることができたと思います。日本が資本主義国家である以上、私たちのたたかいはいつまでもつづくと思います。つづかせねばなりません」。また子どもの問題については「事態収拾にたいする子どもたちへの影響は、正しいことも負けるんだという、裏切られた悲しみにしずんでいることが、私たち母親によくわかります。いま、私たちがたたかいの本質を正しく伝えることは、母親の責任です。教組との連携をとって、子どもを正しく育てましょう。またたたかいのなかで子どもたちが自発的に創ったグループ活動の芽をのばしましょう」と総括を行なっている。

しかし、第二組合に絶対負けるな！　をモットーに久しぶりの職場に待っていたものは、きびしい差別ときりくずしであった。「生産阻害者」という烙印を押されて、去って行った者の苦しみはいうまでもない。だが残った者にも「地獄」の苦しみが待っていたのである。まさに「去るも地獄、残るも地獄」という言葉ほど合理化の本質をむごくもいい得ている言葉はなかった。さらに昭和三八（一九六三）年一一月の大変災は、この「地獄」を極度に押しすすめた。すなわち、一瞬にして四五八名が殺され、千数百人の家族が一家の支柱を失い、八三九名もの人たちが精神障害、機能障害をひき起こす恐ろしいCO患者にさせられたのである。この患者を守る特別立法の闘い――CO闘争で、三池の主婦たちが抗底に坐り込んだニュースが世間の注目を浴びたが、それからもすでに十年の年月が流れようとしている。その間、主婦たちは内職によって生活を支えながら、運動会等によってお互いの激励を、差別にたいしては、法廷闘争を、そしてその意味を見定めるための学習を執拗に続けている。その頑強さの裏にある内部矛盾についても彼女たちは隠そうとしない。「主婦たちが一本に固く結束しているなどとはとてもいえません。CO家族、遺族の主婦と一般の主婦との間に気持ちの上のずれ違いもあるし、CO家族と遺族との間にも微妙な感情のくいちがいがあります。……苦しいといえば皆苦しいのですけれども」等々。「しかし」と彼女たちはいう。「そうであればこそ私たちは互いに理解しあおうと努めてきました」。要するに三池の主婦たちとて、人間のつよさもよわさもあわせもつ普通の主婦ということであろう。この人々が集まって強靭な集団となっているのは、内部に矛盾がないからでも、きびしい統制がゆきとどいているためでもない。たえざる話合いによって矛盾の原因を確かめ合い、どうすればよいかを徹底的に討議し、それを実行するところに秘密があるのではあるまいか。しかも、CO闘争を通じて彼女たちは、「支援」をはっきり越えて、「夫や息子と肩を並べてたたかう戦士」へと成長していったのである。私たちが鮮烈な感動を覚えざるを得なかった三池の主婦たちはこのようにして形成されたのである。三池の労働者でもある一詩人は、つぎのようにうたっている。

信じあおう
どんな差別の壁が厚くとも

団結の力でうち破る日の
きっと来ることを

脱落していった労働者とその家族にたいする感情的憎しみを思いやりから誇りに変えることができ、「暖かい心と心のつながり」がそれらの人々にも広がるような展望をもつことができたとき、第二組合ができてもつぶれない、というわが国労働運動史上画期的なことが三池において実証されるのではあるまいか。そのときこそ、正しいことは必ず勝つという教訓を、子どもたちに目のあたりに示すことができるだろう。一日も早くその日のくることを、三池を見つめる多くの人たちとともに祈りたいと思う。

四　学ぶこと、残された課題

三池の炭住で実感した主婦たちの確信の秘密を、「主婦会二〇年」の歩みのなかに私なりにたどってみた。私たちがとくにそこから学ぶもの、残された課題について若干の私見を述べたい。

女性も人間として男性と同等の権利を保障されるべきであるという女性解放、それにもとづく新しい家庭の創造は、戦後くり返し主張されたテーマである。戦後の民主化によって男女同権が実現され、女性は靴下とともに強くなったといわれ、「昭和元禄」を享受して「消費の女王」とも喧伝されているが、一歩内部に踏み込んでみると、表面的・形式的な解放にもかかわらず、女性は依然として実質的な差別をうけているのではあるまいか。それに反して三池主婦会の歩みには地についた確かなものを感じる。その秘密はなにか。それは三池主婦会が三池労組の分身として出発し三池労組とともに闘ってきたことである、と私は思う。労働組合運動のなかに占める「家庭」とその「主婦」の役割は、きわめて大きい。争議が家庭から崩れ去り、そのため運動が阻害され、分裂が助長される例が多いからである。さらに組合財政の確立は家庭経済の合理化と生活権確保にあるが、それは主婦の意識の発展なくしては不可能である。とくに住居が密集して、生活と職場が一体となっている炭鉱では、主婦の組織が労働組合と緊密な協力関係を結ぶことが必須の条件である。すでにみたように、三池においてもそれは容易なことではなかった。あたりまえの女たちが、あたりまえの人間の幸せと社会の平和をきずくためにそれを阻むものとたたかわざるを得なかった。組合と協力し、寄りそって話し合い、それを一つずつ実行した。

もちろん実行しようとしてもできないことも多かった。実現のためには、長い運動と激しい闘いを続けなければならないことを彼女たちは運動のなかから学んだ。まず生活革命運動として、とくに家族会議の実現は彼女たちの努力が見事に実を結んだ例である。三池闘争を経てこの家庭の民主化は一段と深まった。たたかいがそれを「強制」したのである。就労後の差別と切りくずしのなかで、脱落しようとする夫を、妻がしばしば翻心させ、第一組合に踏みとどまらせるという例があちこちで見られた。こうしたなかで、主婦を「たんに妻としてだけでなく、同志として見る眼が育ち、深まった。たたかいのなかで、家族の愛のかたちが変わり、かつ深まった」のである。まさに新しい家庭の創造がそこで行なわれたのである。彼女たちの現在の課題は「内職」問題である。「内職から本職へすすもう」これが彼女たちの追い込まれた自覚である。しかしこの主婦の労働と主婦会活動をどう調整していくか、三池主婦会の残された課題である。

子どもの問題もある。「英雄なき一一三日のたたかい」の頃すでに「子どもを闘争にまきこむな」という批判があったが、三池闘争時はその批判はさらに大きくなった。しかし、子どもたちは主婦と各地から支援のために集まった教師たちとの協力で自主的活動にとりくみ、闘争のなかでゆがめられることなく育っていったことが、種々のグループの作文のなかに実証される。もちろん、親たちの闘いについての理解と認識の程度には、学年段階によって差異はあろうが、闘争の正しさを父母たちの真剣な闘争そのものから直接肌に感じとるかたちで形成されていったように思われる。したがって闘争の本質を知らないで、子どもをまき込むなという抽象的な子どもたち自身が反論している。子どもがこれらの肌で感じたものから正しく育つためには、教育が重要な意味をもっていることはいうまでもない。主婦会は教育について「教組との連携をとって」と総括をしているが、教師の側にも多くの問題があったことが報告されている（前掲『三池闘争と教育』神戸大学教育学部研究集録参照）。

ある主婦が指摘しているように、第一が正しく第二が悪いということを教えよ、ということではなく、合理化の本質、労働者の団結権などについて真実を子どもに教えることにたいして、教師たちに「えんりょ」があったのではあるまいか。労働者階級は真実を子どもに教えることを必要としており、心底でこれを要求しているのである。子どもの分裂という最悪の条件下では、結局情緒的な仲よしで統一は守れないことを三池闘争は教えた。その他労働運動と公民館活動の関連等、私たち自身が掘り起こさなければならない問題は多いのである。

補論Ⅰ　その後の三池

――三井三池労組における「五人組」組織――

三一三日間の長期ストライキに象徴される三井三池の大争議が一応の終熄をみてからすでに十年の月日が経ている（当時）。合理化をめぐる労使の闘争へ国家権力が全面的に介入して決着をつける。これが三池争議の大きな特徴であった。そのなかで組合側は分裂を余儀なくされ、十年後の今日、第一組合は八五〇〇人の従業員中一八〇〇人（二一・二%）となり、坑外約五千円、坑内約一万円の差別待遇の下で、方別ストライキを主要武器としてたたかっている。

第二組合の発生イコール組織壊滅というわが国の従来の労働運動の常識からみると、三池第一労組のこの厳しい差別待遇の下における闘いの意義はきわめて注目すべきものである。

この闘いを支えるものとして、三池における労習活動が大きな役割を果した点についてはすでに別稿で考察したので[1]、本稿では三池において創造され実践された「五人組」という小集団方式の活動の内容を考察することにする。

一　抵抗と助け合いの小集団

かつて、江戸時代の「五人組」は幕府の庶民監視のために張りめぐらされた網の目であった。これにたいし、三池の五人組は、会社の時・処を選ばず、執拗にくりかえされる組織切りくずし、ないしは新しい合理化攻撃に対抗するための防衛組織・抵抗組織として生まれたものである。

三池炭鉱労働組合の機関紙『みいけ』[2]はこの「五人組の芽ばえ」を次のように伝えている。

「職場や地域では、かけ声だけではない本当の意味の労働者同志の助け合いが、さまざまな創意を出し工夫をこらし合っておこなわれてつつある。本所支部の輸送課の仲間たちは、身についた技術を役立てようとバイクの修理を思いたち、話合った結果、二十日から行なっている。たまった修理代で、入院している仲間や、とくに苦しい生活とたたかっている仲間を援助して、会社の不当な攻撃をはね返し、手をとり合ってたたかって行くことを誓い合っている。……現場では会社の攻撃に屈せずお互いが助け合って強力なたたかいをすすめて行くため、いま各支部では三人組、五人組と小単位に班を編成して団結を強化しているが、同じく本所支部の電気分会では、この三人、五人組が会議をひらくときは、必ず主婦を同伴することにしている。主婦をふくめての会議だが、ここでは職場の問題とともに家庭のさまざまな問題も論議することにしている。職場だけではなしに家庭をふくめての助け合いをおしすすめている。とかくおろそかにされている主婦の苦情も十分に聞かれることになっている。宮浦支部の職場では、同じ職場の中でとくにひどい雑作業に回されて大幅な減賃になっている仲間や病気の仲間たちにたいして、みんなが減賃されて一円でも欲しい中からいくらかずつ出し合って助け合いをはじめようとしている。本所支部のひまわり分会では、袋はりやレース編みなどの内職もはじめたことがある。編物などのようにとくに技術を必要とする場合には技術を身につけた主婦が、新しい人に親切に手をとって教えている。……四山社宅では、溝掃除や洗たくをする時、今までは各戸にホウキやタライを買ってやっていたが、考えてみれば洗たくや溝掃除にタライやホウキが二コほどあれば十分だということに目をつけた。」(『みいけ』一九六一年一月二十二日号)

以上にみられるように、五人組は、仕事のさなかにおいても、職場をはなれて市中にあっても、家庭にあっても、組合活動のできない所で労働者は資本にたいして孤立無援であってはいけないという労働者の創意からうまれた袖ひき合う労働者仲間づくりにその萌芽をもっている。これがその後の試行錯誤をくり返しながら、六四年度大会で、組合組織の最小単位として、正式に承認され、差別・甘言・中傷などによる切りくずしに対する、小集団の抵抗体として、また助け合いの最小単位として、また学習の最小単位として次第に三池において戦略的地位を占めていく。だが、その過程の考察のまえに、三池争議後の合理化の諸相とそれに対する組合の対決の方向を見定める必要がある。

二　合理化攻撃と職制支配

三池争議における労使の最大の争点は職場闘争であった。就労（六〇年一二月）後は、労務管理の強化を通じて、これまでの職場闘争は不可能となっている。とりわけ、⑴閉山、希望退職募集により首切り、⑵賃金およびその他の労働条件の引下げ、⑶職制の権限強化による労働密度の強化等をねらいとした第三次合理化[3]（六三年）の中心は、職場規律の強化におかれ、とくに配役にたいする職制権限の絶対的確立にみられるような〝職制支配〟の強化であった。このため次のような具体的状況が現出している[4]。

(イ) **職場の人員配置の大きな変化**　五十九年には総在籍一万三、五二三名に対し採炭工（直接石炭を掘る者）は九七四名だったのが、争議後の六一年には一万九、六六四名に対して一五五六名と大幅に増員した。その分だけ保安作業などの要員が減らされたのである（争議前には主要コンベアーには一台一人の当番がついていたが、争議後は一人で幾台も掛け持ちが行なわれている）。これとは逆に職制の監視を強めるために職員の数を多くし現在では労働者五人に一人の割合で職員が配置されている（五九年には約一〇人に一人）

(ロ) **三池労組員（第一組合）と第二組合員との徹底的差別**　冒頭でのべた「賃金差」のほか、第一組合には、本人本来の作業を与えず、雑用をさせて差別し、他方では「第二組合に加入すれば賃金が高い、好条件の作業につける」と三池労組からの脱退を強要している（前述）。

(ハ) **職制の権限の強化**　すでに述べたことと重複するが、職制の権限が強化されるとともに、各現場毎の生産目標が割当てられ、それが達成できなければただちに配転させられるか、解雇になるという仕組みになっている。逆に割当を完遂し、三池労組員に差別を徹底的に行ない、第二組合に多くの者を加入させた職制は、昇格できるようになった。

以上の諸相にみられるように、三池における合理化攻撃は、組合活動の弾圧、職制強化、労働強化、長時間労働、保安費削減を主内容とする生産第一主義が遂行されている。一瞬にして四五八名が死亡し、八〇〇名以上のCOガス患者をだした六三年一一月の三川鉱の大爆発は三池における「合理化」の実相を痛ましくも鮮烈に物語っている。

三　長期抵抗路線の核としての「五人組」

以上のような資本による「合理化」攻撃に対して三池労組は徹底的な大衆討議にもとづく闘争の総括を経て、「階級対立の激化を確認し、……『差別』や『切り崩し』をも資本主義的合理化の一環としてとらえ、反合理化闘争における本質的かまえとしての、いわゆる『長期抵当統一路線』を確立し」[5]さらに、そのために組織論としての大衆闘争路線の追求と拡大が重視されることになる。

1．長期抵抗統一路線

まず、六二年四月に提起された「長期抵抗統一路線」は「味方の力が著しく敵に劣る時期に猪突猛進すべきでないことは常識だが、さりとてこの場合に無策であってはいたずらに壊滅を待つばかりであることもいうまでもない」[6]。したがって、それは「味方の勢力の保存とその増強をはかりながら、有効な反撃の時期をつくりかつ待つという闘い方をさすのである」[7]。これを三池の現状にあてはめてみると、次のようになる。

(イ) **情勢が悪い時には、柔軟な構えをとること**　三池争議後は組合側に敗北感のあることは事実であり、長期ストの痛手もあるからストライキにも慎重な配慮が必要である。つまり柔軟な構えをとらねばならない。

(ロ) **しかし、敵の脆弱点に思いきってつけこむこと**　情勢が悪いからといって、後退ばかりしていては壊滅を待つに等しい。勝ち誇る敵には行きすぎや深追いがつきものであり、三池においても会社側は余りにも不法な手段にでている。しかしこちらが一挙に突撃するのではなく、その不当性を大きく内外にアッピールし、会社側および第二組合の内部矛盾を拡大させるため全力をつくす。「地区労委提訴」「方別スト」「第二組合対策」などはその具体的方法である。

(ハ) **柔軟な抵抗の中で反撃を開始すること**　消極的防衛では後退しかありえないので、柔軟な構えの中でさらに積極的なかく乱戦術をとり、内外に対する実情アピールも活発化させ、内部の実践的な学習活動や訓練を行ないつつ、戦力の回復と強化をはかり、同時に、炭労、総評全体の統一闘争の強化と国民諸階層との連携を深めながら、有効な反撃を一つひとつ重ねていく。

以上にみられるように「長期抵抗統一路線」は三つの基本線を支柱としているが、さらに「反撃に転ずる条件」を次のように指摘する。大衆の信頼が指導部に集中しているか。味方の志気が旺盛か。反撃に転ずる手段と目標をどう選ぶか。敵の脆弱点の分析・把握が十分かどうか（この最後の点では特に、第二組合員の反抗と三池労組員との統一行動の開始が三井資本の最大の弱点とされている)。このように現状を分析し、反撃目標を見定めた三池労組がそれを実践するために、組織論としての大衆闘争路線の追求と拡大が重視されたのは当然であった。

2. 大衆闘争路線

三池労組は「向坂教室」嫡流の灰原茂雄、塚元敦義等が執行部を握って以来一貫して大衆路線を追求し(8)その成果は「英雄なき一一三日の闘い」「三池闘争」などの闘争で発揮されたが、周知のごとく、六四、五年頃からZD、QC、「目標による管理」を内容とする「人間性回復」路線ともいうべき以前とは質的に異なる新しい労務管理方式が導入され、(9)三池においても前述のような合理化が実施され、これに対抗するために「大衆闘争路線」はより切実さをもって追求されることになった。

「五人組」は以上のような追求のなかから、団結と抵抗の核としてうまれたのである。三池では以前から地域や職場の分会活動が盛んであったが、「長期抵抗路線」を実質化していくには従来の「分会」ではまだ網の目があらすぎた。そこで先にのべたような脱落防止の助け合い的な性格をもっていた五人組を六四年度大会で正式な組合組織として承認する。そしてこれが単なる仲よし会に終わることのないように、そこでとりくむべき事項も、上から指示された。つまり下部の発想が上部の指針となった。そしてこんどはその指針が下部一般におろされて熱心に討議が行なわれ、下部で具体的になにを行なうべきかが決定される。そして、行なわれた実践的成果は後に五人組の中でつぶさに検討される。こうした大衆闘争路線の最も基本的な条件である「伝達」が五人組を基盤として行なわれることを示したのが左図である。[10]

しかも三池労組は「諸会議の定例化」を決定する。それは次の三点に要約される。[11]

(イ) 毎週火曜日を中央執行委員会として定例化する。但し、毎月九日の定例坑内入坑点検の週は除き、最終火曜日は学習会とする。

(ロ) 執行部は三ヵ月一回の本部・支部の合同会議を各支部ごとに行ない、活動の集約、検証を行ない、さらに方針の強化、補強を行なう。また三池全体としての検証は毎年一月、五月の二回行なう。

(ハ) 三役会議はまずはじめに問題提起をし、これを組織会議・組会議に伝達する。そして五人組が生産点における闘い、実践の中からの意見を集約したものを、組合会議、三役会議に検証集約し、次の新しい問題提起をするという循環方式をとる。この一連の会議を一サイクルとして、少なくとも二ヵ月以内に一巡するよう各支部で具体的にとりくむ。

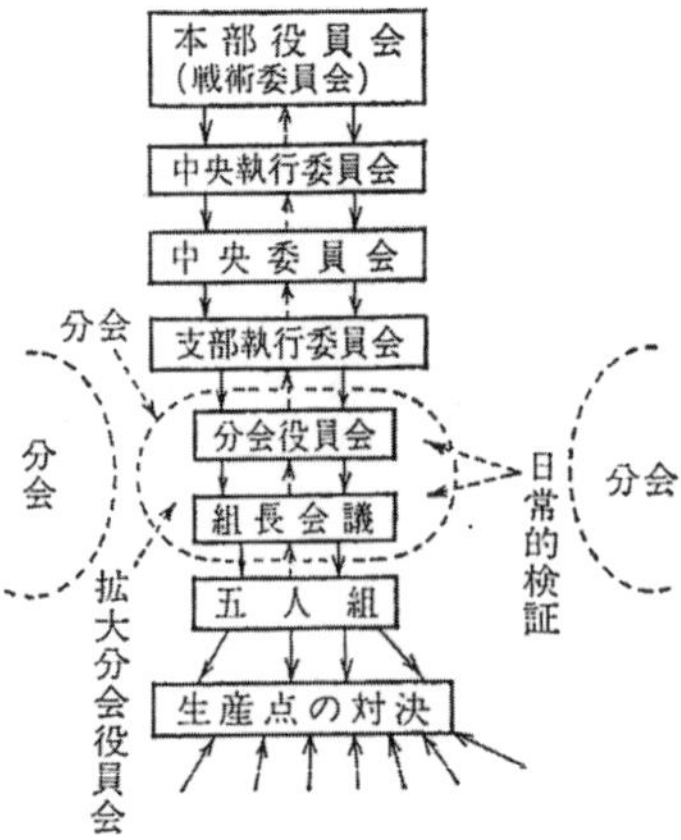

以上のような実践によって、「組合の方針を検証して意見を集約し、その方針をさらに強化・補強して新しい方針をつくりだし、それをふたたび五人組の活動のなかで点検し、集約していく組織体制（伝達の体制）を確立するということである。いいかえると、五人組を組織機構のなかで活動の基本として位置づけ」られるのである。

以上で、三池闘争後組合側が打ちだした「長期抵抗路線」の実質化の核心的組織としての五人組を「大衆闘争路線」のなかに位置づけてみた。なお五人組について、九大教授奥田八二の次の見解は、その本質を見事にえぐりだしていると思われる。「五人組は組合の末端組織ではない。新労務管理体制下においてたたかう労働者の行動様式なのである。……組合機関のように、労働者を群として見なし扱うことはない。一人の人間として助け合い補い合う仲間である。しかし、マージャン仲間、釣り仲間、飲み仲間の類ではもちろんない。資本の攻撃に対して助け合い補い合うための特定の目的意識をもった仲間である。自然な市民生活の中から生まれた仲間ではなく、組合の指導によって意識的計画的に作られる新しい労働者仲間である」[12]（傍点引用者）。さらに奥田教授は将棋に例をとって次のように述べる。「歩を二、三枚、香、桂馬、金、銀をうまく配置してみると鉄の布陣となろう。どの駒も一つ一つバラされると決して強くはない。将棋の強さ弱さは、持駒をその長所短所にしたがって配列するか、敵の駒を一つ一ついかにしてバラバラにするかである。五人組もそうだ」[13]（傍点引用者）。要するに、前述の新しい労務管理がＺＤ、ＱＣを主内容とした「小集団方式」を基軸にすえ、それを「目標による管理」といった一見労働者の主体性を尊重しつつ、集団のもつ「力」をも、剰余価値生産に利用しようとするのに対し、五人組は集団全体がもつ「天才的潜在力」を一個人に表現した団結の「力」を労働運動の側に積極的にとりくむ方式である。このようにいってよいだろう。

四　「五人組」の発展

次に、五人組について組合員たちはどのような考えをいだいているだろうか。『みいけ二〇年』[14]によれば、その「評価」については「絶対必要」または「必要」と回答した者が八一・六％もあり、その「活動状況」については「うまくいっている」、または「おいおいよくなるだろう」という者は六七・九％である。従ってその「評価」については圧倒的多数が認めつつも現実の活動については六五年度定期総会でも述べられているように「率直にいって五人組は三池においてもまだ過渡的段階であって、支部内においても、支部間においても、まだ一定の原則が確立されているとはいえない」といえよう[15]。

さらに、この三池から生まれた五人組の着想は、主として「三池に学ぶ会[16]」（事務局・労働大学）などによる交流を通じて、全国の職場に伝達され実践されている。その詳細は紙数の制約で述べることはできないが、たとえば全電通労組のある書記は、春闘におけるゼッケン闘争に関する報告を行ない、五人組の意義について次のように述べている。「私たちの〝小さな団結組織〟は全電通の九州地方本部段階にひろがり、いまでは中央本部段階にまでひろがりをみせてきています。まだまだ、職場抵抗の核としての〝生きた小さな団結グループ〟になっているとはいえませんが、たとえ形式的にしろ、五人組組織が組織強化の一環としてとりいれなければならない状況としては、もはやそのような組織の核づくりなくしては、今日いわれているような『人間疎外』のカベをぶちやぶることはできなくなってきていることを意味するものだと私は思います[17]」。また、全逓のある地区委員長は五人組組織の核である職場委員（班長）の活動を強調したあと、「最大の問題は『核づくり』です。小集団に魂が入るかどうかは、班長つまり優秀な『核』の存否が、そのカギをにぎるからです。活動家の層のうすいばあいには、当然『班長』の層もうすいことになるわけですから、五人組組織の形をととのえること以上に、まず『活動家の育成』『活動家の結集』という支部指導部の任務が重大となってきいてるといえます[18]」と報告している。このような限られた職場の報告によっても五人組は様々な問題をはらみつつも次第に各職場において地位を占め得る可能性は充分にあり得るといってよいのではあるまいか。おわりに、三池争議時の書記長灰原茂雄の小集団方式としての五人組の見解[19]を要約して本稿の総括にかえたいと思う。

大衆闘争の実践の場としての五人組（小集団方式）は、

(イ)「反合理化闘争の組織論として」小集団（五人組）をたんなる伝達機関として位置づけるのではなく、反合理化闘争を重視する立場から、抵抗の原点として考えること。

(ロ)「人間の信頼関係を確立するために」組合の小集団は、きびしい情勢を自覚して、あらためて団結しなおしている集団であり、労働者どうしとしての本来の信頼関係が、基礎にすえられてゆく展望があるし、またそれを追求することが五人組組織の背骨であること、同時にそのことは組合民主主義の真の確立が必然的に前提となり、幹部闘争から大衆闘争へ、というスローガンを具体的行動にうつすための組織づくりでもあること。

(ハ)「新しい運動の展開を求めて」資本の労務管理が、いまや資本主義体制を維持するという体制的なねらいをもって、職場の一人ひとりにむけられている以上、私たちはそれをはねのけることが、いまや真の意味での職場活動であり、職場闘争のすべてであるといっても過言ではない。そのための有力な組織が小集団方式であり、同時に私たちの政治的課題を追求するときも、このような視点でハラを割って話合える小集団方式が不可欠なものとなる。

註

（1）本書Ⅰ部第一章参照。
（2）三池炭鉱労働組合編『みいけ二〇年』（労働旬報社、一九六七年、以下『二〇年』と略称）より転載。
（3）「第三次合理化」については『二〇年』五五六頁～六〇四頁参照。
（4）、（5）、（6）、（7）労働大学発行『今日の労働組合運動の課題』所収の宮川睦男論文を筆者なりに要約、また「長期抵抗路線」については『二〇年』および『朝日ジャーナル』一九六九年十一月二日号の灰原論文参照。
（8）この間の事情は塚元敦義『宣言』に詳しい（前述したが本書の内容は『教育』一九六九年十一月号の拙稿参照）。
（9）『戦後公教育のつくる青年労働者』（全電通第二三回全国大会報告書）第三章参照。
（10）『二〇年』五五八頁。
（11）（4）の宮川論文参照。
（12）、（13）奥田八二著『体制的合理化と労働運動』（労働旬報社、一九六九年）四七四頁～四七五頁。
（14）『二〇年』には詳細な表が載っているが、紙数の関係で筆者なりに必要な個所を計算してみた。
（15）『二〇年』九九一頁。
（16）六四年以来六九年現在までに六回宿泊交流（毎年一月～二月、二泊三日）として実施。一、四四七人が三池を訪れている。その他三池を支える組織として「三池CO患者を守る会」（事務局・三池労組）があり、三池会員のほか全国で二、〇七一人（六九年九月現在）が会員になっている。
（17）（18）（19）『月刊労働組合』（労働大学）一九六九年七月号〈特集①〉「職場活動と五人組」所収の報告より転載。灰原氏の見解は、『朝日ジャーナル』（一九六九年一一月二日号）の同氏の論文も参照にした。

第三章

三井三池闘争と階級・差別の問題

――労働運動と部落解放運動――

一　問題の所在

これまで私が関わってきた教育・研究を共生・共育の視点から再審する作業をここ数年試みている。この際には、とくに〝強者〟による弱者への差別化に対する〝弱者〟の反差別のたたかい、とりわけその過程における被差別の「意識変革」が教育研究にとって重要な示唆を開示する。

ところで「差別」は社会の各層に複雑に内在しているので一元的に捉えることは困難である。たとえば「女性」であるが故に「男性」から性差別をうける立場でありながら、同じ人間が「日本人」であるために「在日外国人」に対して差別をする側に立つという場合があり得る。つまり、〝強者〟・〝弱者〟、〝加害者〟・〝被害者〟の関係が一元的に規定できない場合が多く看取されるのである。

以下の論稿はこの多面的に錯綜する問題点のうち、私が関わりをもった労働運動と部落解放運動との接点についてその一端を考察したものである。資料・文献の選択と引証については恣意的・独断的というそしりを甘受しつつ、管見を述べたい。

二　三井三池における労働者のたたかいと教育

私の教育への関心はいわゆる労働者の自己教育（運動）から始まった。いまの時点で大枠の整理を試みれば次のようにいえるであろう。

市民社会の生産手段の所有をめぐる「関係」（階級）に基づく〝強者〟（資本の所有者）―〝弱者〟（非所有者・賃金労働者）の関係（資本―賃労働・関係）を、私は初期マルクスの「疎外」概念の形成過程と後期の『資本論』の「蓄積論」（その反面としてのいわゆる「窮乏化」論）とを結びつけて捉え、〝弱者〟（労働者）の〝強者〟（資本家）に対する反抗（反・差別のたたかい）の具体的事例を三井三池の労働運動（私の関心に引き寄せていえば、労働者の自己教育の実践）に定位して調査・研究を試みたのであった。

その際の有効な分析の概念は「階級」であった。つまり、当時の日本の基幹産業の一つであった炭鉱産業の中心部＝生産点（職場）における労・使の直接的な対立・抗争、その関係《かかわり》のなかでの〝弱者〟・労働者の意識の変革（階級意識＝反差別の意識の覚醒・深化・拡大）こそが、人間の変革＝自己教育の原型と考えたのであった。この辺の詳しい状況は本書第一章を参照して頂くことにして以下小論に関わる要目を記す。

現代の労働現場からすれば夢のような事態であるが当時の三池労組の三一三日間にわたる「二四時

間全面ストライキ」に象徴される三井三池争議は文字通りわが国空前（恐らく絶後の）の大争議であった。しかも、組合が分裂し、第二組合ができてもおしまいにならない「組合」の存在を示したことは企業別組合で構成されるわが国の労働運動史上においては特筆されて然るべきである。

ところで、それを支えた柱が、①職場闘争、②地域組織・主婦会、③学習・教育活動の三本柱であった。①、②は③によって意味づけられ、主体化されるのであるから三本柱の中では学習＝教育活動がとりわけて重要である。

ところで三池闘争を意識変革の面に限定して顧みても、「英雄なき一一三日のたたかい」（一九五三年）時の組合による「地域」（大牟田市の商工会）の組織化の試み、「三池主婦会」との密接な協力による地域、とりわけ「家族ぐるみ」の闘いの側面、また「五人組」の組織による日常的活動形態の創造・実践など、従来の労働組合の「情宣」、「教宣」の域をはるかに超えたいわば「生活革命」「文化革命」ともいうべき事態も現出したこともあらためて注目されるべきである。つまり、労働・生活と学習・教育の統一という従来の、とりわけ戦後の教育研究が価値的に追究してきた〝理念型〟が（労働組合内における平等と連帯の日常化というかたちで）そこに現出したのである。多くの社会主義諸国家の崩壊、労働運動の低迷、さらにポスト・モダンが喧伝される今日、わが国の内外の状況が三〇年前（当時）とは大きく変容したが、教育研究にとってもいまなお「原寸大」（鎌田慧氏の言葉）で語り継がれ継承され、さらに掘り起こされ、汲みつくされねばならない多くの鉱脈と地下水がそこに隠されていることを改めて実感するのである。

三　労働運動と部落解放運動の接近

三井三池のいわば〝教育内容〟を端的にいえば、「資本は労働者を搾取している。だから闘わねばならない」(前出)という単純・素朴な命題であった。そしてこの搾取関係は資本の所有をめぐる〝強者〟─〝弱者〟(差別・被差別)の関係でもあることはすでに指摘した通りである。とすれば、この「差別」関係を社会の根底から問いつづけ反差別闘争を長年闘ってきた部落解放運動との関連が当然問題になる(私自身がこの点に思い至ったのは、日本社会教育学会の研究担当理事として「宿題研究[1]」に携わるようになってからである)

当時、部落解放同盟の福岡県支部の書記長であった上杉佐一郎氏によれば、総評、炭労、三池労組からの要請に応じるかたちで三池闘争に参加した当初は、「労働運動と部落解放運動との連帯を、この闘いから作りあげることができるのではないかという考えもなかったわけではない[2]」が、「はじめはやはり労働組合からの支援要請という形で、闘争へ入っていった」(七七頁)という域をでなかったという。省みれば、そこには双方の側に誤った考えがあった。

労働運動の側からいえば、「解放同盟が出れば、人殺しさえ請負う暴力団も解放同盟には手向わないという」「今までの労働争議の闘いの中で解放同盟が果たしてきた役割」(八〇頁)への期待、端的にいえば、「左翼暴力団的な考え方」(同)を拭えていなかった。他方、部落大衆側も、「労働者から賞賛され、解放同盟がデモをすると労働者から万来の拍手がわく。そうなるとどうしても部落大衆側は英雄になってしまう。そういう錯覚に落ちこむ。これは重大な錯誤というべきであろう」(同)。このような〝英雄主義〟の意識を超え出なかったのである。

ところが、三池争議が進むなかで、つまり、第二組合側が「友山労組の皆さんに訴える」と題した「差別ビラ」を撒いたときから情勢は一変した。すなわち、そこでは、三池労組を「特殊部落」とよび、「統制、団結の名のもとに、一切の批判と発言を封殺し、シュン烈なる暴圧を加え、組合員をヒキづってきたのです。三池労組の特殊部落たるユエンは、まさにここにあります。」（八四頁）などと書き連ねられていたのであった。つまり、「文字通り、先験的に部落を悪の権化と把える『特殊部落』の言葉を用い、人びとの差別意識をかきたてることによって、労働者の分断を策した」[3]のである。上杉氏も怒りをこめて次のように告発し、総括する。「これほど悪辣な〝部落差別〟はあろうか。またこれほどむき出しな圧制があろうか。しかし、この、どたん場で〝部落差別〟を圧制の手段に奸用しようとするのは、資本権力の常套手段にほかならないのである。ここに至って、われわれ部落解放同盟の闘いは、三池の労働者が敵にしている三井独占資本と第二組合を相手として、新たな闘いがはじまるのである」（前掲上杉書、八六―八七頁）

一九六〇年五月九日、「三井第二組合差別糾弾総決起集会」が、部落解放同盟、総評大牟田拠点共闘会議、三鉱労組、大牟田市評の共催で開かれた。上杉氏はこの状況を次のように描写している。「三池闘争がホッパーをめぐる争奪を中心に連日異常に緊迫した情勢を続ける中で開かれたこの大抗議集会に、全国から参加した同盟の代表団、各市郡協の代表等は二五〇〇名にのぼり、三池を包んで闘うオルグ団・三池労組・炭婦協五千と感激の握手を交わし、悪質な独占資本と分裂主義に対するもえ上がるにくしみの中で、徹底的に人権と民主主義の勝利を目指して闘い抜くことを決議した。小雨の中を決行されたこの抗議集会は、総数八千名にものぼり、部落解放運動史上かってない、歴史的な大会となったのである」(前掲上杉書、九三頁)

そして、この団結・抗議に対して、第二組合の組合長、副組合長は辞任を言明せざるをえなくなった(ただし、大会が開けないのを理由に居直り、結局、三池労組が〝敗北〟したのちに再任した)

四　接近のなかでの意識の変革

以上のような経過のなかで、すでに述べた部落大衆と労組員双方の意識が変革されていく。部落大衆の側でいえば、「積極的にピケに立った同盟員の内部でも、やはり三池の闘いを援助するのだ、という考え方から出ていなかったが、この事件(差別ビラ)を通じて三井独占資本が差別の張本人であるということで、三池闘争が自分達の解放への闘いであるという立場に立つようになった」(前掲上杉書、九四頁)のである。そして、数千人の同盟員が連夜、労働者の闘いに参加したのは初めての経験であり、この交流は、「同盟員自身の階級的自覚を大きく高めた」。そして「このことはデモにしろ、ピケにせよ、驚くべき規律と組織性が生まれ闘いのひまを盗んでは学習が始まり討論が進められた」(同)のであった。

他方、労組側も、「激しい敵の攻撃を前にして裸の労働者と部落の兄弟達《ママ》が固いスクラムを組むなかで初めて同盟に対する評価が変って来たのである」(同)。つまり、オルグが話す部落差別の実態、部落解放闘争の歴史に真剣に耳を傾け、「おれたちもこんなに苦しいけれど、部落の人たちの五〇年の闘いを聞いたら、何だこれくらいのこと、部落の人たちの苦しみにくらべたらへいちゃらなことだ。もっとおれらもがんばらなけりゃ」（同、八一頁）と新しい力をふるいたてたのである。さらに、その交流を通じて三池労組・支部の中で、「部落問題研究会が生まれそれが同盟の支部結成へと発展」（同、九四頁）したのであった。

要するに、ようやく部落解放運動と労働運動との結合が三池闘争のなかで、「幹部よりも組合員、なかでも婦人を基礎にして始まった。文字通りの共同の闘いが進んだのである」（前掲師岡書、九八頁、傍点引用者）。これは容易なことではなかった。それは真に人間として解放するための思想の変革であった。しかし、「三池闘争はそれがけっして理想にとどまらず、現実に人びとの間にその状態が存在しうることを垣間見せた」（同、傍点引用者）。これほどにすばらしい闘いの果実はないであろう。

五　問題点――若干の傍証

以上がいわば経緯と成果であるが、問題点も残された。それについての管見を述べたい。問題とされるべきは、このすばらしい意識の結晶が何故長く続かなかったのかということである。換言すれば、「三池闘争において、肌と肌とをすり合わせて共同闘争を組んだにもかかわらず、闘いが終わったとき、またそれぞれ元の地点にもどってしまった」（前掲上杉書、一〇五頁）のは何故かという疑問である。

もちろん、当時の背景を勘案すれば、「炭労が三池闘争に引きつづいて闘った、いわゆる政転闘争と解放同盟が進める部落解放国策樹立の闘いが形だけの共闘に終わって『もっと系統的に密着した、もっと計画的な闘争』として進められなかった」（前掲師岡書、九八頁）事実も指摘できよう。「激烈な闘いのなかで現出した共感は、それがそのまま日常の生活のなかに流れこむことはありえない」（同）ことも勘案すべきであると思う。だが、師岡氏も正しく指摘するように、激烈な闘いは日常性と全く切断されたものではあるまい。とりわけ、前述したような三池労組の未曾有の闘志の持続性をおもうと、「そこでの可能性を観念的でなく、現実社会に存在することを予示したものとして、もう一歩、突っ込んで把えかえすことがもとめられる。」（前掲師岡書、九九頁）と私も惟うのである。

1．労働運動側の部落解放についての認識と限界

以下の論拠は殆ど傍証に依るものであるから、独断・偏見のそしりを甘受しなくてはならないが結論的にいえば、労働運動の側（とくに指導部）に部落解放運動についての正しい認識、つまり総括が欠如していたことが指摘できる。端的にいえば、上杉の指摘にもあるように部落解放同盟を「左翼暴力団」としかみない偏見からついに抜け切れなかったと思われる。そのために、前出の「おれたちもがんばらなけりゃ」という即時的な共感が三池特有の学習・教育活動によって対自化され、理論によって裏付けられた思想性にまで高められなかったのだと推測される。つまり、部落差別と労働運動の関係についての正しい認識に欠けていたということである。

部落大衆の側にもたしかに、すでに指摘した「英雄きどり」、「助人的心情」が少なくとも当初はあったことは否定できない。そのために差別糾弾の主目標もまずもって第二組合に向けられてしまっ

たという限界性も指摘できよう。だが、たとえ事後的であったにせよ、部落運動の側は正しく事態を見通すことができたのである。

たとえば、次の上杉の指摘は痛苦に満ちた洞察である。やや長いが肝腎なところなのであえて引用する。

「問題の核心はどこにあるかといえば、暴力団の彼らが、われわれが出動しただけで逃げていったというのは、つまり彼らの中にはわれわれの仲間がたくさんいたからなのだ。旭ガラスの時も、宇部の時も、それから水俣争議に解放同盟が支援を要請された時も、すべていえることだが、とくに三池争議では一番多かったわけだが、会社側のスキャップ（スト破り＝黒沢・注）に出てくる連中のなかに、部落大衆が多数いるということなのである。現実にそこに部落大衆がいる。『なんだきさま』ということになるのだ。親父は息子に向かってどなるのだ。息子はコソコソと逃げていく、それが実態なのである」「別に言えば、その息子には全く仕事がないわけなのだ。部落出身ということで就職からしめ出されている。若い彼が正業につけないとどうなるか、やはり失対の人夫になるか、暴力団と縁の深いパチンコ屋につとめるか、そんな仕事しかないわけだから、必然的に暴力団と結びついていくことになる。そして労働争議が起これば会社側のスト破りとして雇われるという仕かけである」（前掲書七九―八〇頁、傍点引用者）

この事態の洞察から上杉は次のような差別と労働運動（搾取・階級）についての正しい総括を導き

出している。

「あらゆる基幹産業からしめ出されている部落民をどんなに直接的に差別し圧制しても、資本の利潤には何一つ結びつかない。それでは資本としてはどうすべきかといえば、今日の生産の担い手である労働者を搾取する手段として、三百万の部落大衆をいつまでも圧制し、そしてそのことが、労働者の団結を弱めるために役立つから、部落大衆を圧制しそして差別を温存しようという意図による、ということなのである。今日の部落差別の本質がまさにここにある」（同、一〇一頁、傍点引用者）

「三池争議の際の〝差別ビラ〟の問題は、これは今日もなお生きている資本権力の手段としての差別なのであって、資本側が労働者を搾取し、利潤を追究するためにまず何をやるかといえば、労働者の中でも基幹産業の労働者、その下請けの中小企業の労働者、さらにその孫請けの社会保険もない貧しい労働者というふうに、いくつにも労働者を分割して搾取を追究しているわけである。その一番しずめの役割りを、部落大衆が必然的に果たしているということだ。上を見るな、下を見て暮らせ、という、これが労働者の団結を妨げている根源の論理なのだ。錯誤の論理とでもいうべきかも知れない」（同、一〇二頁）

この総括の眼目はいわば『資本論』（第一巻、二三章）で論じられる「産業予備軍」の論理にも通底すると思うが、これが労働運動側に正しく理解されていなかったと指摘せざるをえない。しかし、この産業予備軍の論理は向坂教室の主要テキストである『資本論』の就中いわゆる「窮乏化論」の要石の筈である。多くが向坂教室出身者で占められた三池労組幹部がこの視点から部落大衆を捉えなかったのは不思議というほかない。やはり、生産点における「階級」闘争こそ眼目であって、部落差別は「前近代の遺制である」という偏見から三池労組もついに脱れられなかったのだろうか。三池の学習を高く評価する私にとって大きな疑問であり、今後に残された課題である。

　ところで、労働運動側の理論的取り組みが欠如していた（上杉は、三池闘争の教訓として「理論では一致するが、現実にはなかなか部落解放運動と、共同行動がとれないということ、部落差別が、現実に根強く存在するということ」（上杉書、一〇五頁）を指摘するが後半部分はその通りとしても、だからこそ、「理論」的にも深められず「一致」していなかったというべきではあるまいか）。傍証は次の文献に見られる章句である。

　「それ（「差別ビラ事件と糾弾闘争はこのように共闘をめぐって重要な問題を示した」こと）は、「のちに三池炭鉱労労組が編纂した『みいけ二〇年』でもこの事件はきちんと評価されておらず、太田薫の『わが三池闘争』に至っては事件を無視して記述されていることに端的に現われている」（前掲師岡書、一〇〇頁）。因みに『みいけ二〇年』においても私の確認できた章句は次のようである。「急報をきいてかけつけてきた部落解放同盟オルグ団からの応援で暴徒らをふたたび反撃した[4]」

ただし、最近、灰原茂雄編著『向坂教室と三池』（社会主義協会出版局、一九八九年）と題する大変興味深い三池に関する著作を読む機会を得たが、その第四章「激闘」のなかに「闘争渦中で―山本博貫さんの回想と『解放同盟』のこと」という小見出しがあり、そこには、次のように記されている。

「ところで三池闘争の広大な各前線でつねに私たちのこの上ない援軍として力強い共闘を惜しまれなかった『部落解放同盟』の皆さんと最初の結合は、六〇年二月中旬でした。たまたま陣中見舞いを三池労組本部に持参された部落解放同盟県連の大野甚さんに、私は初対面にもかかわらず『三池闘争はかつてない階級闘争に発展することが必至なので力強いご支援を』とお願いしたことが契機だったのです。それからまもない三月一五日の歴史的な中央委員会（批判勢力が退場し第二組合結成にむかった）に、当時県連書記長をされていた上杉（佐一郎＝黒沢・注）さんはじめ十数名の方々が、あの『分裂行動』の経過を目のあたりにされたあと、三池の各前線で武装警官隊などに鋭く対峙し一歩も退かぬ『荊冠旗』がひるがえることになり、松本治一郎先生の何回もの来訪などもあわせて、組合員や主婦会員がどれほど鼓舞激励されたか、生涯忘れることのできない感慨でした。闘争後、これを受けて解放同盟の支部が三川支部などに結成されたことでもそれは明らかです」（一二〇頁、傍点引用者）。

しかし、部落大衆にもっとも強く共感を示した筈の三池の主婦たちの記録である三池炭鉱主婦会編『三池主婦会二〇年』（労働大学、一九七三年、第二章参照）は、「三池支援の輪のなかで」の章において、支援の一例として、上杉書記長の章句を引用するに留まっている。なお、谷川雁も、同盟の「戦闘性」を高く評価しつつも、「階級的には雑軍ともいえる」(5)（傍点引用者）と位置づけている。以上が私の確認できたわずかな文献の傍証のための章句である。

2. 三池労組員の大企業労組意識

つけ加えるならば、前出の『みいけ二〇年』は「序章」で、〝囚人労働―新しい囚人労働＝ヨーロン〟に言及し、三池の差別的な労務管理（それはまた生産再開後の第一組合へのすさまじいまでの「差別」として拡大再生産されたのであるが、――そしてまさにこの「差別」に対する抵抗・反撃こそ三池労組がいまに至るも光を放つと私は思っている）を鋭く剔抉《てきけつ》し告発しながら、社会的（部落）差別との理論的関連についての考察が見られないのはどうしたことなのだろうか。

　この点の解明のために考えられるべきこととして、推測の域をでないが、やはり彼らは三井という大企業の労働組合員だったという存在に拘束されていたことが指摘できる。この点に関して次のような元労組員の争議の二〇年後の述懐も一つの傍証にはなり得よう。

「『なにもかも二度びっくりでした』平畑金一さんは感にたえぬ表情でいった。危険に満ちた世界だったとはいえ、三井三池炭鉱はまがうことのない大企業だった。そこには労働組合があったし、労働者の権利を主張することができた。しかし、いったん町工場に就職しようとすると、賃金や労働条件は信じがたいほどに悪い。それでも背に腹は替えられず、目をつぶって飛びこむ。

すると現実は、職安でみた数字よりもきびしいものとして現われる。きかされてきた条件よりも、実際はさらに悪い。それでまたびっくりすることになる」「大企業にいた労働者たちは、中小企業にはいってみてはじめて中小企業の実態を知ることになる。労働者の不安定な状態と同時に、経営の不安定さも理解する。経営者といっても、大企業に苦しめられているたよりない存在だったりする。労働者と経営者のはざまで、両方うまく解決しようとするものが『労務担当』の仕事をつづけることができるのである[6]」

この述懐からあえて逆照射してみると三池労組はやはり、大企業労組の意識を抜け切れていなかったという事実が浮かびあがるのである。

この点について、当時大正炭鉱の労働運動のオルグであった谷川雁の論述を再び引用すれば、三池の上部団体である炭労指導部は、「先行する中小鉱の凄惨きわまりない企業整備への自然発生的な反抗をおざなりのオルグ派遣などの対策で事実上まったく放棄したとき、すでに確定していた道筋であった。外濠を埋め立てられてしまった炭労に対して、資本家が杵島・二瀬・三池の三山を突破地点として闘いを挑んだ瞬間に残されていた問題は、この敵の拠点的な指向を受けとめ、戦線をさらに中小鉱へ向けてひろげることであった……はじめから『手のかかる弱い組合』を支援して問題を追求する気組みはまったくなかったのであり……すべては三池に集中することになった。もちろん正常な意味での集中ではなく、そこだけがいわばディエン・ベン・フーのごとく孤立した島宇宙となったのである[7]」

以上の状況を勘案すれば、三池労組は連帯を中小企業労働者にまで拡げることに冷淡であったという故荒畑寒村の告発[8]は三池労組に対して酷であるかもしれない。それにしても、大企業内の労組という意識が前述のような部落解放との連帯に対して冷淡であったという事実と無関係でないことは指摘されてよいであろう。重ねて要言すれば次のような認識である。「差別は基本的に前近代の遺制であり、おくれた資本主義の階級支配の道具である。だから、差別問題を究極的に解決するのは階級闘争であり、政治革命なくして差別からの解放はない[9]」

繰返しになるが、資本家側は（上杉が痛苦をもって指摘したごとく）まさに階級支配の「有効」な道具として、「差別」をそれなりに把握し利（悪）用したのである。そして前述したように部落大衆側はたとえ事後的であっても正しくその点を総括したのである（ただし、わずかに福岡県連の段階での総括にとどまってしまい、拡がりをみせることなく終わった」（前掲師岡書、九七頁）と指摘されてはいるにしても）。然《しか》るに、あれ程の思想性の深化を開示しえた三池労組の側はこの点について「総括」はおろか言及さえもしていないのである。今後の労働運動にとっても残された大きな問題点と考える。

なお前出の炭労の姿勢に関連して私が読むことができた中で最近に公刊された文献では次のような三池労組に対する批判もあるので小論に関する部分を引証しておく（前出の谷川雁が指摘する炭労の態度及び荒畑寒村の批判とも併せて読まれるべきである）

「三池労組は、ひとくちで言うと『独走精神』に貫ぬかれていたと思う。別なことばで言うと『お山の大将意識』である。三鉱連のなかで、もっとも遅れていたのは九州の田川と山野であった。この二山は、たたかいがはじまると、かならず真先に崩れていき、三池と実に対照的だった。しかし、三池の方からこの二山をなんとかするという働きかけはあまりなかったように思う」「三池闘争の時期は、筑豊の休閑山が続き、何万という労働者と家族が呻き声をあげていた時期でもある。三池は九州炭労の盟主として、わがヤマのこと（職場闘争）はまずおいて、筑豊の仲間のために、体をはり総力をあげて連帯闘争の先頭にたてなかったのか。もし、そうしていたら、炭鉱の労働運動は、まったく軌跡をべつなものにしたに違いない[10]」。因みに、この論稿を読みながら、私が初めて三池労組本部を訪れ、当時の宮川睦男組合長、塚本敦義書記長から聞き取りを行った際に、二人の背後に「先頭を行く者はつねに最後部にいる者のことを考えねばならない」という謂の山川均の警句が壁にはられていたことを想いだす。

以上、最初に断ったように小論は恣意的な選択による文献・資料に基づくもので独断のそしりを免がれないが、労働運動と部落解放運動の接点についての考察をおえることにする。「階級」と「差別」の「総括」については さらなる調査に基づく別稿を用意したいと念う。

六　あとがき

冒頭部分に述べたように、三池のたたかいは「階級」差別に対する〝弱者〟の反差別のたたかいであった。したがって究極の目標は「階級」の廃絶された社会、つまり社会主義社会の実現を展望していたことはいうまでもない。

ところで、周知のようにここ数年の世界の激動は、現存の社会主義国家の多くを崩壊させてしまった。この現実をどのように考えたらよいのか。もとより、菲才の身にとって、軽率に総括などはできないが、さしあたって、いま近代の人権を「連帯」（友愛）を中核として捉えかえし、その人権（現代的人権）に基礎を置いた「共生・共育」の社会をどう構築したらよいかという視点から「社会主義」の歴史と現実についての批判的検討を行っている。[11] この視点から見ると、三池の人々がたたかいのなかで実証してみせた労働者「共同体」の実現の一端は、小論で剔抉《てきけつ》したところでもあるが、その反差別のたたかいで露呈した「限界」とともにいまなお、多くの示唆を与えてくれる。

なお、私はマルクスの思想の継承・展開としてアントニオ・グラムシの思想の検討も同時に進行させている。

因みに、一九九一年はグラムシ生誕一〇〇年にあたった。当時、私のふるさとの新聞社から求められて成稿した拙稿「激動の現代とグラムシの思想・生誕一〇〇年に寄せて」[12]を次に全文再引して「『あとがき』にかえて」を結ぶことにしたい。（因みに、これは「現状」（当時）についての私なりの「総括」のアウトラインでもある）

(1)　社会主義の「崩壊」

「ベルリンの壁」の撤去、それにともなう東欧の社会主義諸国の雪崩のような「崩壊」、ソ連の激変によって、社会主義のあまりにも貧しい現実が白日の下にさらされてしまった。

しかし、このことは西側＝資本主義の勝利を意味するのであろうか。市民革命が掲げた「自由・平等・友愛」の理念は西欧においてもアメリカにおいても、フランス革命二〇〇年後の今日、実質化しているとはとうてい思えない。歴史的には、その理念の空洞化こそが階級闘争を必然化し、ロシア革命を引き起こし、社会主義を久しく被抑圧者たちの希望の星にさせたのであった。最近の国連総会における「発展の権利に関する宣言」（一九八六年）の採択も先進国中心主義に対する発展途上国からの「告発」であり、新しい「人権」の表明でもある。

また、資本主義といっても、福祉政策など社会主義的要素を大幅に取り込んでいる事情を鑑《かんが》みれば現代の資本主義は両者のアマルガムに変質している。

元来、社会主義は資本主義の成熟を条件にそれを超えて市民革命の理念の実質化を目指したはずであった。だが、現存の社会主義はいずれもこの条件を欠いたところで起こったために、前衛党が国家を「道具」にして上から社会主義を強行せざるを得なかった。

(2) 新たに脚光あびる

本年（一九九一年）が生誕百年にあたるイタリアの思想家アントニオ・グラムシ（一八九一年～一九三七年）は市民社会の成熟化による社会主義を構想したことで知られる。

その思想はマルクス主義においては「異端」という意味付けが強かったが現存社会主義の「崩壊」もあって新たに脚光を浴びるに至った。

青年グラムシがその思想を育《はぐく》んだのは今世紀（二〇世紀）一〇年代、自動車工業の先端地イタリアのトリノであった。そこでは「フォード主義」といわれる工場内と家庭を統合する労働者の管理方式が早くも実施されていた。しかも、教会、組合、結社、学校、マスコミなどを通じて大衆の合意に基づくイデオロギー、文化支配、グラムシの用語でいえば国家の「ヘゲモニー」が市民社会に広く浸透していた。

この事実から学んだ彼の国家論は、旧来の階級支配の道具＝暴力装置説ではなく、市民社会の全領域に張りめぐらされた「ヘゲモニー関係の総体」と把《とら》えられた。したがって、現状の変革も先覚的集団が大衆を指導し、一挙に統治機構を転換する方式（グラムシはこれを「機動戦」と呼ぶ）ではなく、市民社会の各所でヘゲモニー関係を日常的に変質させつつそれをネットワーク化すること（「陣地戦」といわれる）を提唱した。しかもグラムシはこの変質は「知的・道徳的改革」によることを強調した。それは日常生活に浸透している支配―被支配の諸関係を丹念に剔《えぐ》りだし、人間的なものに変えることである。

この場合に彼は「知識人」による「大衆」の「指導」という図式を否定はしないが、両者の区分を固定化しなかった。ある場面で教える人が他の地点で教わる立場に変ずることはよく経験することである。また「指導」といっても、知識人が「真理」を大衆に注入するのではなく、大衆の「常識」の一面性を一貫性のあるものに練り上げることなのである。要するに、知識人―大衆の相互媒介を通して全《すべ》ての人が知識人になること、このことによって「知的・道徳的改革」を推し進めるというのが主眼である。

(3)　日本の現状にとって

皮肉なことにグラムシの変革の理論が見事にあてはまったのは東欧社会主義の「崩壊」過程である。とくにポーランドでは「連帯」による市民社会の「知的・道徳的改革」のネットワークが結実し、国家のヘゲモニーを逆転させた。復権されつつある「市民社会」の成熟化の後に、改めて社会主義へ向かうのか、資本主義へ還《かえ》るのか、目下のところ不明である。

現代日本の状況はどうであろうか。学校教育においては近年、道徳教育の徹底化が推進されてきた。成人に対しては生涯学習の「振興」が喧伝《けんでん》され、随所における「自由」な学習が謳《うた》われている。だがその道徳は大衆の日常性に根ざす「知的」なものなのか。「自由」の強調は、とくに「友愛」「連帯」の軽視、社会的、「弱者」とみなされる人々の〝切り捨て〟につながらないか。グラムシの思想を現代に活《い》かそうと考える者には大いに懸念されるところである。

私は以上に表白した疑問を確かめたいと念じ、数年前に大争議時に青年部の活動家として活躍された元労組員の山下開氏にお会いすることを思い立ち連絡をとったところ、快く応じてくれた。「もう数十年も昔にお会いしただけですからお互い見分けがつくかしらん」(電話での会話)。多少の不安はあった。しかし、懐かしい大牟田(因みに、さらにその数年まえに〝まもなく組合員が二桁台になる〟という直前の三池第一組合を大牟田に訪れたことがあった――)のJR改札口に立った時、この不安は直ちに解消した。当然ながら、かつての「青年」は、年月を経た感じは否めなかったが昔と変わらぬ鋭い眼光の山下開氏はすぐ〝識別〟ができ、三池闘争当時の記憶が鮮やかに浮かんできたのであった。再会を喜び会った後に、駅近くの「だいふく」という喫茶店で数時間の会話を重ねることができた。この「だいふく」は、故・向坂逸郎氏がよく労組員と時を過した喫茶店とのことであった。

メモを紛失してしまい記憶も定かでない面もあるが大略次の点を強調されたことを憶えている。

一、〝現存〟社会主義の〝現状〟は残念であるがわれわれが闘ったのは人間の誇りのためであった。だから現存の社会主義の如何に関わらず闘った意義については少しも疑念はないし、また悔いもない。

二、あなた（黒沢）のいわれる、部落解放運動についての理論的取り組みの欠如については御指摘の通りである。われわれには当時非常に多くの課題が要請され、その問題を理論的課題として意識的に組み入れることはできなかった。その点については御批判を甘受しなくてはならない。しかし、組合員の中には強い関心を抱き、個々に学習・運動に取り組んでいた者もいた。そうした点も調査して頂きたい。

三、炭鉱の学習活動を調べるのなら、「租鉱権」など基本的な事項についてもっときちんと理解して頂きたい。

およそ、以上の三点であるが記憶に不正確な点もあるのであくまで私の責任ということを特記しておきたい。

「未だ家のローンの返済が残っているんですよ」――苦笑しながら再会の場所と同じ大牟田のJR駅の改札口で言われた山下開氏と別れてからすでに数年が経つ。

遺憾ながら、山下氏から課された〝宿題〟を未だ果たしていないが、「三池」は私の教育研究の原点である。鎌田慧氏のいう如く、「原寸大」で語り継ぐためにも今後とも調査を続けていきたいと改めて念ずる次第である。

追記　『解放乃焱《ひ》―うけつぎ語りつたえるもの―』（大牟田地区高等学校『同和』教育研究協議会、一九九五年）校正の段階で本誌を入手する機会を得た。与論島出身者に対する差別の実態に関する証言、解放同盟員と三池労組員との交流の実態など多くの教示を与えられたことを誌して御礼申し上げる。詳しい検討・紹介については稿を改めたいと思う。さらに御送本の労をとられた三池工業高校教諭で研究協議会代表の古宮敏孝氏にも感謝申し上げる。

註

（1）拙稿「現代的人権と社会教育」（日本社会教育学会編『現代的人権と社会教育』日本の社会教育第三四集・東洋館出版社、一九八九年）。私の「小括」についてはこの拙稿も参看願いたい。

（2）上杉佐一郎『部落解放と労働者』（解放出版社、一九七九年）七七頁。以下同書の引用の後のカッコ内に頁数を記す。小論作成にあたって本書に多くの教示を与えられた。誌して御礼申し上げる。

（3）師岡佑行『戦後部落解放論争史』第三巻（柘植書房、一九八二年）九二頁。

（4）三池炭鉱労働組合編『みいけ二〇年』（労働旬報社、一九六七年）三六四頁。

（5）菅孝行「『民衆暴力の系譜』第九章『三井三池争議―人民軍の幻影』（『新地平』一九八七年四月号

（6）鎌田慧『去るも地獄残るも地獄―三池炭鉱労働者の二〇年』（筑摩書房、一九八二年）二一九―二二〇頁（傍点引用者）

（7）谷川雁「定型の超克」、『谷川雁セレクションⅠ』（日本経済評論社、二〇〇九年、二〇一二―二〇一三

頁）
（8）荒畑寒村『寒村茶話』（朝日新聞社、一九七九年）六七―七二頁。
（9）菅孝行「差別意識と差別構造」（『新地平』一九八三年一月号）
（10）畑中康雄「三池闘争の暗部」（『労働運動研究』一九九〇年六月号）
（11）たとえば、拙著『グラムシと現代日本の教育』（社会評論社、一九九一年）を参看されたい。
（12）『信濃毎日新聞』一九九一年九月十一日。ただし現時点では、旧ソ連の崩壊などその後の事実について若干の訂正すべき箇所があるが大筋については現在も本稿と同じ考えである。

第四章　労働者学習・教育試論

はじめに

三一三日間に及ぶ二四時間全面ストライキに象徴される三井・三池争議は、日本労働運動史上未曾有の大争議であった。苛烈な争議のなかで、三池労組は分裂した。だが、争議十年後の今日（当時）、第一組合は、数において四分の一という劣勢であるにもかかわらず、「方別スト」を主要武器とする抵抗を続行している。[1] すなわち、少数組合になっても、「第二組合への抵抗を失わない組合、第二ができてもおしまいにならない組合」の存在を示したことは、企業別組合を特色とする日本の労働運動史において異例なことである。それを支えるものとして、職場闘争、地域組織、主婦会と並んで「三本の柱」[2]の一つ、学習・教育活動が大きな意味をもったことは否定できない。この問題意識のもとに厖大な資料の検討、及び現地調査[3]も重ねた。しかし、闘いのなかで実践・行動と密接に関わって行われる労働者の学習活動を教育の相のもとに剔抉することは困難である。以上の理由もあって、厖大な量にのぼる三池争議資料の中で学習・教育に関するものはきわめて僅少である。だが、労働者の学習・教育研究において三井・三池を無視することは許されないだろう。本章は、そのための原理的仮説の試みである。(4)

一「窮乏化理論」について

「三井・三池の労働者を階級的に育てたのは『向坂教室』でも九州大学の教官でもありません。それは日本独占資本であり、その忠実な執行人三井資本です。教育したのは彼らであって、われわれはホンの手伝いをしたに過ぎないのです」。これは三井・三池の労働組合員の学習・教育活動を献身的に指導した向坂逸郎氏が、三池の話がでるたびにきまって語る独特のアイロニィであり、パラドキシカルな表現である。

しかし、この章句のなかに、われわれは労働者の学習・教育の原理に関する洞察を読みとることができる。まずこの点の考察から始めよう。もちろん、以下の行論はわれわれの解釈であって、そこに誤りがあるとすれば、それはわれわれの誤りである。このことをあらかじめ断っておく。

周知のように、マルクスは『資本論』第一巻第七篇で、「資本の蓄積過程」を論じ、その第二三章で「資本主義的蓄積の一般的法則」を説明している。ここにおいて、マルクスは、資本の蓄積過程は、剰余価値の搾取、したがって資本の価値増殖活動の必然的進行であること。また剰余価値生産のためのすべての方法は、同時に蓄積の方法であり、蓄積の拡大は、逆に労働搾取の方法発展のための手段となっていること、したがって、資本の蓄積を通じて発達する社会的生産力は、労働者階級の犠牲において実行されることもまた必然であること。おおよそ以上を内容とする論理を展開している。向坂氏の労働者の学習・教育に関する見解はこのいわゆる「窮乏化理論」[5]を要石にすえている点に際立った特色がある。但し、この場合、従来の「窮乏化理論」の論争の際の主要争点である「資本の有機的構成の高度化」および「産業予備軍の増大」をめぐる経済理論的側面、あるいは「貧困、労働苦、奴隷状態、無知、粗暴、道徳的堕落」とマルクスが規定するところの「労働者の状態の悪化」をいかに実証しうるか、という社会政策学的側面について向坂氏が新しい説を展開しているわけではない。

そうではなくて、注目すべきは「資本の増加が労働者階級の運命に及ぼす影響を取扱う」という場合の「運命」についての理解である。すなわち、氏によれば、「『運命』とは、いわゆる運命論者の運命という受動的消極的な意味ではない。資本主義的蓄積の作用を受ける労働者階級が、この作用に対してどう反作用するかをも含んだ運命である。法則の必然が、どうしてこの法則を意識した労働者階級の自由なる行為に転化するかをも含めたこの階級の運命[6]」なのである。そして、この論証のために向坂氏は『資本論』第七篇第二四章の有名なマルクスの次の章句を引用する。

「……この集中と並んで、すなわち少数の資本家による多数の資本家の収奪と並んで、ますます大規模となる労働過程の協業的形態、科学の意識的技術的応用、土地の計画的利用、共同的のみ使用されうる労働手段への労働手段の転化、結合された社会的労働の生産手段として使用されることによるあらゆる生産手段の節約、世界市場網への世界各国民の組み入れ、およびそれと共に資本主義体制の国際的性格が発展する。この転形過程のあらゆる利益を横領し独占する大資本家の不断の減少と共に、窮乏、抑圧、隷従、堕落、搾取の度が増大するのであるが、また、絶えず膨張しつつ、資本主義的生産過程のそのものの機構によって訓練され、結集され、組織される労働者階級の反抗も増大する。…生産手段の集中と労働の社会化とは、それらの資本主義的外被とは調和し得なくなるところの一点に到達する。外被は爆破される。資本主義的私有の最期を告げる鐘がなる。収奪者は収奪される」(7)（傍点引用者）

すなわち、向坂氏によれば「窮乏化理論」は、「狭い意味の『窮乏化』『貧困化』を意味するのではない。それは『それ自身の生産物を資本として生産する階級の側における貧困、労働苦、奴隷状態、無知、粗暴、道徳的堕落の蓄積である』又は『窮乏、抑圧、隷従、堕落、搾取の度が増大する』ことである。さらに、それと同時に『絶えず膨張しつつ、資本主義的生産過程そのものの機構によって訓練され、結集され、組織される労働者階級の反抗』の増大に赴かせる契機をも含んでいるもの」(8)（傍点引用者）なのである。つまり、労働者と資本家の関係が剰余価値の生産をめぐって、緊張から弛緩、弛緩から緊張へと運動するなかで、労働者の意識もまた変化する可能性をもつのであり、その意味で窮乏化理論は経済的な関係を内容としながらも人間の意識の面もふくまざるを得ないのである。このように、「窮乏化理論」を単なる経済理論としてのみ理解するのではなく、資本主義的蓄積の一般的法則の論理的帰結としての「窮乏化」の必然的作用に対する労働者階級の「反抗」の側面をも包摂するものとして理解しなければならないということ。逆にいえば、「窮乏化作用」が存在しなければ、訓練され、結集され、組織されるべき反抗運動の増大がなく、従って労働者の意識変革もまた不可能であること。以上のような「窮乏化理論」についての向坂氏の理解は、他の経済学者、社会政策学者と著しく異なる特色である。前述の「日本独占資本、三井資本」が教育主体であるとするアイロニィは三井三池の労働者の意識変革の契機になった「窮乏化作用」を彼らが必然的に生みださざるを得なかったという意味である。さらに向坂氏は、自らの説を「研究室」にとどめることなく「三井三池」という具体的な「場」において展開してみせたのであった。われわれが注目するのは、経済学説に依拠しつつも人間の意識変革の面にも、論及する向坂氏の「教育的」「実践的」志向である。

ところで、ここでは「窮乏化理論」それ自体を詳述する余裕はないが少なくとも次の点を断っておかねばならない。すなわち、「窮乏」を、「食料品も、衣服も、燃料も、住居もみな値上りした。労働者は絶対的に貧しくなっていく、すなわち、まえとくらべてもっと貧乏になっていき、まえよりももっと悪い生活をおくり、もっと乏しい食事をとり、もっと腹をへらし、穴ぐらや屋根裏部屋に住まなければならなくなる[9]」というようにきわめて狭く解釈し、それを絶対的法則とすることを意味するものではない。かつて主張されたこのような説は「事実の研究よりもむしろ教条主義的断定によりどころをもとめる傾向[10]」というモーリス・ドッブの指摘をまつまでもなく、理論的破綻は明らかである。われわれは、とりあえず、教育にまつわりがちな観念性を払拭するために、レーニンが「本質上、意識性の萌芽形態にほかならない」と規定した「自然発生的要素」を生みだす機構が資本主義社会に存在しなければ労働者の学習・教育は困難であることを向坂理論の検討から確認しておきたいのである。

二　「自然発生性」と「意識性」

次に問題になるのは、「自然発生性」をいかにして「意識性」にまでたかめ得るか、ということである。なぜならば、歴史が示すように、労働者の自然発生的な反抗は、多くは機械の破壊等々を伴った「一揆」的なものであった。このことは、もちろん労働者階級の未成熟という歴史的制約にもよるのであるが、原理的には以下の二点に起因している。

第一に、労働者階級の状態の悪化ということは見ただけでもわかるという単純なものばかりではなくなっており、むしろ基本的階級矛盾は一定の科学的分析をとおしてはじめて認識することのできる性質のものになっている。しかも、基本矛盾を直接に資本対労働の矛盾としてではなく、資本それ自身の矛盾として、形態的に処理していくという資本主義の下部構造のために、個々の資本との直接的関係のうちに労働力を商品化せざるを得ない労働者にはとりわけ認識が困難であるといわなくはならない[11]。

第二に、以上の下部構造的特性のほかに、「ブルジョア・イデオロギーが、社会主義的イデオロギーより、その起源においてずっと古く、いっそう全面的に仕上げられていて、はかりしれないほど多くの普及手段をもっているという、簡単な理由」（レーニン）を指摘することができるであろう。さらに、現在においては、このレーニンの指摘する量的な面ばかりでなく、「目標による管理」、ZD運動、QCサークル等々にみられるような資本による「人間性回復路線」とも称すべき質的に新しい労務管理が一般化されつつあり、労働者の体制内化の志向が生産点にまで及んでいるという事実を指摘しなければならない[12]。

以上のようにいうことが許されるとすれば、「自然発生性」は「意識性」に直接的に移行し得るものではないことは明白である。すなわち、「自然発生性」がそのままに放置されるならば、それが辿りつくのは精々のところ「純組合主義」という運動形態でしかないだろう。しかし、これは労働力の販売を有利にするために、労働者が雇主にたいして行なう集団的闘争形態にほかならない。これは資本主義的生産関係の存続を与件としつつ、そのなかで労働力商品の売買をめぐる闘争であるから、このような運動のなかからは労働者の「意識性」は直接的にでてはこない。したがって、「意識性の萌芽」を「意識性」にまで成長させるためには、なんらの意図的働きかけがなくてはならない。しかも、すでに述べた理由によって労働運動の内部から生ずることがきわめて困難だとすれば、その主体を労働運動の外部に想定しないわけにはいかない。それはなにか。

その点に関しては、オーストリア社会民主党の新綱領草案を批判して述べた次のカウツキイの見解に注目すべきである。「近代の社会主義的意識は、ただ深遠な科学的洞察をもととしてはじめて生まれうる。実際、こんにちの経済科学は、たとえば、こんにちの技術などと同じように、社会主義的生産の一前提条件をなすものであるが、しかしプロレタリアートは、どんなにそれを望んだところで、そのどちらをも自分でつくりだすことはできない。それらは両方とも、こんにちの社会過程のうちから生まれてくる。ところで、科学の担い手は、プロレタリアートではなく、ブルジョア・インテリゲンツィア（傍点カウツキイ）である。近代社会主義も、やはりこの層の個々の成員の頭脳に生まれ、ついで彼らによってまずはじめに知能のすぐれたプロレタリアート（傍点引用者）たちにつたえられ、ついでこれらのプロレタリアートが事情のゆるすところで、プロレタリアートの階級闘争のなかにそれを、もちこむ（傍点引用者）。だから、社会主義的意識は、プロレタリアートの階級闘争のなかへ Von Aussen Hineingetragenen（外部からもちこまれた）あるものであって、この階級闘争のなかから Urwüchsig（原生的に）生まれてきたものではない[13]」。

周知のように、この章句は『なにをなすべきか[14]』においてレーニンが「きわめて正しくまた重要な言葉」であるとして高く評価し、この著作のライトモティーフをなす主張なのである。いうまでもなく、この主張に対しては、ローザ・ルクセンブルクをはじめ多くの批判が提起されているが、労働者の学習・教育の研究に貴重な示唆を与えてくれるように思われる。すでに述べたように、労働者が自らの力だけでは社会主義的イデオロギーをもつことが困難であれば、外部から「知能のすぐれた」プロレタリアートを媒介としつつ労働者大衆にもちこまれなくてはならないという点は基本的に認めざるを得ないのではあるまいか。

三　労働者の学習・教育についての仮説

以上のような検討から労働者の学習・教育に関して次のような仮説を得ることができる。

(1)　資本蓄積に対応する労働者階級の「窮乏」という事実が存在しなくては労働者の学習・教育は困難である。しかし、この場合、「窮乏」ということはなにか一つの規準で示されるような単純なものではなく、きわめて広範・多様な発現形態と解されなくてはならない。その根源は労働者の自己疎外であるが、労働者の学習・教育にとって重要なことは、「疎外」という哲学的次元に解消されるのではなく、労働者のあらゆる現実的生活環境のなかになんらかの形態で発現（作用）していなければならない。

(2)　この発現（作用）に対して労働者は自生的に「反抗」の意欲をもつ。しかし、この「反抗」も、発現（作用）の多様性、労働者の「状態」の多様性とあいまって多種・多様な形態をとらざるを得ない。重要なことは、すでに述べた意識性の確立は、この自然発生性を切り捨てるのではなく、この自然発生的「反抗」を前提としなくては不可能である。すなわち、次に述べる科学的社会主義理論との結合はこの自然発生性に依拠せずには不可能である（因みに、『なにをなすべきか』においてレーニンが戒めたのは自然発生性への拝跪であって、自然発生性そのものについては、意識性の萌芽として評価していることを想起すべきである）

(3)　自然発生性という即自的段階は意識性という対自的段階に高められる必要がある。この場合に、科学的社会主義理論との結合が不可欠であり、ここにその担い手としての知識人は重要な任務を帯びる。このことは、逆に、意識性もまた、自然発生性によって、より明確な意識性に発展して行くという側面をも含めて理解されなくてはならない。すなわち、自然発生性と意識性は弁証法的関係にあるということを理解すべきである。したがって、この場合の知識人は、レーニンが批判してやまなかった、自己の理論に対して責任を負おうとしない知的エリートではもちろんなく、また、背をかがめて労働者の自然発生性のなかを「はいまわる」非主体的知識人でもない。そこでは人間思惟の歴史的・社会的存在被拘束性を真の意味の「党派性」によって克服することを常に志向している知識人を想定しているのである(14)（そうではなくは、「教育者自身が教育されなければならない」という唯物論的教育の重要なテーゼは実現されない）。

以上、われわれが現在のところ定義している労働者の学習・教育についての総括を述べた次第である。

おわりに

冒頭において述べた労働者の学習・教育研究の特殊性もあって、従来の研究はすでに終熄した労働争議を何年か経た後に発掘し、そこに教育的側面を析出するという調査研究が殆んどであった。われわれもこのア・ポステリオリーな方法の意義を軽視するものではないが、そうした方法の陥る常として、ともすれば「かくあった」という実践のルポルタージュへの傾斜が大きかった。こうした諸実践に依拠しつつも、さらにそれを一歩前進させ労働者の学習・教育研究を深化させるためには、「いかにあるべきか」というア・プリオリーな研究も不可欠である。そのためには労働者の学習・教育を常に資本主義に内在する一般法則と関わらしめて追究する観点が必要である。「資本主義的一般法則」という原理と三井・三池争議という、現状分析を直接接合することは短絡的のそしりを免がれず、そこに種々の段階的規定（媒介項）が必要であることはわれわれも認めるところである。そのような批判を前提として、敢えて、如上の総括を開陳したのは従来のア・ポステリオリーな研究方法に対する批判とそれをのりこえる視座を明らかにしておきたいと考えたからである。

註

(1) 比較的最近の状況については、灰原茂雄「何を学びどう実践したか」(『朝日ジャーナル』一九六九年十一月二日号)参照。

(2) 「三本の柱」については、塚元敦義著『労働者宣言』(労働大学出版局、一九六九年)を参照のこと。本書は三池の学習・教育の成立・発展を知る貴重な資料である。その内容については雑誌『教育』(一九六九年十一月号)における黒沢の「書評」参照。

(3) 第一回は一九六五年十月。このときは同行の調査員加藤克子氏が、雑誌『月刊社会教育』(一九六六年・十月号)に「労働組合における学習の意義について」なる報告を行なっている。第二回は一九七〇年六月。この調査に基づく報告は拙稿「『労働組合における小集団の意義』——三井三池における五人組——」(倉内史郎編「労働者教育の展望」東洋館出版、一九七〇年、所収、本書第一章補論)参照。

(4) 筆者は「『労働組合教育活動の創造』——三井三池のばあい——」(東京大学教育学部紀要第十一巻、共同研究・「労働組合教育活動の現段階」一九七一年、所収、本書第一章)において、三井三池の学習・教育の小史を展開し、その仮説を序論において述べたかったのであるが、紙巾の制約でいわば「例証」部分に限定せざるを得なかった。本稿はその仮説の部分を加筆修正したものである。

(5) 「窮乏化理論」については厖大な著作・論文が発表されているので逐一掲げない。筆者のこの理論についての理解は大学時代のゼミナールが「大学祭」に主催したシンポジウム「窮乏化論」とそのための論文集『窮乏化論』(高島ゼミナール発行、一九六三年)の作成の際の勉強によるところが多い。なお論争の整理としては、金子ハルオ「現段階での窮乏化法則」(宇佐美・宇高・島編『マルクス経済学講座』2、有斐閣、一九六四年、所収)が参考になる。向坂氏のものとしては「資本主義の論理と人間」(『現代思想』第四巻、岩波書店、一九六二年、所収)、「資本主義における失業の不可避性」(『九州大学三〇周年記念論文集』一九五八年、所収)、「『窮乏化理論』をどう理解する」(『マルクスの批判と反批判』新潮社、一九六〇年)、「人間疎外と『窮乏化法則』」（『唯物史観』第一巻、河出書房新社、一九六七年）が主要論文である。最近の論策としては、新田俊三「現代における合理化と窮乏化」（大系国家独占資本主義④『日本の国家独占資本主義』上、河出書房新社、一九七一年、所収）

（6）向坂逸郎「『窮乏化理論』をどう理解する」（『マルクスの批判と反批判』新潮社、一九六〇年）一三九頁。

（7）『資本論』岩波文庫版第一巻第四分冊、三四八―三四九頁。煩雑さを避けるために原典のページ数は挙げない。レーニン全集からの引用も同様である。

（8）（6）の向坂論文一四二頁。

（9）レーニン『全集』十八巻、大月書店、四六六頁。これは当時のブルジョア改良主義に対する政治的・時事的論文であるが「表現」のみを引用した。

（10）M. Dobb, ‘Marx and the so-colled "Law of Increasing Misery"’（岡稔訳、『経済研究』第八巻第一号、二五頁）

（11）この点に関しては、渡辺寛「資本主義の矛盾と労働者の意識」（『思想』五一九号）から多くの示唆を得た。

（12）この点につていは我々の共同報告集『戦後公教育のつくる青年労働者』（「全国電気通信労働組合」一九七〇年発行）第三章一節参照。

（13）レーニン『全集』五巻（大月書店）四〇五頁より転載。

（14）『なにをなすべきか』に関しては、（11）の渡辺論文の外、奥田八二「労働組合と社会主義」（『社会主義』№二二六）、佐藤浩一「レーニン党組織論の革命性」（『構造』一九七〇年四月号）、坂本賢三「なにをすべきか」（『現代の理論』七六号）等が最近のものである。特に、坂本論文から多くの示唆を得た。同論文の「行動そのもののなかで大衆は意識性を獲得して行く。大衆は教科書や講義のなかで意識を獲得するものではない。体系的に学ぶことができ、学ばれなくてはならないのは理論である」という指摘は鋭い。筆者はこの見解に賛成であるので「意識」というべきところを「社会主義理論」とした箇所が多い。

(15) この点に関しては、大学紛争において「知識人の役割」として議論の多いところであるが、竹内芳郎「弁証法の復権」(『展望』一九六七年一月号)が示唆的である。

補論Ⅱ

久しぶりに大牟田で「三池の学習会」を学ぶ

一　労働者の誇りと学習会

昨年（二〇〇八年）、久しぶりに大牟田を訪れた。前回は三池闘争四〇年にちなんで三池の学習会の報告をおこなったのであった。それからおよそ一〇年になる。今回は本書の執筆で不確かな点を、かつて労組で活躍された組合員に教えてもらうためであった。

当初私は大牟田に行きさえすれば多くの関係者に会えると気軽に考えていた。しかし、すでに半世紀も昔の話になってしまったのだ。当然年をとり、疾病で通院・入院の人、他界された人もいるに違いないことに気がついた。紹介をお願いした本誌編集部のおかげで、現地の山本秀隼さんに話が通じ、氏の努力によって平川勝俊さんほか四人の皆さんがあつまってくれることになった。まことに幸いであった。

大牟田の駅に早めに着いたので、近郊の石炭産業科学館を見学した。石炭とエネルギーについて学べる博物館で、平成七年（九五年）にオープンと案内書には記されている。平日のためか館内には私のほかには一人しかいなかった。小一時間ほど館内をゆっくりまわって炭鉱の歴史や新しいエネルギーについて学ぶことができた。

とりわけ興味深かったのは、坑内の様子を再現したトンネルだった。エレベーターで降りると、ドラムカッターやロードヘッダーが動き出し、採炭の様子を体験できるようになっている。模型とは分かっていたが、ごうごうという音のもと一人で「坑底」に立った時は、電気が消えたらどうしようと怖かった。六三年の大変事の時、闇の中を逃げまどった人々のことを想像すると恐怖は増し、逃げ出すようにエレベーターで出口に戻った。明るい館内に出た時はほっとした。

館内の一角では映画「終わらない炭鉱《やま》の物語」の熊谷博子監督の「みいけ・炭鉱の声がきこえる」が上映されていてそれを見た。

見終えてタクシーで大牟田駅に戻ったが約束の時間にはまだあったので、以前も行った「だいふく」へ足をのばし遅い昼食をとった。おいしかったので、平川さんたちとここで会おうか、それとももっとよい場所があるかなどと思案しながら駅前に立っていると平川さんが車で迎えに来てくれた。初対面のあいさつもそこそこにご自宅に案内された。玄関には妻の弘子さんが待っていてくれ、奥の座敷には元労組員の西山正勝さん、黒田定さんが炬燵に暖まっておられた。

自己紹介のあと、弘子さんも一緒に二時間余り思い出を語っていただいた。時々ノートを見ながら確かめつつ静かに語るシーンを、今も懐かしく思い浮かべることができる。学習会を中心にこもごも語られたなかでとくに印象に残った点を記す。

向坂先生の話は易しくはなかったが、エピソードを交えて語られたので何とか理解できた。次の話はよく憶えている。「私の小さい頃はきれいだったふるさと大牟田の川がこんなに汚れてしまった。会社が儲けることだけを考えてそれ以外の環境など眼中になかったからだ」。

資本の本質を教科書のようにではなく、自分たちの生活の場であり、お互いのふるさとでもある大牟田の歴史を「川の汚濁」という視覚に訴えて語りながらその元凶は会社なんだよと説いたのである。資本とは何かということが平川さんたちの胸にひびいたことが納得できるように思えた。向坂先生をはじめ他の講師もエピソードを変え、同じテーマをくりかえしたのだろう。だから五〇年後も忘れることができないのだ。

ところで、伝達とは高いところから水を流しこむことと同じではない。そうではなくて一定の対象の捉え方を語り手と聴き手が同じくすること、共有化することなのである。子どもの場合も原理は同じで、親や教師が白紙に画を描くようなわけにはいかないのだ。子どもの生活・体験を媒介しなければ伝達は成り立たない。大人の場合にはその度合が大きくなる。向坂先生は経験からこのことをよく心得ていたに違いない。

もう一つある。平川さんたちは、「会社と組合の交渉の場に出て、激しいやりとりを目の当たりにし、労働者と会社の立場・考え方の違いを身につけた」と語ってくれた。「執行委員が平川さんたちが思っていることを汲みとり巧みにまとめて発言してくれることはよい勉強になった」。これは向坂先生から学んだ原理的・一般的考え方の応用とみることができよう。

「このような方法をくりかえすうちに、職制や上役に対して次第に自信をもてるようになった」と、これは異口同音に言われたことに私は感動を覚えた。学習によって労働者の誇りをもつことができるようになったのである。これは三池労組が「闘うライオン」に転ずる前提となったに違いない。

向坂先生が生前次のように語ったことを私は憶えている。「学習会とは、ただ知識を得るためのものであると考えないことである。知識を働く人間が獲得すると力になる。しかし、知識だけで組合は強くなるのではない。組合は人間の結合である。われわれが学習会を始めたとき、お互いの同志的結合が育っていることを感じた」。

この場合の「同志的結合」とは単に「教授」と「学生」という知的交流や親睦会やサークルでもなく、同一の戦略・戦術に従うことを目ざす、組織的・実践的なことを意味していたと思われる。すなわちマルクス主義を「研究室の中で浮世ばなれ」した話としてではなく、同一の目標に向かって進む闘うマルクス主義者の育成が意図されたのである。

二　半世紀をこえる交流

三池の学習会の歴史・概要については本書の第I部で記述しているが、ここでは三池の学習会の特徴を述べておきたい。

「三池の学習活動で指導的役割を演じたのは、塚元敦義氏（本所支部長、後書記長）であった。向坂教授がもっとも信頼したこの高弟は、その人格と誠実な努力を通じて信頼を集め、向坂イズムは多分に同氏の人間性を通じて浸透していった。三池向坂教室は、マスコミその他巷間で伝えられたような棒をのんだような教条主義ではなかった。三池学習会の特色は、理論学習の聞き流しではなく、『実践学習の組合組織化』（組合による組織的学習）にあった。それゆえ、理論学習の不得手な坑内労働者に深く浸透拡大した」（拙稿「三池闘争の終焉と現代日本―組織された生産社会の夢・市民的ヘゲモニーの形成―」長野大学紀要第30巻第3号）。

これは労働運動研究者として三池に深く関わった清水慎三氏の研究（「戦後労働史における三池争議の地位」『月刊労働問題』80年10月号）の一部援用であるが、塚元氏には私も三池調査の際に幾度もお会いして清水氏と同じ印象を与えられた。向坂教室の特色についても、今回平川さんたちの回想から清水氏の指摘のとおりであることを改めて感じた。

もっと様々なことを拝聴した筈だがあえてまとめると以上のようになる。それでも学生時代から幾度も三池に通い、私なりに掴み取った三池学習会の特色を五〇年後の証言によって確認できたことは大きな喜びであった。

会話のなかで前出の映画「三池終わらない炭鉱《やま》の物語」も出た。映画のなかに「向坂さんは労働者をモルモットにした」という意味のことを主婦の一人が語るシーンがある。映画を観た時「あの発言はいくらなんでもひどいんじゃないですか」と私は熊谷監督に抗議したのであったが、「女性の立場としてはそうも言いたくなったのでは」と監督は答えられたように思う。この私の発言に対して同席していた弘子さんは強く共感され、発言に対して激しい憤りを吐露された。弘子さんは三池主婦会の役員だったことは後で聞いた。

話は弾み、折角の機会だからもう少しと私の心は焦った。しかし、約束の時間になったので心を残しながら平川家を辞さねばならなかった。平川さんが再び車で駅まで送ってくれた。

博多への車中、私の心は充ちていたが、一方で教育とは一体なんなのかを考え続けた。

国をあげて主導されたゆとり教育路線がひとたび学力低下がいわれると「教育の危機論」になり、こんどは全く逆の詰め込みが叫ばれ、学力テストの実施によって競争があおられる。「愛国心」がないのは戦後教育のせいだと、教育現場への「日の丸・君が代」が強制される。なんということだろう。教育の成果が二、三年であらわれるなど土台ムリな話だ。だからこそかつて「生涯学習」が喧伝され、国の教育政策の支柱に据えられたのであった。

どうであろう。国の激しい政策に比して、平川さんたちは三池闘争から半世紀の今かつての仲間たちと交流を重ねながら静かな晩年を送っている。第二組合に走った人たちにはこのような交友の例はないそうである。性急な結論は慎まねばならないが、教育とは、生涯学習とは何なのかを平川さんたちの晩年の姿が語っているように思われてならない。そこには三池の学習会で身につけた労働者の誇りが底流しているのではないか。そう思うと私はとてもうれしい気持ちになったことを記して小文を閉じる。

II

生産者社会から市民社会へ

プロローグ

Ⅰ部で述べたように、三池労組が解散したのは二〇〇五年四月一〇日であった。四六年の結成以来五十九年の歴史を閉じたのであった。最大時、二万五千人を数えた組合員は、組合分裂や相次ぐ解雇などで最後はわずか十四であった。九七年に三池炭鉱が閉山して八年。国内から炭鉱労働組合がすべて消えたのだ。

しかし、顧みれば一九六〇年十一月十一日に三池労組は無期限ストライキを解除したが歴史的にみればその時点に三井三池大争議は一応の終焉を遂げたといえる。

ところで、その時から四十年まえ、ヨーロッパではロシア革命の影響下、革命的気運が盛り上がっていた。イタリアでは、グラムシがイタリアのソビエト「工場評議会」を組織し生産者による新しい社会の創造を目指していた。運動は一時的には広がりを見せたが、資本の反撃、社会党、CGL（労働総同盟）の指導部の妨害もあってついに終焉した。後論のようにそれはヘゲモニー闘争の敗北であった。

その後、グラムシはムッソリーニによって投獄され一〇年余の獄中生活の後に一九三七年、四六歳で獄死を遂げた。獄中の思索は三千ページにのぼる『ノート』として遺された。その内容については別著（『現代に生きるグラムシ』大月書店、二〇〇七年）に譲るが、留意を促したいことはここにおいても「工場評議会」の理念が追究されたことである。

その理念をグラムシは「ソチエタ・レゴラータ」と表現する。つまり、新しい人間類型による生産者の協働体《アソツアツオン》の謂である。注目すべきはこの人間類型をグラムシはフォード工場が自動車生産のためにうみだした「集合的労働者」のなかに見出した。第一章はこの考察にあてられる。『獄中ノート』の思索は多岐にわたるが、「ソチエタ・レゴラータ」の生成にとって重要な概念はヘゲモニー、市民社会、知識人である。簡潔にいえば、全ての市民が知識人になる――この形成をグラムシはヘゲモニーという――ことによって、市民社会全域に「ソチエタ・レゴラータ」を創り出し、そのネットワークによって現存の市民社会を「ソチエタ・レゴラータ」に変革することがグラムシの意図である。(因みにこの変革もグラムシはヘゲモニーと呼ぶ。)

ところで、日本においては市民社会は従来地域ないし地域社会と呼ばれ、そこにおける教育は「社会教育」という用語が一般的であった。つまり、全ての市民が知識人になるためには社会教育の役割が大きいのである。その後、社会教育は「生涯教育」そして「生涯学習」になった。その経緯については第二章で詳述した。

さらに「ソチエタ・レゴラータ」は、「アソシエーション(アソシァシオン)」といいかえることができる。そうであれば、生涯学習によってアソシエーションを次々と創り出すことが現代日本における「ソチエタ・レゴラータ」の形成になるであろう。

第三章はその考察である。なお、第四章はⅡ部だけでなくⅠ部を含めた本書全体の総括である。

以上に見られるように、私は本書によってグラムシの思想を日本の生涯学習論と接合することを試みた。留意を促がしたいことは、単なる接合を試みたのではなく、これによって、焦点のない平板な生涯学習を新しい社会形成のための中心軸に組みかえることを意図したのである。これによって三池の理念が現代に甦えると信ずる。成否については読者の判断に譲りたい。次に付論としてグラムシの生涯と『獄中ノート』の思想をかんたんに述べよう。

序章　カオスの現代を読み解くグラムシの思想

読者の中には、よしんばグラムシの名は仄聞しても、それ以上は知らない人も多いと思われる。略伝と思想の要点を述べてみよう。

一　グラムシの生涯

一八九一年、イタリア南部の島、サルデーニャに生まれたグラムシは、豊かな家庭ではなかったが生来の才能を期待され、家族の人々に助けられて奨学金を受けつつもトリーノ大学へ進み、言語学を専攻した。北部の大工業都市トリーノは折しも労働運動が盛んであった。次第に労働運動にのめり込み、社会主義にも目を開かれ、遂には大学を中退して社会党の書記となった。

一九七一年に起ったロシア革命が青年グラムシに与えた影響は大きい。それは経済的必然性に対する人間の集団意志の勝利の証明とグラムシには思えた。彼の表現によれば、「『資本論』に反する革命」であった。

この信念の下に、彼はイタリアの革命の母体として「工場評議会」(旧来の経営者と労働者の話し合いの機関「内部委員会」を改革したもの)を組織し、次々と各工場に評議会を創る運動を推進した。

一時は昂揚した革命的な労働運動―その中核としての工場評議会もトリーノ以外では散発に終わり、結局政府による妥協案を不本意ながら認めざるをえなくなった。グラムシが意図したイタリア革命は挫折した。

その後、労働運動の前進と後退、革命的気運の昂進と停滞の中、党と大衆についての意見が分かれ、社会党が分裂。イタリア共産党が創立され、グラムシもこれに参加する。一九二一年、グラムシ三十歳の時であった。

その後、彼はイタリア共産党代表としてモスクワに滞在、ところが一九二二年にイタリアでは、ムッソリーニ率いるファシスト党が政権を樹立、グラムシに逮捕状が発せられ、海外滞留を余儀なくされた。このモスクワ滞在期に、ジウリア・シュヒトというロシア人女性と知り合い、後に二児をもうけた。

二四年四月の選挙でグラムシは共産党の代議士に選ばれ、国会議員不逮捕権を得て、同年五月に二年振りに帰国した。それから逮捕されるまでの二年余の間、猖獗《しょうけつ》を極めたファシズムの真中でローマを主舞台に、共産党書記長として精力的な活動の日々を過ごす。この期間の超人的とも思えるグラムシの思索と行動については拙稿「ローマのグラムシ―ファシストの圧制下で、一九二四〜二六―」(『ヨーロッパの都市と思想』〈勁草書房〉所収)を参看願いたい。

ファシスト国家が共産党の合法的存在を続けることは考えにくい。グラムシもその破局を予感はしたが、その時は意外に早くやってきた。二六年十一月八日午後十時三十分、議員不逮捕の特権を無視されてグラムシは自宅で逮捕された。三十五歳であった。

その後、裁判そして流刑の十年余の生活を余儀なくされる。グラムシにとっては単なる「獄中」ではなかった。妻ジウリアの精神障害による家族からの疎外、スターリン主義に変質したソ連共産党をめぐるイタリア共産党との確執。まさに「三重の牢獄」を強いられたのであった。しかも彼は幼児期の熱病に起因する身体障害の持ち主でもあった。想像を絶する懊悩《おうのう》、苦闘の十年余の末、グラムシは一九三七年四月二十七日未明四十七歳の生涯を閉じた。

二　『獄中ノート』の思想

信じ難いことだが、この「三重の牢獄」に耐えてグラムシは思索を続け、その成果を三千ページにのぼる「ノート」に刻みこんだ。幸いにも妻ジウリアの姉タチアナ・シュヒトの献身的な努力と奇跡にも助けられ、「ノート」は獄外に運び出され、戦後陽の目を見ることになった。グラムシの執念が実ったのだ。

獄中におけるグラムシの苦悩と、タチアナの献身については、アルド・ナトーリ『アンティゴネと囚われ人』（上杉聡訳、お茶の水書房）を是非ご覧いただきたい。著者（グラムシ没後五〇年に来日、親しく語ったことが思い出される）はタチアナをギリシア悲劇のヒロインにたとえ、囚われ人（グラムシ）との交流を両者の文通をテーマにまるで同時代のルポルタージュのように描き出す。心情の吐露のあまりの生々しさ、重苦しさに耐え切れず、私はしばしば読み進むことを中断した。

ところで、グラムシの執念の結晶、『獄中ノート』は翻訳を除くと二十九冊分になるが、断片的記述、度重なる改稿のため論点の錯綜は免れない。

しかも、「検閲」への配慮は「ファシスト」だけでなく、「スターリニスト」にも向けられていたことはナトーリの書からも読み取ることができる。そのため全容の解明はなお今後の課題である。あえて私の解釈による要目を示そう。

ロシア革命を人間の集団意志の結実と受け止め、経済決定論に異議を唱えた青年グラムシの意想は獄中時代にも継承され、彫琢《ちょうたく》される。人間の「実践」なしには一切の存在は「無」であるとの認識の下に、物質と人間との関係を「実践」によって媒介し歴史を生成する主体は人間の集団意志だと強調される。教条的なマルクス主義者から観念論だと批判された。この考え方こそグラムシの哲学―「実践の哲学」の核心である。

一方で、イタリアの「ソヴィエト」(委員会)と期待された「工場評議会」運動の失敗、続くヨーロッパ革命運動の挫折はグラムシに改めて資本主義の強靭さを思い知らせた。その秘密はロシアには存在しなかったヨーロッパの「市民社会」であった。

つまり、西ヨーロッパでは国家権力は政治機構に集中されてはいない。教会、学校、組合、マスメディアなど市民社会のほぼ全領域に拡散、浸透し、市民の合意が形成されている。この合意形成をグラムシは「ヘゲモニー」と呼ぶ。

そうであれば、国家は旧来マルクス主義者が教条化したような階級支配の道具―暴力装置ではあり得ない。そうではなく「ヘゲモニー」関係の総体と捉えるべきだ。グラムシはこう考えた。

したがって、前衛党が大衆を率いて統治機構を奪取すればそれで革命が成就するというわけにはいいかない。日常生活に網の目のように張りめぐらされているヘゲモニー関係を透視し、関係を不断に組み換え、反転させていくための知性と意志が不可欠である。グラムシはこう考え、これを「知的・道徳的改革」と名付けた。

この際、意識が比較的に進んだ者―知識人による遅れた人々への指導は必要であるが、成熟した市民社会では両者の区分は画然としてはおらず、部分的・機能的な面が大きい。

言い換えれば、特定された知識人が永遠の真理を一方的に大衆に説くのではない。両者の絶えざる交流を通して、感情と知恵を交換しつつ、共働の作業によって新しい世界観を練り上げていくことがヘゲモニー関係の変革に不可欠だとグラムシは考えた。

以上が『獄中ノート』の要点である。現代の哲学・思想との親和性に読者は驚かれるのではないだろうか。

「実践の哲学」は、戦後日本が生み出した不世出の哲学者、故廣松渉の「関係の哲学」と発想を同じくし、観念論か唯物論かという不毛な区分を超えようとする視座を提示している。(死の直前にこの点を廣松に確めることができた。) プーランザスの「関係の凝集」としての国家論も、フーコーの「言説の理論」もグラムシの意想と軌を一にしている。

また、トリーノの工場における一定の労働者の合意(高賃金)に基づく包括的管理(「フォーディズム」)に関する考察は現代のとりわけ日本の企業の分析に大きな示唆を与えた。

そのほか、ヘゲモニー概念の拡張によって国際政治のダイナミズムを分析し、グローバルな市民社会論を展開しようとする最近の諸研究もグラムシの影響が色濃い(例えば拙稿「今なぜグラムシか?

現代の世界変革と切り結ぶ」「葦牙」34、二〇〇八・七などを参照)。

一端の紹介に止めるが、グラムシがファシズムの暗部で灯し続けた知性の光は新しい世紀の今日なお光芒を放っている。

三　ヘゲモニーとしての教育と現代の課題

終わりに、グラムシの教育思想と現代の課題を述べよう。この場合、まず思い浮かぶのは、「ヘゲモニーはすべて教育的関係である」という『獄中ノート』の有名な章句である。

ここから明らかなように、ヘゲモニーとはある者または集団への説得による他者または他集団の包摂ないし同質化である。あるいは文化的・政治的指導といってもよい。この意味で、学習・教育と大いに関係がある。

また、グラムシは、教育は先天的に子どもに存在する糸の「解きほぐし」ではなく、教育者による働きかけによって新しい人間を歴史的に創造する営為だと強調する。これはすでに指摘した「実践の哲学」と一致し、市民社会をヘゲモニーの場と捉える考え方とも合致する。

もし、自然のままに放置すれば、市民は国家の、支配集団のヘゲモニーに包摂されてしまう。だから、現存のヘゲモニー関係を組み変え、新しい社会関係を作り出す必要があるのだ。つまり、グラムシにあっては、新しい人間の形成(子どもの教育)と新しい社会の形成がヘゲモニーという概念で統一的に捉えられていることがわかるだろう。

ところで、目ざされるべき社会をグラムシは「ソチエタ・レゴラータ」と表示する。「調整された社会」とか「規制された社会」と訳されるが、内実は具体的に説明されはいない。おそらくフォード工場が自動車の生産工程で生みだした「集合的人間」からヒントを得て構想した新しい人間類型による社会の謂であろう。だが抽象性を免がれない。ただし、次の事態に注目すべきである。

時代は大きく変わった。グラムシが新しい社会として一時期大きな関心を寄せたソヴィエトロシアも崩壊し、福祉国家も財政危機に瀕している。それに代わる市場原理によるネオリベラリズムもすでに破綻を来している。企業国家日本もいまや昔日の面影はなく、危機に瀕している。

要するに、「大きな政府」でも「小さな政府」でもない、もう一つの新しい社会形成、そのための新しい人間の形成が求められている。幸いなことに一方ではＮＧＯ、ＮＰＯなど市民のボランティア活動による組織のアソシエーションの形成が進み、他方では地方分権化への動きも見られる。これらの流れが「ソチエタ・レゴラータ」へ向う対抗ヘゲモニーになり得るか。

予断は許さないが、一端を紹介したグラムシの『獄中ノート』の思想が、とりわけそのヘゲモニー論が豊かな示唆を与えてくれると私は考える。没後七十年を過ぎてグラムシの魅力はつきない。グラムシは生きているのだ。（以上、同じタイトルの拙稿〈『高校教育展望』小学館、一九九七年一二月号〉を若干の字句を修正して再録した）

第一章　組織された生産者社会の夢の再生

――グラムシ「工場評議会」と人間の問題――

一　工場評議会運動の生成・展開――生産者社会の夢と挫折――

「ソチエタ・レゴラータ」。直訳すれば、「規律ある社会」となる。この言葉はグラムシ研究にしばしば登場するが、その内容は明らかではない。因みにグラムシもこの用語について『獄中ノート』のどこにおいても具体的内容について定義をあたえていない。このような状況にあって上村忠男氏は、「規制された社会」と訳し、グラムシの「工場評議会」との関連でこの概念について独自の見解を提言した。大変示唆的な説明と思われる。そこで小論においては、一．まず工場評議会について私の考えを示し、二．次に上村氏の「規制された社会」を私なりに解釈・要約し、三．以上に基づいて、グラムシ（思想）における「ソチエタ・レゴラータ」の意味を知識人論と関連して敷衍したいと念う。

一九一七年にロシア革命が起こった時、グラムシは二六歳の青年であった。ベネデット・クローチェの影響下で思想形成を行ったグラムシは、後発国で勃発したこの革命を経済決定論、資本主義の

「自動崩壊説」に反して、新しい社会秩序（オルディネ・ヌオーヴォ）を創ろうとする目的を持った人間の主体的意思の結晶――その意味で、ロシア革命を「『資本論』に反する革命」と捉えた。若きグラムシはこう書く。

「この思想（マルクス主義――引用者）はつねに、歴史に最大の要因を、なまの経済事実ではなく、人間を、人間の社会を、歴史の最大の要因と考える。社会を構成する諸個人は、たがいに寄り集まり、理解しあい、この接触（文明）を通じて社会的意志を発展させ、経済事実を理解し、自分たちの意志に適合させ、ついにはこの意志が経済の動力となり、客観的現実の形成者となるにいたる。そのとき客観的現実は、生き、運動し、灼熱して流れる金属の性質を獲得し、人間の意思の好むままに、意志の好むところへ、その流れをみちびくことができるようになる」（山崎功監修・代久二編集『グラムシ選集』合同出版、一九九六年⑤一四六―一四七頁、ただし傍点引用者、以下『選集』と記す）これは一九一七年一二月二四日、ロシア革命直後の社会党機関誌「アヴァンティ」に載った論説、「『資本論』に反する革命」の一節である。ここにみられるように、歴史の原動力は人間の集団意志だ、という信念は、グラムシの生涯を貫くものである。

その意志の具体化として彼が注目したものは「ソビエト」（「評議会」）であった。彼は考えた。イタリアにこのソビエトにあたるものはないか。当時、すでに彼は期待された言語学者への道を自ら絶ちトリーノ大学を中退し、労働運動に深く関わっていたが、工場内にあった労使協調的な「内部委員会」という協議機関を、イタリア版ソビエト、工場評議会（コンシリオ）に改変することを思いつく。グラムシはその時の事情を『オルディネ・ヌオーヴォ』で次のように回想している。

「……人間の組織と人間の歴史と労働者階級の心理とに関心をいだいていた同志がこう云った。〝労働者大衆のなかでなにが起こっているかを研究する必要があるんだ。ソヴェトにたとえられるようなもの、なにかソヴェト的な性質をもっているものが、イタリアにないかな。ソヴェトは普遍的な形式であってロシア的なだけの機構ではない、と主張したいんだが、そのささえとなるような実例がイタリアにあるかね。産業内の自主性を獲得しようとプロレタリアートが闘争しているところではどこでも、労働者階級はこのソヴェトという形でその解放の意志を表明するだろうし、ソヴェトは労働階級の自治形態なのだが、いったいイタリアには、トリーノには、たえずおずおずとした、おくびょうなのでも、なにかソヴェトの芽だといえるようなものがないのかね。〟すると、ポーランド人の同志がふいにこう云った。〝なぜイタリアでは、今まで工場内部委員会のことを取りあげなかったのだ。〟その反問にはっとして、先の同志は、自分の問いに自分でこう答えた。〝そうだ、イタリアには、トリーノには、労働者政府の、ソヴェトの芽がたしかにある。それは工場内部委員会なのだ。この労働者機構を研究しよう。資本主義的工場を研究しよう……〟」(『選集』⑤一三一―一三二頁)

一九一九年五月一日、社会党トリーノ支部に所属していたグラムシ(当時二八歳)、アンジェロ・タスカ(二七歳)、パルミーロ・トリアッティ(二六歳)、ウンベルト・テルラチーニ(二四歳)らによって『オルディネ・ヌオーヴォ』第一号が発行され、工場評議会運動の推進体となった。

トリーノは「自動車の都市」として知られ、自動車工場を中心に近代的な技術的・組織的工場が密集し、一九一三年には、トリーノの人口四五万のうち賃金労働者が八万人、一九一九年には五二万五、〇〇〇人のうち一五万を数えた。

『オルディネ・ヌオーヴォ』一九一九年六月二七日号の論説「労働者民主主義」は、まだ工場評議会の文字を用いていないとはいえ、実質的には、工場評議会運動の最初の宣言である。そこには次のように記されている。

「《プロレタリアートの独裁》という定式をただの定式にとどまらせてはならない。革命的空語をもてあそぶきっかけにとどまらせてはならない。つまり、目的を望むものは手段をもまた望まなければならないのだ。プロレタリアの独裁とは、典型的にプロレタリア的なひとつの新しい国家を設立することである。この新しい国家のなかで、非抑圧階級の組織経験が一つに合流し、労働階級の社会の社会生活が全体にゆきわたり、強力に組織された体制となるのだ。」（『選集』⑤一八頁、傍点引用者）

ここには、工場評議会によって新しい国家のあり方を追究するという主張が読みとれるであろう。さらにグラムシは、工場評議会は党や組合と異なり「『公的』性格の機構」であり、「党や組合は『私的』性格の結社」であるとする。つまり「労働者は生産者として工場評議会に参加する」「労働者の普遍的性格の当然の結果として、社会内での労働者の地位と機能の当然の結果として参加するということである」。それは「市民が民主制・議会制国家に参加するのとちょうど同じしかたなのだ」。一方、党や労働組合に労働者が参加するしかたは、「任意参加的」である。「かれは誓約書に署名する。これは一種の『誓約』であって、かれはそれをいつなんどきでも破棄することができる。党や労働組合は、この『任意参加性』によって、この『契約主義性』によって、工場評議会とはっきり区別されるのである」（『選集』⑤二三七頁）。この実現のためには次の二つの原理が確立されなければならない。

(1)　第一の原理は、すべての労働者が、労働組合に加盟しているかいないとにかかわらず、（したがって、また、資格のある労働者も無資格の労働者も）、代表委員の選出に参加すること（一般投票）である。大衆の自然発生性に対する信頼、その積極的宣揚が特色である。

(2) 第二の原理は、生産の技術的・組織的単位ごとに機構を組織すること（職務代表）である。工場評議会の主体は、このような機構とは、労働者階級の集団意志を直接表現しうるものである。

こうして、工場評議会運動は、一時は労働者の支持を得て拡まっていった。フィオーリはその状況を次のように描写している。

「八月三一日（一九二〇年）から九月一日にかけての夜にロック・アウトが宣言され、その翌朝から工場占拠は永続的なものとなった。全権力は評議会に握られた。フィアット中央工場のアニエッリ社長のデスクには、社会党員の労働者ジョヴァンニ・パローディが坐った。妨害戦術を止め、労働を再開し、その労働は工場評議会が規律づける、と決定された。フィアット中央工場では、自動車生産は日に三七台の水準に維持された。平常時は六七―六八台であった。技術者のほとんど全部と事務職員の多くが顔を見せなかった。にもかかわらず、これだけの水準が維持されたのである。今やイタリアだけでなく世界の各地から、トリーノは注目を浴びていた」（G．フィオーリ著、藤沢道郎訳『グラムシの生涯』平凡社、一九七二年、二二〇頁）

工場評議会運動の発展に対して、当然ながら資本は反撃に出る。旧来の内部委員会の水準に押し戻すために国家の暴力装置をも動員して準備にかかったのであった。労働者はゼネラルストライキをもって抵抗したが結局敗れた。敗因としては次の二点が指摘される。

(1) 工場評議会の組織と運動がトリーノとその周辺に限られ完全に孤立していたことである。さらに、農民、とりわけ南部の農民の運動との連携が欠如していたことは決定的であった。⑵ 社会党もCGL（労働総同盟）の指導部もこの闘争を支援するどころか妨害したことである。つまり、この運動は自然発生的な段階をこえることはできなかったことが挙げられる。

以上の二点はよく指摘される敗因であり、私もそれを認める。同時に⑵と関連するが、グラムシたちの運動はヘゲモニー闘争において資本に敗れたのだ。この点は、後にグラムシ自身が獄中で思索し、分析することになるが、さし当たって次の無署名の『オルディネ・ヌオーヴォ』（一九二一年五月八日付、第一巻一二七号）の記事を傍証として引用したい。

「…プロレタリアートの抵抗と犠牲の受容力とをあまりに乱用するな。彼らも人間なのである。街を歩き、酒場で飲み、広場で雑談をしている普通の人びとと同じ弱点をもった現実の人間なのである。疲れ、飢えをおぼえ、寒さを感じ、子供が泣くのを見たり、妻たちがひどく悲しむのを見たりすれば心を動かされる。普通の人間と同じ弱点をもった現実の人間なのである。われわれの革命的楽観主義はつねに、人間的現実をこのように冷酷なまでに悲観主義的に把握したビジョンで裏打ちされていたのである。人間的現実こそ、われわれが峻厳に考慮せねばならないことがらである。」（石堂清倫編グラムシ問題別選集①『工場評議会運動』現代の理論社、一九七一年、二二八頁）

以上のような人々を支援できる体制が不足していたのである。この意味でヘゲモニー闘争に敗れたといえよう。

トリーノでは前述のような高揚が一時的に見られたものの、他の都市の状況はまちまちで、結局、経営者側の反撃に対抗できず、政府側が提起した妥協案を不本意ながら受け入れざるをえなかった。

グラムシが期待した、生産現場における労働者の主体性の確立を目指す運動は挫折したのである。

生産過程に労働者が介入し、そこに「ソビエト」（=工場評議会）の樹立を！　というグラムシの構想は鋭かった。それ故に、一定程度に、拡がりをみせたのであったが、反面それは生産点に限定された運動でもあった。それに対して、資本の側の管理方式はより広く、深かったといえる。つまり、家庭・地域社会においても、労働者のアルコールの管理さえも実施して、質の高い労働力の再生産を企図したのである。しかもこの管理方式に従う者には、それなりの「高賃金」とそれによる「生活」を保障して労働者の合意を求め、それに成功したのであった。すなわち、グラムシの構想した主体形成の方策は、資本側の打ち出した労働者の包摂の方法に対抗できなかったのである。この非強制によ**る**合意獲得をグラムシは「ヘゲモニー」と呼ぶのであるが、工場評議会運動におけるグラムシは結果としてこのヘゲモニー闘争において資本側に敗北を喫したのであった。

二　組織された生産者社会

ところで、上村忠男氏は工場評議会について次のような興味深い考察を行っているので紹介したい。以下の文章は「「全体国家」と組織された生産者社会の夢―グラムシの「全体主義」再考―」と題して上村忠男氏が二〇〇七年一二月一日に「グラムシ没後七〇年」のシンポジウム全体会で行った報告を私なりにまとめたものである。（同名の上村氏の報告は、『グラムシ没後70周年記念シンポジウム』文書報告集、二〇〇七年十一月に収録されている）

第一次世界大戦とともに、総力戦の時代が始まり、平時から恒常的な動員体制が必要になった。こう上村氏は語りだす。それによって、国家はカール・シュミットが『憲法の番人』（一九三一年）で説く「全体国家」つまり自ら社会の自己組織たらんとする国家に変質した。しかもこの全体国家は、政治そのものを生活経済的行為の一形態として把握し、ひいては国家をもひとつの生活経済として理解しようとする思想—「エコポリティクス」（上村氏の命名）に活性化の機会を提供した。こうして、全体国家は「高度福祉社会」の基礎を固めた。これが二〇世紀の特色であると上村氏は述べ、グラムシもまたこの時代の子として夢をみた一人であったという。

1．全体動員体制

この構想を、なによりもグラムシは「工場評議会」において実現しようとした。つまり、これは、第一次世界大戦の勃発を機にイタリアにも敷かれた「全体動員」体制の所産であった。

上村氏はまず、工場評議会の〝母体〟「内部委員会」についての、グラムシの関心に留意を促し『オルディネ・ヌオーヴォ』を参照しつつ次のようにいう。グラムシは「戦争が解き放った膨大な社会的力をいかにして支配するか」という課題が社会主義者たちの緊急な課題になったとして、次のように主張する。「…今日、内部委員会は工場において資本家が権力をほしいままにするのを制限しており、調停と規律の機能を果たしている。これを発展させ、この機能をさらに豊かなものにしていったならば、明日にはかならずや、指導と管理有益な機能のすべてにおいて資本家に取って代わるプロレタリア権力の機関となるであろう」（『オルディネ・ヌオーヴォ』一九一九年六月七日号）。周知のように、この内部委員会は、やがて「調停委員会」的な形態から、労働者の自立的な評議会に変質していく。

グラムシによれば、プロレタリア独裁が具体的なかたちをとるのは、資本の奴隷である賃労働者ではなく、生産者に本来的な活動に特有の型の組織――「工場評議会」でなければならないのだ。つまり、それは、「労働者たちに生産の直接的責任を負わせて、自分たちの労働を改善するように導いていき、意識的かつ自覚的な規律をうち建て、生産者の心理、歴史の創造者の心理をつくり出すから」だ(『オルディネ・ヌオーヴォ』一九一九年十月十一日号)

みられるように、グラムシという人物は、第一次世界大戦によっておとずれた「総力戦」「全体国家」の時代の全体主義的状況に深く規定されたところで、それ自体明らかに全体主義的性格の「組織された生産者社会」の実現のうちに人間の解放を展望したエコポリティクスの思想家の一人である。これが上村氏の論定である。

2.「ソチエタ・レゴラータ」

さらに注目すべきは以上のグラムシの構想と『獄中ノート』の「ソチエタ・レゴラータ」との関連である。上村氏によれば、「ソチエタ・レゴラータ」は、国家を構成する「政治的社会《ソチエタ・ポリティカ》」と「倫理社会《ソチエタ・チヴィレ》」という二つの契機が止揚された「国家なき国家」である。これは、マルクスが『共産党宣言』のなかで説く『自由の王国』(最近再版された彰考書院版『共産党宣言』では次のように訳されている。「各人の自由な発達が衆人の自由な発達の条件となるような、協力社会が生ずるのである」幸徳秋水、堺利彦〔訳〕『共産党宣言』アルファベータ社、二〇〇八年十一月、63ページ)のことで、グラムシは、トリーノの労働者たちの経験をつぶさに観察するなかで「組織された生産者社会」をイメージして、そこに「自由の王国」を読みとったのだと上村氏はいう。グラムシの論及の該当箇所を上村氏の示唆によって引用しよう。

「いま生まれ出ようとしている新しい世界の参照点はなにか。生産の世界、労働である。……集団のであれ、個人のであれ、生活は、生産装置を最大限効率よく作動させることによって組織されなければならない。新しい土台に立脚した経済力の発展と、新しい構造の進歩的な創建こそは、どうしても生まれてこざるをえない諸矛盾を癒すであろう。そして、新しい「コンフォーミズム」を下からつくり出したことによって、自己規律の新しい可能性、すなわち、『集合的であると同時に』個人的でもあるような『自由の新しい可能性を開くであろう』」（『獄中ノート』7「哲学の覚え書。唯物論と観念論―第2部」パラグラフ12）

一方、グラムシは、イタリア・ファシズムが実現をめざしたウーゴ・スピリトの協同体主義構想のうちに「アメリカニズム」を見てとっていることも注目される。グラムシの留意したのはフォーディズムである。つまり、グラムシによれば、スピリトの「所有協同体」構想は、「生産と労働の様式の最も先進的なアメリカ的システム」のイタリアへの導入なのである。いうまでもなく、フィアットにおけるフォード・システムは、グラムシの評議会国家の「対抗モデル」でもあった。

重要なことは、この新しい生産のシステムのなかにグラムシは人間の新しい類型の出現を読みとっていることである。ここでもまた、重要な箇所を上村氏の指摘によって『獄中ノート』から引用しよう。

「分業が完成していくにつれて、工場内における労働者の位置は、ますます『分析的』なものになっていく細部の運動にまで客観的に引き下げられて、個々の労働者には共同作業の全体が見渡せなくなり、彼の意識のなかでも、自分の貢献が軽んぜられていつなんどきでも容易にとりかえられる存在でしかないようにおもわれてくるということ、それと同時に、協働化されてよく秩序づけられた労働はより大きな『社会的』生産性をもたらすということ、そして工場での作業の全体がひとりの『集合的労働者』とみなされるようになるということ、これらのことが『客観的』であたえられているものを『主体的』なものに転化しようとする工場の運動の前提をなしている」

ところでこの場合、「客観的とはどういう意味か」と問い、次のように続けられている。

「個々の労働者にとっては、技術の発達の要請と支配階級の利益との一致は『客観的』である。しかし、この一致、技術の発達と支配階級の利益とのこの一体性は、産業的発展の歴史的な一段階であるにすぎず、一時的なものと考えなければならない。この連関は断ち切ることができる。技術の要請は具体的には支配階級の利益と切り離して考えることができるだけでなく、なおも従属的な地位にある階級の利益と結びつけても考えることができるのである。そのような『分離』と新しい総合が歴史的にすでに熟しているということは、そのような過程が従属階級によって理解されているという事実そのものによって反論の余地なく証明しているがゆえにもはや従属階級ではない。すなわち、自らの置かれている従属状態から抜け出そうとしているのである。『集合的労働者』は自らがそのような存在であること、それも個々の工場においてだけでなく、全国民的および国際的な規模における分業というより広い分野においてもそうであることを理解する。そして、この獲得された意識はまさしく利潤ではなく実際の物財の生産者としての立場を代表する諸組織において、外的、政治的な表現をあたえるのである」（『獄中ノート』9、パラグラフ67）

グラムシの展望する「新しい人間類型」とは、以上に描かれる「集合的労働者」である。このような「新しい人間類型」の具現体である「集合的労働者」を構成員とする社会こそが、まさにグラムシが夢みた「組織された生産者社会」としての「規制された社会」なのだというのが上村氏の結論である。そしていうまでもなく、「利潤ではなく実際の物財の生産者としての工場を代表する諸組織」こそ、工場評議会なのである。

以上、引用が長くなったが上村氏の報告の概要である。（「オルディネ・ヌオーヴォ」及び「獄中ノート」の引用表記は上村報告に従った。）

グラムシが工場評議会のなかで、アメリカのフォーディズムの提起した新しい人間類型に対抗して「集合的労働者」を「ソチエタ・レゴラータ」の創造のために提示したという上村氏の指摘は大変興味深い。

その「夢」を市民社会のなかに実現することこそ『獄中ノート』のグラムシの知的苦闘であった。以下、その点の考察に移りたい。

3．工場評議会の挫折とヘゲモニーの構想

この敗北の経験をグラムシは後に——ファシストによって強いられた一〇年余にわたる獄中において——反省し、思索を重ねたのである。

ロシア革命の先例にならえば、生産の場において、労働者が主体性を回復し、その主人公になれば——工場評議会はその具体的拠点であった——そこに根ざす国家権力も音を立てて崩れる、とグラムシは考えたに違いない。ところがそうはならなかった。労働者の生きる場は、生産の場だけでなく、広く地域・家庭でもあったからだ。しかも、そこにも資本のヘゲモニーが網の目のように張りめぐされていたのであった。このことをグラムシは工場評議会運動の展開と挫折から学んでヘゲモニーの問題を再考せざるをえなかった。支配——被支配の諸集団は社会の様々な場面で関わり、対立・抗争しながらそれぞれのヘゲモニーを獲得しようとする。このようなヘゲモニーをめぐるたたかいの空間と機能をグラムシは「市民社会」と呼び、国家の直接的な統治機構・制度と区別する。この国家の機構・制度の総体をグラムシは「政治社会」（あるいは狭義の「国家」）と呼ぶ。

ヘゲモニーのなかで、最大・最強のものは支配者集団——国家のヘゲモニーである（それゆえにこそ支配者集団たりうるのだ）。国家権力は、生産の場だけでなく、教会、学校、組合、結社、マスメ

ディアなど市民社会のあらゆる「場」を通じて大衆に対してヘゲモニーを行使貫徹させようとする。注目すべきは、「政治社会」の強制的統治はこのヘゲモニーの浸透によってはじめて効果をあげるのだ。こう考えれば、国家とは、単なる支配のための暴力装置ではなく、私たちが生きる場の全体に広く、そしてもちろん不可視の面も含めて広く深くはりめぐされた「ヘゲモニー」関係の総体なのだとグラムシが説く所以も了解できる。

そうであれば、市民社会の一定の成熟をみた（つまり市民社会が国家の「植民地」化していない）先進諸国では一部の前衛的集団が、一時的な社会の混乱に乗じて、統治機構を攻撃・掌握して一気に権力を奪取するというロシア革命のようなスタイル（グラムシはこれを「機動戦」という）は有効ではない。評議会運動の失敗はここにあったのだ。先進国では、市民社会の全域に浸透しているヘゲモニー関係の実相を見抜き、日常的にその関係の在り方を抉り出し、捉えかえし、支配——被支配の関係を自由・共生の関係に組みかえていく運動が、そしてそのためのネットワークが不可欠である（因みに、グラムシはこれを「陣地戦」と呼ぶ）

ヘゲモニー「関係」と述べたが、これは国家のヘゲモニーが一方的に貫徹していくという謂ではなくて、多くの場合、その行使に対抗するヘゲモニーが存在することを含意する。したがって、通常は両者の力関係によるせめぎあいとしてヘゲモニーは現存する、という意味である。したがって、現状を肯定・放任し、自然発生性に任せるならば、それは現状の維持ないし、その一層の強化に行きつく。グラムシは、この状況を「順応主義」（コンフォルミズモ）という。

「順応主義」に陥りたくなければ、支配的なヘゲモニーに対抗する新しいヘゲモニーを創り出さなければならない。ただしその創生は市民社会の「外部」から持ち込むのではなく、市民社会内部の関係の変革によるしかないのだ。これが、グラムシが獄中で書き遺した『ノート』の根本意想といってよいが、教育に関わる要点を記してみよう。

4. ヘゲモニーと教育の関係

対抗ヘゲモニー創成のためには、普遍化された「順応主義」に対して本能的に反感を抱く人々と、それを覚醒・意識化させ、束ねていくためのリーダー的役割を担う先覚・有志の人間が必要である。一般的にいえば、知識人による大衆の指導という関係をグラムシも前梯とする。しかし、グラムシの先駆性は、両者の区分を固定的なもの、相互に不換的な関係とは捉えなかったことである。つまり、区分はあくまで機能的、部分的であり、「指導」の必要性を認めたとはいえ、それは知識人がいわゆる「真理」なるもの、あるいは「教条」・知識を大衆に注入することとは考えなかった。そうではなく、日常生活に生きる大衆の「感性」に信頼をおき、大衆が依拠する「常識」を――まずは認め、しかし同時に、常識がはらむ一面性を批判し、「良識」に転成しさらにより一貫性のある思想（それをグラムシは「世界観」という）に「練り上げる」ことが眼目である。そして、両者のたえざる「接触」（交流）によって、集団意志を形成していくことが、対抗ヘゲモニーの創出のためには不可欠の条件であるとグラムシは考えた。

以上、グラムシの思想の一端の要約ではあるが、惟うにこの考え方が、近代の教育実践と教育学が求めてきた意想と大きく重なるように思われる。まさしくグラムシも「ヘゲモニーは必然的に教育関係である」（『獄中ノート』）と述べていることは興味深い。この点は次節で考察する。

以上、上村氏の「報告」を基に「ソチエタ・レゴラータ」の内容を概述した。因みに、上村氏は別稿（「〈組織された生産者社会〉の夢」『グラムシ獄舎の思想』青土社、二〇〇五年、以下「生産者社会」と記す）で、詳しく持論を展開している。是非参照されたい。

ところで、資本主義的大工場の組織が、部分人間から全面的に発達した人間を生み出すというマルクスのテーゼはかつてマルクス主義教育学で主張された学説であることも想起したい。因みに私もこの点については総括を試みたことがあるのでご参照を乞いたい。（拙稿「学校と教育」『マルクスカテゴリー辞典』青木書店、一九九八年）

上村氏も「生産者社会」の終りの箇所でこの点について言及しているので念のために引用しよう。「『経済学批判』とマルクスの『資本論』第一二章「分業とマニュファクチャー」の第三節「マニュファクチャーの二つの基本形態—異種的マニュファクチャーと有機的マニュファクチャー」においてなされている。マニュファクチャー〔工場手工業〕のもとにあっての「多数の部分労働者の結合からなる全体労働者「das aus vielen Teilarbeitern Kombinierte (Gesamtarbeiter)」の意義についての素案（MEW.23:362-71）を念頭においてであろう……」（「生産者社会」一四三頁）

三　「ソチエタ・レゴラータ」と知識人の問題

グラムシの展望する「新しい人間類型」とは、ここで描かれている「集合的労働者」となって具体化されるそれであると上村氏は論定する。そうした人間によって創られる社会が「ソチエタ・レゴラータ」とみてまちがいないであろう。とすれば、それはユートピア的なイメージでなく、工場のなかに必然的に産み出される人間をベースにして形成される社会である。「ソチエタ・レゴラータ」の根拠をこのように分析し提示した上村氏の考察を私は評価したい。しかしこの点を前提にした上であえて批判を述べれば上村氏は「ソチエタ・レゴラータ」の前提ないし根拠を示したにとどまっているのではないか。つまり、その前提・根拠に基づいていかにして「ソチエタ・レゴラータ」を創り出すべきか。その視点・方法が欠如している。これが私の批判である。したがって、次にその点について私見を述べてみよう。予め結論をいえば、それはグラムシの教育論であり、要目は知識人―大衆の関係の止揚であるというのが私の考えである。

1. 知識人論

知識人論はグラムシの『獄中ノート』の主要研究課題の一つである。知識人論はQ1・Q4などでも論じられているが完成度の高い三つのC稿で構成されるQ12において集約される。以下主としてQ12を通してグラムシの知識人論の特色を探ってみたい。ところで、グラムシは義姉タチアナ宛の有名な手紙で、「頭にこびりついて離れない」テーマ、「系統的に研究したい」テーマの第一に知識人の問題を挙げて、「イタリアの知識人、その起源、文化の諸潮流によるその再編、そのさまざまな思考様式等に関する研究」を「永遠のために深く展開したい」と述べ、さらに「わたしは知識人という概念をいちじるしく拡大し、大知識人だけを考慮にいれている通例の考え方に限定されません」(一九三一年九月七日付タチアナ宛手紙）ともいっている。

知識人問題への関心はグラムシの単なる知的関心でなく、「ヘゲモニー」の具体化としてグラムシの変革の思想の要石であるが、まず知識人と非知識人の区別に関するグラムシの見解からみることにしよう。

2. 知識人と非知識人

「もっともひろく見られる方法論的誤りは、この区別の基準を知的活動の内部に求めて、反対に、それらの活動（と、したがってそれを体現している諸集団）が社会諸関係の一般的総体のなかでおかれる諸関係の体系のうちに求めなかったことである」（Q12§〈1〉C.p1516 ③八三頁、傍点引用者）

このような関係性の観点からいえば、「純粋に肉体的な労働というものは存在しないし、……いかなる肉体的労働にも、もっとも機械的な、もっとも劣等な労働にさえも、……最小限の創造的な活動が存在している……」（ibidem ③84頁）ということになる。とすれば、「非知識人というものは存在しないので、知識人について語ることはできても、非知識人について語ることはできない」（Q12§〈3〉C.p1550 同）のである。ここから次のグラムシの有名なテーゼがうまれる。

「すべての人間は知識人であるということができよう。だが、すべての人間が社会において知識人の機能をはたすわけではない。」（Q12§〈1〉C.p.1516 同）

つまり、「知的―頭脳的彫琢の努力と筋肉的―神経的努力との比率そのものはつねに等しいわけではなく、したがって、さまざまな水準の独自的な知的活動がある」（Q12§〈3〉C.pp.1550-1551 ③八五頁）のは当然であるけれども、「あらゆる知的なものの参加を拒みうるような人間的活動というものはないし、homo faber と homo sapiens とを切り離すことはできない」（Q12 § 〈3〉 C.pp.1550-1551 ③八三頁）のである。しかも、人間は「その職業の外においてもなんらかの知的活動を展開する」（Q12 § 〈3〉 C.pp.1550-1551 同）。すなわち、「だれもが『哲学者』であり、美術家であり、趣味人であり、一つの世界観に参与しており、道徳的行為についての自覚的方針をもっている。したがって、一つの世界観の維持または変更に、いいかえれば新しい思考様式を生み出すのに貢献する」（Q12 § 〈3〉 C.pp.1550-1551 同）ということは日常的経験からも納得できる。

以上にみられるように、すべての人間が知識人であり、哲学者であるという原則的確認、さらに専門家といわゆる素人の差は―職業の場だけでなく生活の場の総体を勘案すればなおさらのこと―質的なものではなく量的なもの（前引の「比率」ということばを想起されたい）であるというグラムシの確信は旧来の知識人論の一大転換であった。

3．知識人の機能

前節では「すべての人間は知識人である」という主として前半の部分を中心に考察したのであるが、続いてグラムシが「すべての人間が社会において知識人の機能をはたすわけではない」という後半の「知識人の機能」とはなにか。要目は「集団の等質性とその集団自身の機能についての意識をあたえる」（前引、傍点引用者）ことである。グラムシの説明を引用しよう。

「批判的な自己意識というのは、歴史的、政治的には知識人というエリートの創造を意味する。大衆は（広い意味で）自己を組織することなしには自己を『区別』せず、独立した『対自的』なものとはならないし、知識人なしには組織はない。いいかえれば、組織者と指導者とがなければ、理論—実践の連関の理論的側面が概念的、哲学的な仕上げを『専門とする』人びとのある層において具体的に区別されるのでなければ、組織はない」（Q11§〈12〉C.p.1386 ①二四九—二五〇頁、傍点引用者）

ところで、この「等質化」の「質」とはなにか。それは、批判的な首尾一貫した哲学「世界観」である（「人はつねに、自分の世界観のゆえに一定の集団、正確には同一の思考方式と行動様式とを分有するすべての社会的諸要素が形成する集団に属する」）（Q11§〈12〉C.p.1376 ①二三六頁、傍点引用者）。もちろん、ひとはその生において様々な世界観に出会い、選択し、それによって生きるのであるが、その場合には、その世界観が「批判的な首尾一貫したものでなくて、場あたりの統一のないばらばらなものであるとき」、その人の「人格は奇怪な混合物」になり、「穴居人の諸要素」や「けちくさい地方主義的偏見」（Q11§〈12〉C.p.1376 ①二三六頁）をもつならば、「現在をどうして思考することができようか」（Q11§〈12〉C.p.1377 ①二三七頁）とグラムシは反問する。

したがって、グラムシにとっての「世界観」はたんに以前の諸哲学を超克しているからオリジナルであるというだけでなく、とくに完全に新しい道をきりひらき、つまり哲学観そのものを完全に革新しているからオリジナルであるようなもの、要するに伝統的あるいは「正統派」マルクス主義を超克する世界観であることはいうまでもない。ただし、後論の大衆―知識人の関係についてのグラムシの見解からいってもこの世界観は決して完成された真理なるものの体系、ましてやその教条化などではなく、大衆―知識人の相互媒介による共同主観化によってたえず革新され、つくり出される、(実践の)哲学(世界観)を含意するものである。この「質」によって「等質化」された集団を創り出す行為がすなわちヘゲモニーである。

知の伝達の構造を項目的に記してみよう。

(1) たしかに全ての人は知識人であり、哲学者である。それ故にひとはそれぞれの、〝世界観〟を選択しそれによって生きているのであるが、より具体的にみると、階級の支配下にある大衆の世界は分裂状況にある。つまり、一つは「言葉のうえで肯定されるもの」と他の「実際の行動において実現されるもの」という「思考」と「行動」(Q11 § 〈12〉 C.p.1379 ①二四〇頁)への世界観の分裂である。いいかえれば、「知的な屈服と従属とのゆえに、自分のものではない世界観を他の集団から借りて、それを言葉の上だけで肯定し、また世界観を奉じていると信じているということ」(Q11 § 〈12〉 C.p.1379 同)を意味する(従って、グラムシが続いて「世界観の選択と批判もまた一つの政治的事実である」(ibidem)と述べていることも注目すべきである)

この分裂状況を克服するためには、まずもって「人間的活動のなかに暗黙に含まれている考え方」が「ある程度、首尾一貫した体系的な現実的意識、明確な断固たる意思となっている」(Q11 § 〈12〉 C.p.1387 ①二五一頁)知的な人々の活動―教育―が要請されなければならない。この「教育」を私なりにやや具体的に解釈すれば次のようになる。

①（借物ではない）大衆自身の世界観、哲学―「常識」（じっさい、「『常識』には、経験的で限られたものにすぎないとはいえ、ある分量の『実験主義』と現実の直接的観察とがある」（Q10§〈48〉B.p.1334-1335 ①二六八―二六九頁　傍点引用者）という表現はグラムシの「常識」の見方をよく表している）のなかにある「健全な核」であり、「発展させて統一的な首尾一貫したものとされるに値するもの」（Q11§〈12〉C.p.1380 ①二四二頁）、つまり、②「良識」に着目し、それを大衆とともに「批判的」に首尾一貫した③「世界観」（実践の哲学）に練りあげていく（共同主観化していく）ことである。以上を図式化すれば次のようになる。

①「常識」→②「良識」→③「哲学」（世界観）

ところで、上述の場合に、グラムシが「個人生活のなかにまったく新しい〈ex novo〉一つの科学をもちこむことが問題なのではなく、すでに存在している活動を革新し、『批判的』なものにすることが問題なのだ」（Q11§〈12〉C.p.1383 ①四五頁）といい、このことは実践の哲学が大衆の「常識の進歩の『頂点』でもある知識人の哲学の批判として表われる」（Q11§〈12〉C.p.1383 ①二四六頁）という哲学史の事実とも一致するといっていることは注目すべきである。つまり、レーニンが評価したカウツキーの章句、社会主義を「外から持ち込む」というニュアンスとは異なり、大衆―知識人の相互媒介による共同主観化が強調されているように私には思えるのである。ただし、これをもって、レーニンの見解（外部注入論）を直ちに否定的に捉えることは妥当ではあるまい。グラムシの生きた時代は、市民社会にプロレタリアート大衆が組み込まれている、少なくともそこの「教養」から排除されていないという時代であり、グラムシの発想もそれに拘束されたものであることを勘案して両者の比較がなされるべきである。

以下のグラムシの提言も勘考される必要がある。

(2)「大衆的分子は『感ずる』けれども、いつでも理解し、あるいは知るというわけではない。知的分子は『知る』けれども、いつでも理解するとはかぎらないし、とりわけ『感ずる』とはかぎらない」(Q11 § 〈67〉 p.1505 ②六七頁)

周知のこのグラムシの章句は大衆と知識人のそれぞれの特色を簡潔に表現している。つまり、一方で大衆の知の分裂に対する批判であるが、感性については評価するのである。この基底には次のようなグラムシの確信がある。

「『現実』は、謙虚な人、つつましい(umile)人々によって表現されるのである」(Q23 § 〈51〉 C.p.2245 ③二八〇頁)

まずもって大衆の「現実」があり、大衆がそれを表現することが出発点である。ただし、この場合の大衆の表現はつねに首尾一貫した「哲学」として表現されるわけではない。しばしば、「フォルクローレ」として或いは、「民謡」とかいったもの、一般に下位文化として表現される。これはすでにみた「知的な屈服と従属」に起因する知の分裂のためである。したがって、そこではしばしば行動方式も「盲目的《ママ》」(cieca) 情熱およびセクト主義」(Q11 § 〈67〉 C.p.1505 ①六九頁)に陥らざるをえない。

他方で、知識人の感性の欠如に対する厳しい批判がある。というよりはグラムシにとって「知」とは、大衆の「表現する」「現実」を練りあげることでしかない。たしかに「世界観」は「すぐれた精神（知識人—引用者）によって練りあげられずにはいられない」（Q23 §〈31〉C.p.2245 ③二八〇頁）ことはたしかであるが、それは「大衆」によって「表現された」「現実」を「感ずる」ことなしには不可能である。にもかかわらず、知識人は往々にして「感じ」もしないで「知る」ことができると思いこんでいるとグラムシは批判するのである。

それではどうすればよいのか。分裂の解決をグラムシは「接触」「反復」に求める。

(3)　接触・反復

「哲学的運動は限られた知識人集団のための専門的教養を発展させることに専念するときにだけ哲学的運動であるのか、反対に常識よりも高い、科学的に首尾一貫した思想を仕上げる仕事をするときも『つつましい人々』との接触を決して忘れず、さらに、研究し、解決すべき問題の源泉をこの接触のなかに見出すときだけ哲学的運動であるのか、という問題に直面する。この接触によってのみ、哲学は『歴史的』となり、個人的性質の主知主義的要素から清められ、『生活』となるのである」（Q11 §〈12〉C.p.1382 ①二四四—二四五頁、傍点引用者）

知識人の側に即していえば、大衆とつねに「接触」を保つことにより、「現実」を感じとらなくてはならない。いいかえれば、（大衆と）共《コム》に（現実を）掴《プレンデレ》みとることが「知」識人の「知」の前提である。その過程で「練りあげられた」ものこそが知であり、これをなし得る者のみが知識人でありうるのだともいえよう。

大衆の側もまたこの「接触」によって、コム・プレンデレ（理解＝「とも」に「掴みとる」）し、自分たちの「哲学」（常識）のなかの「良識」を選り分け、それを首尾一貫したもの「世界観」に結果として「練りあげる」ことになる。

この「接触」についてグラムシはこれ以上具体的に述べていないが、他の箇所で、「常識と古い世界観にとって代わろうとするあらゆる文化運動にとっても不可欠な一定の必要事項」（Q11 § 〈12〉 C. p. 1392 ①二五七頁）として、たえずくりかえす「反復」（ibidem）を指摘しているが、「接触」もまたいうまでもなく、たえずくりかえし「反復」されることが「不可欠」である。

また、グラムシは知識人―大衆の関係は教師―生徒との関係と同じであるとして、両者は相互媒介的関係であって、「すべての教師はつねに生徒であり、すべての生徒は教師である。」（Q10 § 〈44〉 B. p. 1331 ①二七〇頁）ことを強調する（教育者は教育される）

以上が「知の等質化」の構造についての私なりの理解である。これまでの考察を勘考すれば、少数知的エリートが無知なる大衆にマルクス主義の教条を注入する、などといった方式ではなくむしろその方式への批判を志向したものであると改めて結論できるのである。そしてそれはまた教育学研究が追究してきた教師―生徒の関係であり、個々人に即すれば「知的・道徳的」改革という教育の方法にも通ずるものである。

しかし、グラムシの目指したものは変革、社会関係の総体（ヘゲモニー関係）の組み換えであり、それと相即的な人間の変革である。すなわち、この「等質化」による「大衆」と「知識人」との相互媒介による批判的統一、グラムシの概念でいえば、「ヘゲモニー」を内実とする「歴史的ブロック」（具体的には「工場評議会」、「政党」あるいは一般的に市民社会の「アソシエーション」と読みかえてもよい）の創出―知識人の観点でいえば、全ての人が知識人になる、つまり、知識人対大衆の関係を止揚すること―によって、「新しい秩序《オルディネ・ヌオーヴォ》」を創り出すことである。

この新しい秩序のなかで、その形成のプロセスで「新しいタイプの人間」による「ソチエタ・レゴラータ」が形成されるとグラムシは考えたに違いない。これが小論の結論である（Qは「獄中ノート」の略、〇印内の数字は前掲合同版邦訳の巻数を示す。さらにAは一次稿、Bは二次稿、CはA稿の改定稿の略である）

付記

小論は拙稿「国家の市民社会への再吸収―組織された生産者社会の旋回―」（拙著『アントニオ・グラムシの思想的境位』社会評論社、二〇〇八年）、拙著「グラムシの教育思想」（長野大学紀要第三〇巻第一号、二〇〇八年）と重なる部分が多いことを断っておきたい。これらの拙稿と併読いただければ幸いである。なお、上村氏は〈組織された生産者社会〉は二〇世紀の産業社会に特有な社会であるといい、脱産業社会の現代においては、そこで構想された夢はすでに過去のものとなっているという。つまりグラムシの「ソチエタ・レゴラータ」は「現在ではすでに実現されてしまった夢である」と断定する（「生産者社会」一四五頁）たしかに、本文で指摘したように「ソチエタ・レゴラータ」の「前提・根拠」を示すにとどまる限り、上村氏の論定は正しいであろう。しかし、「知識人論」と接合することによって、脱産業社会の現代においてグラムシの夢は甦えるのだ。これが小論で私が主張したい要目である。

第二章　現代日本の生涯学習と市民社会

はじめに

本格的な生涯学習時代の到来が告げられ、生涯学習の体系化さえ喧伝されて久しい。しかし「生涯学習」とは何か、と改めて問われるとその内容は必ずしも定かではない。

臨時教育審議会—以下、「臨教審」と略記—も、周知のように一九八六年の第二次答申において「生涯学習体系への移行」を国の基本的教育政策に据えることを提唱し、その一環として文部省の「社会教育局」も「生涯学習局」（一九八八年七月）に変更され、しかも筆頭局に格上げされたのであった。多くはそれに連動して、各都道府県でも「社会教育」課（係）が「生涯学習」課（係）、またはは「生涯教育」課（係）などの名称に変わってきた事情もある。このような官庁の動向に同伴するかのように、民間の教育産業・事業もほぼ一斉に生涯教育・生涯学習の名を冠するようになった。こうして、巷には生涯学習の文字が氾濫しているといっても過言ではない。

想い起せば、一九九〇年六月に、日本の生涯学習に関する最初の法律として、「生涯学習のための施策の推進体制等の整備に関する法律」といういささか長たらしい名称の法律が成立したのであるが、ここでも肝腎の「生涯学習」の定義がなされていないことが法案の審議過程で問題になった事情がある。ご記憶の読者も居られるであろう。

また社会教育研究者の著作や刊行物などを卒読しても、最近とみに旧来の「社会教育」の用語が消えてしまい、生涯教育、生涯学習というネーミングに転じている場合が多いことに気づく。しかし、何故用語・名称の変更が行われたかについては説明されていないものが多い。なにを隠そう、かくいう私も、担当の「社会教育の基礎」という科目名を数年前に「生涯学習論」に変えたのであるが、その時は、〝若者向けの名称の方がいいのではないか〟という先輩教員の忠告に深く考えることもなく従ったまでであった。大方の研究者も私とほぼ同様ではなかったかと推察する次第である。因みに、以前私の講義を履習中の女子学生にこの点について意見を求めたところ、「社会教育なんてイモくさいですよ。生涯学習の方がずっとナウイですよ」という答が即座に返ってきて苦笑したことを想いだす。そこで、まず生涯学習について歴史的に検証し、それに基き現代の市民社会のための教育的課題を探ることにしたい。

一　「社会教育」の再検討

用語を歴史的に顧みれば、「生涯学習」の前には、「生涯教育」が流行し、それ以前はこの国に伝統的な「社会教育」が一般的に使われ、さらに戦前には「通俗教育」という言葉も公用語として用いられていた時代があったと一応はいえよう。しかし、夫々の用語が時代によって画然と区別されていた訳ではない。「生涯学習」とともに「生涯教育」が、そして「社会教育」も混然として使われている場合も多い。「社会教育」が「通俗教育」と併用されていた時代もあった。ここでは、紙幅の制約上歴史研究としては詳述を略す。バランスを欠き、そのために引用が多いことが気になるが変遷の要目を辿ってみよう。

1 通俗教育

旧世代に属する者には「社会教育」という呼名はなじみ深いが、この言葉が公用語となったのは大正年間（同一〇年、一九二一年）である。それまでは「通俗教育」が使われていた。そこで、まず、この用語の理解のために『新教育社会学辞典』（東洋館出版、一九八六年、以下、『辞典』と記す）の簡潔な説明を引用させて頂く。

「日本における明治大正期の社会教育に当たる教育領域を指す言葉、明治期にも社会教育という用語はあったが、一八八六（明治一九）年の文部省官制で通俗教育という言葉が用いられて以来、一九二一（大正一〇）年に社会教育と改称されるまで、公用語として用いられた。ただしこの通俗教育には図書館、博物館のような社会教育施設は含まれていなかった。通俗教育の名のもとに行われた社会教育活動として、通俗教育講談会や幻燈会、活動写真会が開かれる程度であったが、一九一一（明治四四）年に通俗教育調査委員会が設置されたあとは更に通俗教育用の図書、活動写真などの選定、通俗教育講演資料の作成なども試みられた。しかしこの委員会も一九一三（大正二）年の行政整理で廃止されている。国民善導的な教化色が強かったこと、講演会形式が多く継続的な教育が行われなかったこと、公的色彩が強かったことなどが通俗教育の特色として挙げられる」（六四八頁、山本恒夫氏稿、傍点引用者）。

2　社会教育の歴史的性格

ところで、「社会教育」とは、学校教育以外の教育の総称という広い意味にも用いられるが、これでは余りにも領域、対象が広大になってしまうので通常は次のように限定した意味で使われる。「近代社会の成立過程の中で各国に制度化されてくる近代公教育制度の一環としての『社会教育』であり、近代の学校教育と相対する、それ以外の、社会における教育、を意味する歴史的な概念であり、基本的には公教育にかかわる制度的な概念としての意味合いが強い」（前掲『辞典』三八六頁、小林文人氏稿）。さらに、「社会教育」の呼称については次の国際比較による説明が大変参考になる。「社会教育は歴史的に、欧米各国において公教育としての義務教育制度が成立する一九世紀後半に登場し、更に二〇世紀（特に第一次世界大戦後）になって各国固有の制度化が個別に進行した。もちろん各国によってその用語は異なる。イギリス、アメリカでは成人教育（adult education）が我が国の社会教育の概念に最も近く、ドイツやフランスにおいては民衆教育（Volksbildung, education populaire, Erwachsenen-bildung, education d'adulte）あるいは成人教育（Erwachsenen-bildung, education d'adulte）という言葉が用いられている。イギリスにおける継続教育（further education）

という概念も社会教育と重なる部分を有している。国際的には、ユネスコがそうであるように『成人教育』というのが一般的で、『社会教育』あるいはソーシャル・エデュケーション（social education）は日本、インドなど少数派である。中国でもかつては社会教育の用語が用いられたが、最近はむしろ成人教育の方が主流となりつつある。なお韓国はむしろ最近『社会教育』を積極的に用い、新しく一九八二年に社会教育法を制定した」（同『辞典』三八六頁―二八七頁）。

ところで、現在では、「社会教育」とは「社会人の教育」といいかえても意味は変らないであろう。しかし、戦前は社会主義や社会運動に対抗する教育という意味がこめられ、そうした期待のもとに公用語になったといわれる。折しも一九一七年ロシア革命によって世界初の社会主義国家が成立したことを想えばこうした意味付与も了解できるであろう。つまり、大正年間に、文部省の管掌の「第四課」が「社会教育課」に変わり、その後昭和に至ってから「社会教育局」になっていく名称の変遷[1]は、右の社会主義国家成立、それに対する支配層の恐怖、防衛という事情と関係があることは容易に察することはできよう。

さらに、日本の資本主義の発達につれて、機構的に整備されていった社会教育は、青年、婦人、宗教、学校などあらゆる「団体」を総動員して国の政策を国民各層に浸透させること、端的に「教化総動員運動」を「振興」し「推進」することが主要目的となり、「国体明徴」「国民精神作興」をスローガンに掲げ、教化網を国民生活の日常にまで拡げることを目指したのであった。そしてこのネットワークの総元締が文部省社会教育局であった。前出の『辞典』も戦前の社会教育について次のように特徴づけている。

「国家統制、行政主導、施設の欠落、『団体主義』による指導、といった多くの歴史的諸問題を体質的にかかえてきた。市民あるいは労働者による自由で自治的な学習、文化活動は、むしろ厳しく抑圧されてきた歴史であった。更に戦前の社会教育は、勅令主義による行政支配にゆだねられるところが大きく、法律主義の原則に基づく近代法的な基礎を欠落していた」（『辞典』三八七頁）。

3　戦後改革と社会教育

戦後改革によっても「社会教育」の名称は変わらなかったが、内容は英米流の成人教育、つまり言葉の本来の意味である社会人の教育への転換が意図された。この転換を法的に明文化したのが社会教育法（一九四九年）であった。そこでは通例の法律と違って、社会教育を積極的に定義するよりも、戦前・戦中の反省に基づいて国家権力の制限を法制定の主眼とするものであった。つまり、教育は国民が自由に行うべきものであって国家が介入すべきではないという近代教育の理念、人権思想からいえば、自由権的な色彩が強調されたのであった。念のために、ここでも『辞典』の説明によってこの点を確めよう。

「戦後教育改革の大きな特徴は、社会教育を含めて、教育にかかわる国民の権利の理念を明確にし、それに基づく法制を体系的に整備したことである。すなわち、教育基本法（一九四七年）第七条を基礎に、社会教育法（一九四九年）、図書館法（一九五〇年）、博物館法（一九五一年）など一連の社会教育法制が成立する。社会教育の本質は『国民の自己教育』にあり、公的な社会教育行政の任務は、その自主性を尊重し、それを奨励、援助し、必要な条件整備（環境醸成）を行うことにあるとされた。そこでは、単位自治体としての市町村の役割が積極的に重視された（市町村主義の原則）」（『辞典』三八七頁）のである。

社会教育法が前提とする国家像——夜警国家観は、すでにその一端を記した戦前・戦中の社会教育が必然的に負わざるをえなかった「国民教化」、その総動員の元締めという歴史的な性格を呪詛する人にとって殊更に高く評価され戦後教育の中核的理念として謳い上げられた。たしかに、敗戦による国家の基本構造（国体）の解体という未曽有の状況下で一時的に動揺した国家権力の下では、一定の現実性もあった。解放された「国民」の「自己教育」と宣揚された「社会教育活動」と「社会教育行政」の〝蜜月時代〟が少くとも社会教育法制定後の数年間までは現出していたといえるだろう。この事実は当時の公権力側の論稿からも窺うことができる(2)。

しかし、この時期は長くは続かなかった。また続く筈もなかったと私は考える。何故なら東西冷戦という歴史的現実を抜きにしても、国家権力は公教育としての社会教育を、学校教育の補完物ないしそれと並行するものとして次第に重視し、国家のヘゲモニーの有効な媒体として積極的に取り込むようになったからである。それは現代国家としては事理必然の成り行きであったと考える。

もちろん、その方法は戦前・戦中のやり方とは異なり、一面では国民の「教育をうける機会」を学校外にまで拡大し、「教育権」を社会人にも保障すること、具体的には社会教育関係の人的・物的条件整備を拡充することを意図し、国民の自主的な社会教育活動を尊重することを通して、他面では国家政策へのコンセンサス（ヘゲモニー）を獲得し、貫徹しようとすることが主眼であった。この視点から顧みれば、その後の一連の社会教育法の「改正」はこの国家へゲモニーを有効に進めるための〝地ならし〟であったと解することができる。[3]

そうであれば、社会教育法の「改正」をもって、「反動」と見なし、戦前社会教育への「復帰」などという当時しばしば主張された言説は現代国家論の欠如による事態の本質を見誤った状況的な発言と批判されても致し方ない。

ここで強調したいことは、「ヘゲモニー」[4]とは一方的な権力の浸透を意味するものではなく、関係概念なのである。つまり、学校外にまで教育の機会が拡張された事実はそこにまで国家の権力が浸透しかつ拡散化することであるが、それは一定の国民・市民の合意を前提としなくては有効に進めることができない。つまり、この合意は国民の「権利」の拡大の要素をも含むのである。いいかえれば、権力関係を変える可能性があるということなのである。この意味で「ヘゲモニー」とは一方からの権力の行使に対して対抗する力を生みだす概念、両者のせめぎあいの過程で成立する関係概念なのである。すでに引証した戦後教育改革による社会教育法制（改定も含めて）はこのせめぎあいを法的に確定したと看取することができる。

社会教育法の「改正」については詳述するスペースはないが端的にいえば、近代法的であった社会教育法体制を現代国家に適しいものに変換するために一定の修正を施したもの、つまり現代国家によるヘゲモニーの一里程なのであった。然るに、これを単なる「反動」などと考える当時の社会教育における批判的言説はやはりアナクロニックであったと重ねて断せざるをえない。このような視座からは現代国家におけるヘゲモニー関係を内在的に変革するという展望は産みだされないのである。

以上、戦前と戦後に大別して通俗教育と社会教育の概念を歴史的に考察した次第である。なお、後論のためにも、重複を恐れずに社会教育概念の法的な整理と課題を明らかにしておきたい。

4 現代と社会教育の課題

教育基本法では、「家庭教育及び勤労の場所その他社会において行われる教育は、国及び地方公共団体によって奨励されなければならない」（第7条）と規定されている。これは直接的には憲法第26条の「教育権」の規定を承けたものであるが、さらに社会教育法では、「…すべての国民があらゆる機会、あらゆる場所を利用して、みずから実際生活に即する文化的教養を高めるような環境を醸成するよう努めなければならない」（第3条）ことが定められている。これらの規定は、教育というものが学校教育だけに限られるものではなく、「すべて」の国民が、「あらゆる」機会・場所を利用して学習するために、国や地方公共団体が環境条件の整備を行うことを規定しているのである。

この考え方は、後論する生涯教育、生涯学習と軌を一にするものであるが、因みに社会教育法では社会教育の定義は次のようになされている。

「この法律で『社会教育』とは、学校教育法に基づき、学校の教育課程として行われる教育活動を除き、主として青少年及び成人に対して行われる組織的な教育活動（体育及びレクリエーションの活動を含む）という」（同第2条）。

一読して大変大まかな概念規定であるが、すでに一端を考察したように積極的国家介入というこの国の社会教育の歴史的事情を勘案して、積極的規定を避けたものと思われる。そのために社会教育についていては、様々な解釈が公表されているが、ここでは最近の、生涯学習論をも踏まえた言説を参考にしつつ、この定義の留意点を明らかにしよう。

①社会教育が学校教育以外の教育と見なされたために、「成人を対象とする学校教育は社会教育の中には含まれないこと」になり、そのような教育は、「『社会人』―成人―への学校教育の開放という視点から、社会教育とは別の次元で推進される」ことになる。

②社会教育法の第2条の「組織的な教育活動」に関しては諸説があるが、ここではとりあえず「非定型（ノンフォーマル）教育」とほぼ同じ内容と解される。因みに研究者によるこの教育の定義を引用し、参考にしたい。

「学校教育のように就学年齢や修学期間、教員の資格、施設の基準などの形式性には欠けるが、教育しようという意図があり、それを実施するための計画性や具体的方法を備えた機関や団体が行う教育をノンフォーマル教育という。形式性に欠けるために拘束性に乏しく、それだけ利用者の自主性や主体性が尊重される。図書館や美術館はその典型である[5]」。

ここから次のような主張がなされるのは当然であろう。

「学校教育が普及してくるにつれて、教育といえば直ちに学校教育を連想する人々が増加してきたが、本来、教育はもっと大きな広がりをもつ概念であったはずである。学習活動や文化活動、体育・スポーツ活動、更にはレクリエーション活動を含めて、教育をとらえ直していくことこそ、生涯学習を拡充していくうえで不可欠の前提条件だといえる[6]」。

③青年と青年教育。社会教育法では対象は成人と並んで「青少年」と規定されている。だが、現代においては、青年教育と成人教育との境界は必ずしも明確ではなくなっている。従来、一般的には「生業」と「結婚」を画期として両者の区別を行なってきたようである。ここでは「青年」に関する旧来社会教育研究の一端を紹介しよう。[7]

この論者によれば、青年の精神発達段階は次のように区分されるという。

1　青年前期〔空想期〕
(1)学校生活延長期（―一五、六歳）
(2)依存期（―一七、八歳）
2　青年中期〔自覚動揺期〕（―二〇、二一歳）
3　青年後期〔決定期〕（二一、二二歳―二五、六歳）

右のように区分したあとで、同じ論者は1の前期青年については「学校教育のなかで考慮していくべき」ことを当時（一九六〇年代前半期）提唱したのであったが、高校進学率が九六パーセントを越え、数値的にはほぼ「準義務化」した昨今のこの国の現状を鑑みれば、この論者の提言はすでに実現しているといってよいであろう。

さらに同論者は、中・後期の青年は「若い成人」（young adult）として成人教育の域内に算入することを主張する。

このヤング・アダルト論は欧米先進国の歴史的事情に学んだ考え方であって私も同感である。ヤング・アダルトをはじめ、近年とみに層が増えその教育・学習の重要性が注目されている高齢者、[8]及びその中間に位置するいわゆる〝企業戦士〟やその家族など、さしあたって列挙したこれらの人々を考えるだけでも「成人」は多面性をはらんでいる。ここでは不充分ながら、社会教育法の定義に関する「青少年」の若干の問題点に関する以上の先行研究の紹介に留めたい。[9]

おわりに、高校進学率は九七パーセントに迫りさらにポスト高校教育への進学者もすでにほぼ七五パーセントを占め本格的高学歴社会を迎えたこの国では次の点も現代の社会教育の重要な問題であろう。

「中等あるいは高等教育への進学率が急上昇した今日の工業国においては、在学青少年に対してどのような学校外の教育機会を提供するかが、重要な課題となっている。つまり、青少年が放課後や休日に、文化・スポーツ・レクリエーション等の活動を行うことができるよう、その条件を整備するということである。日本の中学や高校では課外活動が学校教育の一環として位置づけられ、そこで青少年がかなり多様な活動を活発に展開している。しかし他方では音楽やスポーツなどの、いわゆる稽古事の領域で、民間レベルで多様な教室が発展してきており、特に都市部では学習塾に劣らないほど多くの青少年が有料で学んでいる。もっと公共のレベルで、青少年に対する多様な教育サービスを提供すべきであろう[10]」。

二　社会教育から生涯教育へ

現代国家への教育の編成替えの過程で社会教育の条件整備が推進されていった一端についてはすで

に触れたところである。だがこの反面で、社会教育のもつ「国民の自己教育」の側面――しばしば「わらじばきの教育」とか「いろりばたの教育」などと巷間呼ばれた――が次第に薄れていった面も否定できない。つまり、第二の「学校化」、学校教育の「補完物」に転ずる傾向もみられた。施設が拡充するにつれて、管理・運営も近・現代化するのはこれまた当然であろう。その結果、数人で膝を突き合わせて車座で一杯のみながらホンネを語り合う、という社会教育に特有な牧歌的雰囲気が次第に稀薄になっていくのも致し方ないところであった。こうした社会教育の「学校教育化」現象に対する批判の中から、社会教育の原点――自己教育を主軸とする「学校」を超える教育を見直そうという動きが起ってくる。すなわち、「生涯教育」を受容するエートスと土壌がすでに社会教育のなかに早くから存在していたのであった。その側面はすでに述べたところからも読みとれるであろう。そこで次に、生涯教育について考察しよう。

1　生涯教育の背景

人間が生涯にわたって学び続けなくてはならないという考え方は、洋の東西、古今を問わずあった。しばしば持ち出される孔子の教え「吾十有五にして学に志す。三十にして立つ。四十にして惑わず。五十にして天命を知る。六十にして耳に順う。七十にして心の欲する所に従えども矩《のり》を踰《こ》えず」をまつまでもなく、社会にでてからの教育こそ本当の教育である、という説話を卒業式で校長先生からしばしば聴かされた青少年期の想い出をもつ読者も多いであろう。

因みに、イギリスでも一九一九年に復興省の成人教育委員会が提出した「最終報告《ファイナル・レポート》」に添付された委員長の手紙のなかで次のように述べられている。

「成人教育は、国として、永遠に欠かすことのできない市民性育成のための要件である。だから、万人に対して行われるだけでなく、一生を通して行われなければならない」（傍点引用者）[11]。

しかし、右のような教育観が世界的に広まる契機は現代的状況をまたねばならなかった。

一九六五年一二月に、パリで開催されたユネスコの第三回成人教育委員会は、「生涯教育」について討議し、次のような提案をユネスコ事務局に送ったのであった。

「ユネスコは誕生から死にいたるまでの人間の一生を通じて行われる教育の過程——そのゆえに全体として統合的であることが必要な教育の過程——をつくり活動させる原理として生涯教育という構想を承認すべきである」（森隆夫編著『生涯教育』〈帝国行政学会、一九七〇年〉参照）。

当時ユネスコの成人教育の責任者であったポール・ラングランの「生涯教育について」（前掲、森隆夫編著、参照）は前記のユネスコ会議のワーキングペーパーであったが、この会議とこの論文が一つのきっかけになって、以来、世界各国で「生涯教育」という言葉とそこに込められている新しい教育観が関心をあつめ討議、研究されることになったのである。因みに、ラングランが用いたフランス語の education permanante（永続教育・恒久教育）が英語では life-long education となり、日本語では「生涯教育」と訳された経緯も想起されたい。

生涯教育の理念の要約としては前記の引用文につきると思うが、ラングランの次の状況認識も参考になる。

「生きるということは、人間にとって、万人にとって、つねに挑戦の連続を意味するものだった。

老衰や疾病、親愛なる人の喪失、人との出会い、とりわけ男女の出会い、生涯の伴侶の選択、相続く諸世代を巻き込まずにはおかなかった戦争や革命、誕生する子ども、生命の神秘や宇宙の謎、この世の生の意味、有限な存在の無限なものとの関係、見つけねばならぬ職業や金銭、払わねばならない税金、競争、宗教的及び政治的な掛かり合い、（政治的、社会的、経済的な）隷属と自由、夢と現実、等々。

これらの挑戦は、特定の個々人の生涯ごとに、また特定の全体社会ごとにそれぞれ独自な組み合わせと相異なる優先順位を呈するとはいえ、依然として現存しており、その強さや切実さや圧力をなんら失っていない。これら人間の条件の基本的既知事項に、今世紀の初頭以来、個人や社会の運命の諸条件を大幅に変え、人間の活動をさらに複雑化し、また、世界や人間行動に関する説明の伝統的な図式に疑問を付するような、一連の新しい挑戦が、いよいよ増大する鋭さをもって加わってきた[12]」。「今日では、成人であること、あるいはむしろ成人になることは、どんな労作であれ、科学的または芸術的な性格の労作の仕上げが要するのと同じような情熱と持続力と勤勉さを必要とする。この企てに成功するには、それが必要であるとの意識に依拠するのでなくてはならない。これからは、誰もが代理者として哲学者や詩人や市民であるわけにはいかないのである[13]」。

その後、ＯＥＣＤ（経済協力開発機構）ではリカレント教育（Recurrent Education）が提唱された。これは具体的にはＯＥＣＤのＣＥＲＩ（教育研究革新センター）が提起した七〇年代の代表的教育改革構想で、「急激に変化しつつある社会において、学習がすべての人に生涯にわたって必要であるという前提に立ち、従来のような人生の初期の年齢で教育を終えるのではなく、義務教育もしくは基礎教育を修了した人が生涯にわたって、しかも回帰的な方法によって教育を受けることができるようにしようとする、教育に関する総合的戦略である」（日本生涯教育学会編『生涯学習事典』、大阪書籍、四〇頁以下『事典』と記す）と説明されている。

さらに、ユネスコでは、一九七一年に設置された「教育開発委員会が翌七二年、ユネスコ事務総長に『未来の学習』（Learning to Be）を提出した。これは委員長のエドガー・フォール（元フランス首相）の名をとって「フォール報告書」ともいわれるが、そこでも、「すべての人は生涯を通じて学習を続けることが可能でなければならない」と述べられ、生涯教育を主軸にした「学習社会」（Learning society）が構想されている。

「学習社会」とは、文字通り、学習を中心に再編された社会の謂であるが、元来これはハッチンス（R. M. Hutchins, 1898—）の学習社会論に源流する。前出の『事典』に従ってこの定義を記そう。

「国民一人ひとりが、自己実現、生活の向上、または職業的知識・技術の獲得などを目的として、生涯にわたって、自主的に学習を継続するような社会をいう。青少年を対象とする学校教育を中心とした伝統的な教育システムに対する一種のアンチテーゼとして提起された概念である。しかし、そのとらえ方、基底にある問題認識などはさまざまである」（同『事典』七八頁、傍点引用者）。

因みに、ハッチンス自身の定義は次のようである。

「すべての成人男女に、いつでも定時制の成人教育を提供するだけでなく、学ぶこと、何かを成し遂げること、人間的になることを目的とし、あらゆる制度がその目的の実現を志向するように価値の転換に成功した社会」（同『事典』七八頁、傍点引用者）。

学習社会については以上の「定義」の紹介に留めるが、先のリカレント教育も併せて考えてみると、そこには、「生涯にわたる学習と教育」、「自主的・主体的学習」という二つの共通する要素が抽き出されるであろう。これら二つは若干のアクセント、ニュアンスは異にするとはいえ、まさに前出のラングランによる生涯教育のコンセプトと軌を一にするものである。

2　レジスタンスと生涯教育

生涯教育の理解のためには、ラングランが生涯教育を自らのレジスタンス体験に関して、質問に答える形で、次のように述べていることが参考になる。

（生涯教育の発想は）「私がフランスでナチスに対するレジスタンス運動をしていたとき考えたものだ[14]」。

これに対して、この際の質問者の麻生誠氏は次のような感想を記されている。

「レジスタンスと生涯教育の結びつきは私にとってショックであると同時に、ラングラン氏の生涯教育論のルーツに対して畏敬の念を感じざるを得なかった。つまり、ナチスへのレジスタンスという非人間的なものへの人間的な抵抗運動のなかから必然的に生まれてきた発想だったのである[15]」。

さらに、わが国の生涯教育の紹介・研究では先駆者の一人である波多野完治氏も、生涯教育とレジスタンスに触れて以下のように述べたことがある。

「レジスタンスの社会教育的効果には、はかりしれないものがあった。それは、いわば自然発生的な社会教育の組織としての機能を果たしたのである。

レジスタンスの組織では、貴族も庶民も、ただの一員である。強大な敵を前にして、階級の上下をいってはいられない。そこで、フランス全国民が、レジスタンスをきっかけにして、一つにまとまり、上下のない一団となった。

第一次大戦のときにも、フランス人たちは同じような経験をした。かれらはざんごうの中で上下、心を一つにして生活したのである。

しかし、第一次世界大戦のとき、いっしょに暮らしたのは『兵隊』だけであった。背後の世界では、貴族はやはり貴族であったのだ。

だが、レジスタンスではそうではない。それは日常一般の生活のなかでの反抗である。だから極端にいえば、生まれたての赤ん坊から死にかけの老人にいたるまで、心を一つにすることがレジスタンスに勝ちぬく条件にならざるをえない。

レジスタンスの人々は、いわゆる『マキ(maquis)』として働く。しかし、この『マキ』は、背後にかれらを支持し、援助する一般民衆があってはじめて一人前の活動をなしうるのである。こうして、レジスタンスは、けっきょくフランス国民の全体をまきこむことになる[16]」。

右のようなレジスタンスの観点を勘考しつつ前出の麻生誠氏は、「日本の生涯教育も、私たちの生活を襲うあらゆる非人間的なものに対する市民のレジスタンスの学習運動である」こと、いいかえれば、「人間の解放」を生涯教育の理念とされている[17]。

なお、麻生氏は、このラングランの説く理念に学んで生涯教育の「目標」を次の四点にわたって平易に述べている。参考までに要目を引用させて頂く。

(i)「教育には年齢の制限はあり得ないことである」。「ひとりひとりの人間が、自分のまわりの社会に気をくばりながら、生活の流れのなかにみずからを主体的にはいりこませるようにさせることである。ここから、教育の生活化＝生涯化が生まれる」。

(ii)「教育の学校独占に終止符をうつことである」。つまり、「学校は生涯教育を個人に可能にさせる能力を培うところであり、それ以上の意味をもたなくなるのである」。

(iii)「落ちこぼれ」のない教育が実現することである。「生涯教育の過程のなかで、絶えず新しいことにとり組もうとしている人間にとって成功とか失敗といったことはあくまで相対的なものにすぎなくなる」ので、これまでの社会の「落第」や「落ちこぼれ」がその存在を失うのである。

(iv)「伝統的教育よりもはるかにひとりひとりの人の独自性を実現させるであろうことである」。「一人の人間がもっている可能性が大きければ大きいほど、それをあますところなく実現するためには長い時間がかかるものである。このことは、程度の差はあれ、すべての人にもあてはまる」。つまり、「人間の一生は未知の人間性を解きあかすための大きな冒険であることだ」。「人は、学校で課せられるような強い圧力に屈することなく、生涯の連続的な各段階において試行錯誤をくり返しながら他の人とのかかわりのなかで、また自分自身との対話のなかで、自分の独自性を実現していくのである。生涯教育の体系が現実化すれば、今までになかったような広い学習の機会を与えるとともに、人々の多様な要求にこたえることが可能になるのである」(傍点は全て引用者によるものである)[18]。

因みに私も、これらの発想に学んで次のように述べたことがある。

注目すべきは、ラングランは生涯教育の発想を自らのナチスに対する「レジスタンス」の経験から得たと言っていることである。命令によって行動する正規軍とは異なり、レジスタンスは情報を自ら蒐め、それらを自主的に分析し、統合し、それに基づいて行動を決定しなければならない。たとえ、「指令―受諾」の関係があるとしても、レジスタンスの場合は時々刻々と変化していく状況に即応していかなくてはならない。これがレジスタンスの特色である。(19)

3　現代日本と生涯教育

ラングランは、正規軍を学校組織と考え、それがいまや人間解放の手段であるどころか、逆に人間抑圧の機構にさえなりがちである現実を批判し、レジスタンスに特有な自律・自立の思考・行動に刮目し、それをテコにして学校教育を相対化し、教育全体を活性化しよう、それこそ生涯教育なのだと提唱したのであった。しかもこの生涯教育によって人生のあらゆる非人間的なものにレジストし、それを通して人間解放の実を挙げようという志向である。

近代教育との関連で見ると、もともと教育の概念に含まれていた「自己教育」の要素が、近代学校の成立・整備につれて、背景に退き、裏面に隠れていった事情がある。

麻生氏が(i)で指摘しているように、生活実践の中における能力形成、いいかえれば、日々の生活過程のなかで、自分で必要な情報を蒐めてそれを分析、取捨選択をしつつ生活の要求に対応かつ対自然・対他者関係（そこには当然関係の環・項としての「自己」も含まれる）を変えていこうとすることこそ教育の原点であった。

しかし、近代学校の成立・発展とともに、学校における「生活」が実際の社会・生活とは次第に遊離することは致し方ないところである。そこで、学校の「生活化」の試み——たとえば戦前の「生活修身」、「生活指導」、または戦後の「社会科」、さらに最近の「生活科」など——がこれまでもしばしば行われてきたが、学校教育では教室内の講義＝授業が中心になっていたことは否定できない。

ラングランはすでに述べたように、この教育における「生活」の面を全面的に復活させ、生活から遊離している教育のコンセプトを変換しようとしたのであった。この意味で、極めてドラスティックな教育観の宣揚であり、さらに、自己教育を重視することによって、従来の「教える（教師・知識人）——教えられる（生徒・大衆）」という固定した関係を批判的に捉え返そうというラディカルな問題提起でもあった。

省みれば、今日でこそ日本は「大国」であるが、ラングランの「生涯教育」論が提唱され、移入された六〇年代半ばから後半の時代は、未だ「途上国」であった。パリのしかもユネスコ製「ニューモード」は当時の「途上国」的日本国民にとってはまさしく憬れの的だったのである。

とりわけ、当時わが国は高度経済成長期にあたり職業高校を主にした後期中等教育の「多様化」政策のひずみが顕著になりつつあった時期でもあった。さらに社会教育も、戦後の混乱期を脱しソフト・ハード面が次第に整備されつつあった。反面それにしたがって、管理が強化され、戦後しばらくの間の社会教育に見られた国家権力と現場の「牧歌的」関係が表われつつあった状況も改めて想起されるべきである。

以上のように、近代学校及び社会教育がともに現代的状況へ移行しつつあったその時期に教育の「本来の在り方」を理念の基本に据えつつ、「生涯教育論」はユネスコの「お墨付き」を携えてさっそうと渡来したのであった。そうであればラングランの言説が朝野を分たずに大歓迎されたことは容易に理解できるであろう。

もちろん、このような教育界の事情だけではなく、その背景には、その後次第に顕著になる技術革新、情報化、都市化、国際化などの名称《ターム》で表わされるこの国の社会の構造変化が生涯教育を急速に普及していったことも勘案する必要がある。この点の詳しい説明には他の拙稿(20)を参看して頂くことにして、ここでは教育との関連でとりわけ重要と思われる企業の状況について考察を試みておきたい。

すでに述べたように、生涯教育が輸入された当時は、わが国では高度成長期にあたり、技術革新、情報化社会が到来し、次第に拡大していった時代であった。それと関連して労働社会が激変した時代でもあったことに注目したい。具体的にいえば、これまでとは違った新しいタイプの労働者、つまり可動性の大きい、自己形成的労働者が企業にとって必要の度を増したのである。同時に、賃金も上昇し、逆に労働時間も相対的に短縮される傾向にあり、それに応じて、「余暇」も含めて新しい「管理」の問題も企業にとって重要になった。

このような時代の変化に対して、従来の学校教育では人材養成が有効になされないのではないかという意見が強まり、後に「メザシの土光さん」で有名になる土光敏夫氏が率いる「土光委員会」などをはじめ財界の意向を反映した諸々の教育提言が行われた。その基本に据えられたのがまさしく「生涯教育」のコンセプトであったのである。

事実、企業内でも、「ZD運動」とか「QCサークル」などに典型的な「小集団」による「労働者参加型」管理方式（当時〝人間性回復路線〟と称せられたことを記憶する）などは、旧来の〝上意下達〟による管理とは趣を異にする方式であり、一、定、程、度、の労働者の「自己決定」を加味するという点で、明らかに「生涯教育」の発想と軌を一にするものであった。

以上、迂路を経つつも生涯教育の概念の考察を試みた次第である。併せて日本の企業の受容状況にも触れたのは、このコンセプトが狭い旧来の「教育」界に留まらない普遍的な側面をもつこと、それだけに理念と現実には大きな落差もありうることを確認したかったためである。その意味でも、ラディカルな提唱であったことを示唆しているのである。逆に、企業がこのコンセプトのラディカルな点に刮目し積極的に採り入れようとしたからこそ、生涯教育が教育界にしばしばみられた一過性の流行、モードに終始せずまもなくやや形を変えて国の教育の基本戦略にもなりえたのである。このことを強調しておきたい。

三　生涯学習時代の到来

1　生涯教育と生涯学習

いよいよ生涯学習について論ずる段に至った。といっても、生涯学習がすでに考察してきた生涯教育と区別せずに用いられている場合も多い。事実、両者の区別には余りこだわらない方がよいという研究者も多いのである。

たとえば、国立教育研究所生涯学習研究部長の川野辺敏氏は、諸説を紹介した後に国際的動向を勘考しつつ次のようにいわれる。

「これらの諸論には一理はあるが、それぞれに問題もないわけではない。教育と学習の定義の国際的な会議でも『生涯教育』に相当する用語が用いられる一方、『生涯学習』を強調する国や専門家もいる。失業者や移民などの問題を抱え、国家政策として成人に対する教育・訓練が求められている国や国際機関――例えばＩＩＥＰ（「ユネスコの国際教育計画研究所」――黒沢）――などでは、一般的に生涯教育という言葉が頻繁に用いられるが、日本をはじめ国際機関や各国の専門家の間でも、最近では生涯学習を支持する立場の人々が多い。いずれにせよ、筆者はこの問題に深入りする考えはないし、教育か学習かの議論自体あまり生産的とも思わない」。

但し、同氏は「学校教育の場でも自己教育力の育成が課題になっているし、成人も同じように自ら学ぶ姿勢が求められ」、「教えるというより自ら学ぶ、つまり学習にふさわしい状況がある」から、「教育という用語を用いず、学習者の立場に立つという意味を含めて」、「生涯学習」という用語を用いるのが「適当であろうと思っている」ともいわれている。さらに、イメージとしても、教育は、強制的なニュアンスがあるので、「生涯教育より生涯学習のほうがより適切な用語といえるのではなかろうか[21]」と結んでおられる。語感としてはそうであろう。

もう一人の論者として辻功氏の所説を紹介させて頂こう。

氏は、まず「生涯教育と生涯学習とは同一概念なのであろうか」と問い、「現在でも同義語とみなす人もあり、異なる概念とみなす人もあり、確定していない」と一応は結論される。ただし、氏は両者の区別について次のように述べている。

「学習者が生涯にわたって不断に新しい知識や経験を吸収し、よりよく社会に適応したり新しい社会を創出しようとしている努力の過程に注目して、評価したり問題提起などをしようとする場合には生涯学習という用語が適切であろう」。それに対して、「市民のそうした努力が一層容易に、一層効果的に結実するように、機会を提供したり、環境条件を整備、充実したり、情報を送ったり、相談にのったりするなどの『援助活動』にポイントをおくならば、生涯教育という言葉の方がむしろ適切になろう」といわれる。以上のような一応の用語の区別の後に氏は次のように注意を喚起しておられる。後論するように、全く正しい指摘と思うので続けて引用したい。

「生涯学習ということで学習者の主体性、自発性などを強調するあまり、学習の機会提供、条件の整備・充実といった公教育としての義務や責任が見落とされてはならないということである。この視点が欠落してしまうと、せっかくの今日の生涯教育学習論がその昔孔子や佐藤一斎らが説いた個人的修養論としての生涯教育論、生涯学習論に戻ってしまうからである」（傍点引用者）[22]。

右の辻氏の注告は、後論の「生涯学習論」の理解にとって非常に重要であると思う。念のために「学習」と「教育」の区別と生涯教育との関連について先の麻生誠氏の説明を引用しておきたい。

氏はまず、「生涯教育という言葉が生涯にわたっての教育による人生管理というニュアンスをもっているから、生涯学習という言葉に変更したほうが良いという声がよく聞かれる」「だが、生涯教育より生涯学習の語を用いるべきであるという主張は必ずしも適切でない」と述べ、その理由として挙げられるのが、「学習」と「教育」との区別である。

「学習」とは――と氏は以下のように説く――「経験による行動の変容」であり、「それは当人が意識していてもいなくても、さらに変容が必ずしも進歩ではなくても、とにかく一定の経験をする前とした後とで行動のしかたにある持続的な変化が生ずれば学習なのである」「学習は、人間が自然や社会に適し、生産や消費の生活をおくるために、一定の信念、態度、価値、知識、技能などを身につけるために不可欠なメカニズムである」。したがって、「学習は本質的に自発的活動であるが、それはしばしば気紛れで一貫せず、またせまい範囲に限定されがちで利己主義的性格をおびている」。

そこで——と氏は次のように教育の特徴を述べる——「学習の教育的価値による指導としての教育が登場するのである」「教育はまさしく学習の指導であり指導された学習なのである」。

右のように区別した後に、氏は、「生涯教育は、生涯学習ではなく生涯教育であらねばならないのである」と結論し、「この場合の生涯教育には自己教育もふくまれるのである[23]」と結論される。

因みに、一九八一年の中教審答申「生涯教育について」も、概ね次のように両者を区別している。経済成長にともなって、国民の間に様々な学習要求が高まっている。この側面を「生涯学習」と呼んでいる。一方、国はこの国民の学習意欲・要求を実現するために条件整備を行う必要がある。この側面を「生涯教育」というのである。つまり、両者は相関的に捉えられているのであって、これは、前出の麻生誠、辻功氏らの見解と同様、教育学の通説を生涯教育（学）に適用したものと考えてよいであろう。

以上、先学の所説に学びつつ、両者の区別と相関関係について考察したが、両者のうち「学習」を突出させて「生涯学習」を殊更に宣揚し、生涯学習を流行語たらしめたのは、臨時教育審議会・答申（以下「答申」という）以降であったと考える。この点については幾つかの機会に論じたところであるが重複を恐れずに管見を陳べてみたい[24]。

2　臨教審の問題提起

二十年程まえに、臨教審ブームといわれる現象が起ったことを記憶する読者も多いであろう。この国の教育改革の論議は文部省＝自民党VS日教組＝社会党の対立という五五年体制時代の状況にも増幅されて、教育の域を越えてしばしば政治論議に傾く場合が多かった。だからこの現象も教育界にとどまらなかった。

とりわけ臨教審は諮問の主役が文相でなく首相であった。しかも、その首相は従来の総理の中では出色の弁説さわやか、かつ派手なパフォーマンス好みで殊更にマスコミの注目を浴びた。その上各界から集められた多彩な委員の顔ぶれ、とりわけ首相のブレーンと目された学者たちの〝文部省解体論〟などに象徴される刺激的な発言、マスコミを使っての「審議概要」などによる会議毎の意欲的キャンペーンなどは、当時の首相の意図通り、教育をめぐる国民的論議を大いに巻き起したのであった。

その後の教育の動向を現時点で省みれば、その答申が唱導した「自由化」「個性化」の方向に沿って改革は進行したことは周知のとおりである。すでに触れたように、これ以降「生涯学習」という用語が教育界の主流になったことも確かである。この意味で、まさに、時に臨んでの一大審議であり、その結実としての「答申」であった。

臨教審答申に対して当時激しく巻き起った賛否両論を大別すれば、賛成論は「答申」が強調した「自由」（反・画一化）の宣揚についてであり、反対論は、教育の「自由化」（「市場化」）に伴ういわゆる「社会的弱者」の「切り捨て」の側面に対してであった。このように断じてよいであろう(25)。相反する「評価」はどのような仕組みから生ずるのであろうか。当初、私は後者の側面に光を当てつつ、基本的に「反対」の立場に定位していた。しかし、その後の経過を勘案するにつれて、果してそれだけでよいのだろうかという疑念が次第に湧き上るのを禁じえなかった。その大きな契機はなんといっても多くの「社会主義」国家の崩壊、そこで白日の下にさらされた「自由」の欠如であった。一方、「自由」を標榜してきた資本主義社会に現存する「格差」の実態もとうてい承認できない、そういうジレンマのなかで次のような一節を叙したことがある。念のために小論にとって重要と思われる当該の箇所を引用したい。

「『ベルリンの壁』の撤去、それに伴う東欧の社会主義諸国の雪崩のような『崩壊』、ソ連の激変によって、社会主義のあまりにも貧しい現実が白日の下にさらされてしまった。

しかし、このことは西側＝資本主義の勝利を意味するのであろうか。市民革命が掲げた『自由・平等。友愛』の理念は西欧においてもアメリカにおいても、フランス革命二〇〇年後の今日、実質化しているとはとうてい思えない。歴史的には、その理念の空洞化こそが階級闘争を必然化し、ロシア革命をひき起こし、社会主義を久しく被抑圧者たちの希望の星にさせたのであった。近年の国連総会における『発展の権利に関する宣言』（一九八六年）の採択も先進国中心主義に対する『発展途上国』からの『告発』であり、新しい『人権』の表明でもある。

また、資本主義といっても、福祉政策など社会主義的要素を大幅に取り込んでいる事情を鑑みれば、現代の資本主義は両者のアマルガムに変質している。元来、社会主義は資本主義の成熟を条件にそれを超えて市民革命の理念の実質化を目指したはずであった。だが、現存の社会主義はいずれもこの条件を欠いたところで起こったために、前衛党が国家を『道具』にして上から社会主義化を強行せざるを得なかった」[26]。

そこで、私は、日本の現実の分析のために同一の人間が「国家」と「市民社会」の二つの領域に分離している面から考察を試みた。その点を以下に記してみよう。

3　市民社会の成熟化と学習・教育

まず、「自由」についていえば、わが国の市民社会の発展・成熟化に伴う市民の自由への要求・希求の増大とそのための基盤（豊かさ）の成立（経済成長）という事実である。ここでは、ガボールをはじめ「成熟化」についての所説の詳しい検討は省略することにして、高度経済成長の経済的豊かさを基盤にして生じた教育における成熟化現象の諸相を描くに留めたい。

まず、「高学歴化社会」の到来である。ここにおいて指摘されるべきは、教育がなにかの手段ではなく、それ自体が目的化するのである。学校教育は別として、市民がなにかを学ぶということは、なにかの手段——自分の職業のために、子どものために等々——ではなくてそれ自体が楽しいからそれを目的として学ぶ、そういう市民が急速に増えているという事実である。いいかえれば、教わるのではなく、自分から積極的に学びたい人々がどんどん増えているのである。この状況下では、「教え・育てる」という意味が強い「教育」よりも、自発的に学んで習う謂の「学習」という言葉の方が自分たちの意識にぴったりするという考え方がこうした市民の中に広がっていくのも納得できるであろう。

このような状況が拡大してはじめて、「生涯教育」から「生涯学習」への言葉の転移が可能になったのであり、冒頭部分に触れた文部省の「社会教育局」から「生涯学習局」への名称の変更も以上のような市民社会の状況の反映と見ることができる。

この事況と関連して、学習の多様性の顕在化も指摘できよう。以前は学習の世界は「学校教育」と「社会教育」の二つしかなかった。ところが、市民社会の成熟化のなかで、「生涯学習」という用語が確立されてくるにしたがい、趣味・教養の世界たとえば「花（華）道」「茶道」、「独学」（ウォークマン）「通信教育」あるいはカルチャーセンターなどの教育産業が浮上し社会の承認を得るようになったのである。「道」がつく「芸事《げいごと》」などは従来は〃ダンナ芸〃〃お嬢さん芸〃などといわれることが多く、「教育」の域外と見なされ、また教育産業などが主催する「教育」も〃営利を目的とするもの〃として、いずれも旧来の社会教育においては〃市民権〃を得ていたとはいえないのである。それらは「生涯学習」という用語が普及化するにつれて次第に顕在化したのであった。いわば新しい用語が、社会的には〃見えなかった〃側面の教育・学習を照射し社会的承認を与えるという一見不思議な事態を来たしたのである。

しかし、よく考えてみれば、これらの（学習の）多くは明治維新以前からも、わが国には普及していたのであるが、旧来の教育観では捉えることができず、学校教育に比して「学習」の領域を拡大したといわれる社会教育においてさえも射程に入れることができなかったことは今にして思えば不思議というほかかない。やはり、社会教育を含めて、教育とは〃遊戯性〃などとは相容れない〃神聖〃なるものだという観念が根強くこの国にはびこっていたのである。産業社会の特有の現象というべきだろうか。

右の点と関連するが、社会の高学歴化、情報化に伴ない、従来の「知識人」と「大衆」との区別のファジー化も進んだということも指摘したい。いわゆる「大知識人」（たとえば東大総長、大新聞の論説委員などの知的権威）は数としても少なくなり、その権威も相対的に低くなったことは否めない。こうした現象は「教え」――「教えられる」関係のファジー化とも関係があろう。

さらに、詳しいことは他稿[27]に任せるが、消費社会の進展に伴なって、とりわけ青年の間に従来のように、未来のために現在の苦しみに耐える（「インストルメンタル」といわれる）よりも、その場その場にのって行くような「コンサマトリー」といわれる心性が増大してきたことも指摘されている。この「インストルメンタル」な心性・性向・行動方式こそ「学校」の存立基盤であった。これが「コンサマトリー」に大きく傾動したことは「高校中退」「不登校」の増大と無関係ではない。こうして旧来の「学校」概念は大きくゆらぎ、「大綱化」による大学の変貌、またわれわれ旧世代には考えられない「単位制高校」をはじめとする新しいタイプの高校も次々と出現し、義務教育では不登校児に対して「学校外」の施設への出席も学校の出席と認めるなどの措置も文部省をしてとらしめるようになった。いいかえれば、これらはいづれも学校内と学校外とのファジー化の事象であり、「教育」と「学習」のファジー化と見ることもできる。

以上、市民社会の成熟化による学習・教育の変化の諸相をやや羅列的《アトランダム》に叙べたのであるが、これらを一括すれば、教育の「自由化」「多様化」「学習化」ということができる。この状況を臨教審は巧みに掴みとり、かつ積極的に対応して「自由」の宣揚の下に「生涯教育」に換えて「生涯学習」を提唱したのであった。このことを特に強調しておきたい。その〝先見性〟に対しては改めて脱帽せざるをえない。

4 「後期戦後」社会の特色

しかし、すでに指摘したようにこの市民社会的側面は一面であって、もう一つの国家的側面にも触れなくてはならないのであるが、そのまえに、社会の構造的変化についての所論を紹介しておきたい。

臨教審答申が出される十年前頃から戦後日本の社会が構造的変質をきたしていたことは多くの論者が指摘している。七〇年代前半のオイルショック、それに七〇年代半ばに第三次産業従事者が就業人口の半分を越えた事実などが変質のメルクマールとしてまずは挙げられる。前述した「インストルメンタル」な青年から「コンサマトリー」な青年への転換、「新人類」の出現も七〇年代半ばから後半にかけての時期にあたるとみていいであろう。この間の事情について新進の経済学者の次の説明が参考になる。

「一九七三年にダニエル・ベルが『脱工業化社会』の到来を宣言して以来、どうやらわたしたちは『新しい』世界に生きはじめているようなのです。それを『第三の波』や『ネクスト・エコノミー』や『コンピュートピア』とよぼうとも、『高度情報社会』や『知識社会』や『サービス社会』とよぼうとも、意味するところはみな同じです。いままさに産業資本主義の時代が終わり、『ポスト産業資本主義（Post Industrial Capitalism）の時代にはいりつつあるといっているのです。（ポストモダンといわれる文化現象は、このポスト産業資本主義の上部構造とみなされています。）」（岩井克人『資本主義を語る』講談社、二四頁)。

さらに、気鋭の教育評詩家は、「どうやら一九七〇年から七五年にかけて日本社会にとてつもなく大きな構造変化が訪れたらしい」ことを指摘し、『国民生活白書平成四年版』によりつつ、さまざまな指標を列挙し、「この時期までに近代化と都市社会化が飽和状態に達してしまったということ」を結論づけている。因みに、指標をこの評論家に従って引証してみよう。まず総論ともいうべき「都市化」である。「三〇年にはわづか二四％だった都市人口が七〇年には七〇％を突破するが、以後カーブは急に折れ曲がり九〇年までにわづか六％しか増加していない」と氏はいい、ここから、「戦後五十年はこのころを境に、それまで近代都市社会の完成を目指してばく進していた『前期戦後』と、それがほぼ行き着くところまで行き着いてしまった『後期戦後』とにはっきり分かれるのだ」と結論する。

更に目立つ指標を紹介しよう。①「出生率」―「二・〇人以上だった」のが、「七五年にがくっと下がって二人台を割り込む」。②「平均世帯規模」―「戦後急激な減少傾向にあった」が「七〇年に三・五人を下回ると以後減少のカーブが急にゆるやかとなる」。③「離婚件数」―「結婚後五年未満の夫婦と五年以上の夫婦」の……割合はずっと前者が多かったのに、七〇年から七五年の間に逆転し五年後には後者が六割台に達する」。④「保育所の数」―「在籍児童数は七〇年から十年間の間に急激に増加し、八〇年にピークに達してから以後減少に転ずる」。⑤「女性の賃金の男性に対する割合(但し二十歳から二十五歳まで)」―「七〇年までは七割台であったのに、七五年に一気に八割五分を突破し以後八割七分から八分の間で頭打ちとなる」。⑥「洗濯機、冷蔵庫、掃除機の普及率」―「七〇年から七五年の間にこの順で九割を突破する」。⑦「高校進学率」―「五五年にはようやく五割を超えたばかりだった」が、「二十年間に急激な上昇を続け、七五年についに九割を突破する（正確には七四年―黒沢）と突然カーブが鈍って頭打ちとなる」。⑧「大学進学率」（短大を含む）―「七五年まで一貫して増加していたのに、この年をピークに急に横ばいとなる」。

以上の主な指標からこの二十年間の「第三次産業を基盤とした新しい都市社会の現実」の諸相の特色を挙げ、戦後を「前期」と「後期」に分けることを主張するのである。同評論家のいう「都市化」を「市民社会の成熟化」といいかえれば全く私の考えと一致するのである。

なお、同氏は「家庭や地域の倫理規範を侵食し、それらをただのたてまえの地位にまで転落させた」こと、「労働組合は衰退し、企業においても学校においても、大集団を一括統制するようなかっての組織原理は次々に破綻（はたん）しつつある」ことを併せて指摘している（小浜逸郎「『後期戦後』からの出発」、『朝日新聞』論壇。一九九五年一月十六日）。

こうしてみると、この画期からおよそ十年後の臨教審答申は、その後進行しつつあった小浜氏のいう「後期戦後」を意識し、それに対応しようというポスト近代型の教育改革であったことが改めて了解されるのである。

念のためにいえば、「答申」が喧伝された八〇年代半ばには、「フリーター」、「ぎょうかい」、「公衆」などの言葉が生まれ、平凡な市民の生活に変化の節目、とりわけ、「個人化というトレンド」が見られることを読みとっている論者もいる（岡嵩・高橋磐『ＯＪＴ革命・能力開発のメガトレンド』、ダイヤモンド社、一四頁―一五頁）。この事実も教育の多様化、個性化の傍証として注目されるであろう。

以上の諸々の市民社会の状況は臨教審の宣揚する「自由」、そしてそれに依拠する「生涯学習」を浸透させるために極めて有効な「土壌」であったことを改めて確認したいのである。次に、国家の側面について考察しよう。

5 国家ヘゲモニーと教育

他の機会にも論じたところであるが、臨教審の生涯学習の顕揚にはもう一つの側面がある。結論的にはすでに触れたところとも関わるが七〇年代の世界的不況を乗り切る国家政策の一環としての面である。つまり、新自由主義経済政策による国家再編（新国家主義）の教育政策―「教育臨調」としての意味を考えなくてはならない。

八〇年代にはわが国だけでなく先進諸国でも相次いで教育改革の提言がなされた。『危機に立つ国家』（合衆国、一九八三年）、「アビ改革」（フランス、一九八四年）、「教育法案」（イギリス、一九八七年）などが主要なものとして挙げられる。逐一の詳しい検討は稿を改めなくてはならないが、六〇年代の「教育爆発」の「修正」という面がこれらの諸改革に共通してみられるといってよいのではないか。

つまり、七〇年代のオイルショック以降の世界的不況と、先進国における「成熟化」社会の到来、具体的には高齢化、少子化、とりわけ青少年における価値観の多様化の進展に備える「改革」としては先進諸国共通のものがあったと推測される。臨教審においてもこれらと共通する課題があったことは容易に推察される。まずもってこの点を指摘しておきたい。

「教育臨調」としての「改革」は、旧「電々公社」の「NTT」への、旧「国鉄」から「JR」への転換と軌を一にして、「民間活力」の導入によって、〝活性化〟を企図し、同時に国家負担を軽減しようとすることを主眼とするものであった。

教育に即してみれば、学習者の「意欲」「自発性」、能力に応じた学習の機会を、民間の「教育産業」と分け合う（公的部門を削減する）とする構想である。このコンセプトを国民的合意にする（ヘゲモニー化）必要があった。臨教審が「教育」に換えてあえて「学習」を、つまり、「生涯学習」を繰り返えし、執拗にキャンペーンする必要があったのはこの（ヘゲモニー）合意形成のためであった。ある教育学者の巧みな表現を借用すれば次のようにいえるであろう。

「学習尊重というタテマエのもとに、国家にツケがまわされてきた『物質的』『精神的』保障義務から身軽になれる、またなるべきなのだという国民的合意をうちあてていくためにこそ、この『移行』の実現、そのための『学習』イデオロギーによる国家的演出は回避せざるものだった[30]」のである。

因みに、こうした政策の基盤には個人＝エゴをストレートに承認する、いわば「モナド」としての〝人間〟観が必要とされる。その一環として、一九八九年に発表された「新学習指導要領」の中学の「道徳」の「内容」の第一の柱に「自分自身に関すること」が次のように叙べられていることに改めて注目したい。

「(1)望ましい生活習慣を身に付け、心身の健康の増進を図り、節度と調和のある生活をするようにする。(2)より高い目標を目指し、希望と勇気をもって着実にやり抜く強い意志をもつようにする。(3)自律の精神を重んじて、自主的に考え、誠実に実行してその結果に責任をもつようにする。(4)真理を愛し、真実を求め、理想の実現を目指して自己の人生を切り開いていくようにする。(5)自らを振り返り自己の向上を図るとともに、個性を伸ばして充実した生き方を求めるようにする」[31]。

見られるように、道徳の第一の柱は、家でも国でもなく、まずもって「自分自身」であり、強い身体と意志と自律の精神で自己の人生を切り拓いていけ！　というのが眼目である。これは前述の「モナド」的〝人間〟の生き様――臨教審答申が前提とする――と相即的といえるだろう。以上の人間観であれば、臨教審の顕揚する「生涯学習」を前出の教育学者に従って、次のように「読む」ことも可能であろう。

「自発的に学習意欲を示したもの、自己責任のもてる『受益者負担能力』あるものに対して、学習の機会、教育の機会はあたえるけれども、それ以外のものについては国家は関知しない、それは学習者の自由を尊重するということで当然なのだということ」[32]（傍点引用者）である。わかりやすくいえば、「それ以外のもの」に対する「切り捨て」宣言とである。

加えれば、この表明は結果として国家に公的保障を回避するな！　しないで欲しい！　という国民的大合唱（哀願）を喚起した。つまり、改めて国家の偉大性、有難さを国民に、とりわけ「保障」を必要とする「社会的弱者」に痛感させることになった。国家のヘゲモニーにとってはまことに効果的であった。

四　生涯学習と現代市民社会

これまでの考察からすでに明らかなようにわが国における市民社会の一定の「成熟化」に伴う「画一性の嫌悪、差異化志向」――総じて「自由の希求」「自発性」の増大という市民社会の事実を基に、「教育」を「学習」に、しかも「生涯学習」に変えて、国家の意志（政策）に包摂しようと意図したのであった。そのためのヘゲモニーの強力な媒体として用いられた概念が「生涯学習」であった。これが私の解釈である。この解釈によって、当時激しく巻き起った臨教審（答申）に関する相反する二つの賛否両論（前出）が統一的に把捉できるのではないだろうか。但し、以下に補足を加えたい。

私は「成熟」をプラスの面でのみで捉えていた。しかし、考えてみれば発展は同時に衰退の面を含む。つまり、「成熟化」社会は、同時に「高齢化」の進行する社会、そして「少子化」の社会である。高名なスウェーデン研究家によれば次のような警告を発している。

日本は「高齢化社会の先行者・スウェーデンのザーッと三倍の速さで高齢化社会を迎える」といわれ、しかも、「これまでも、これからもスウェーデンが経験しなかった・経験しないであろう高齢化社会を迎える」のである。

ところが、「ムードは楽観的」「なんとかなるサ」主義の蔓延という危機的状況が進行しているのである。[33]

右の状況を数値的に明示することはできないが、こうした事態にあっては、教育改革も、生産者人口の比率の大きかった成立期（学制、戦後改革）や成長期（七一年中教審〈四六答申〉改革）とは異なるもの（ポスト近代型）であることは当然であろう。つまり、「学習」の強調による「自立・自助」の宣揚はこの状況への臨教審なりの対応でもあった。この点も今後の改革のためには配慮すべきである。

1　臨教審改革の現実

ところで、近年の教育状況を勘案すれば、臨教審答申の意図した方向に、つまり生涯学習社会へ向けて基本的な転換が進展した。すでに一端は紹介したように学校外にあっては「生涯学習」による「まちづくり」、そして学校教育の「生涯学習化」が主要な特色である。総じていえば、教育の「自由化」が急速に広汎に進行してきたのだ。たしかに、市民社会の成熟化に伴うわが国に伝統的な「学校偏重社会」の解体の面からいえば、慶賀すべきことかもしれない。

しかし、現行の成り行きに任せるならば、学習能力のある者、「受益者負担」能力のある者はその自由をそれなりに享受できる（たしかに！　その限りでの「自由」の宣揚ではある）が、それ以外の人々、とりわけ社会的に「弱者」と見なされる層は端的に「切り捨て」られる（格差・差別の拡大）のだ。このことはすでに指摘した通りである。

この点を遺憾ながら総括的・客観的に証明することはできないので、傍証として私の見聞の一端を記すに留める。

①私の居住する横浜市には、「地区センター」をはじめ素晴しい市民のための施設がある。私は学生とともに相当数のそれら施設を見学した。逐一統計的に実証できないが、それらを利用できる人々

の多くは、やはり健常者、青年・成人、及び時間的・経済的に余裕のある一部の人々に限られている印象を否めない。私の身近な施設においても同様である。

②学校教育でいま一番問題が続出しているのは、進学率が九七％に至ったにもかかわらず義務教育ではない高等学校であろう。とりわけ、格差の「底辺」に位置づけられる「指導困難校」の惨状は目をおおうばかりである。各県の「目玉」となる学校や、「学力向上」（進学上昇）のためには経費が投ぜられても、「指導」「教育」に〃困難〃を来たしている格差の「底辺」部の学校には、そこの教職員の努力にもかかわらずそれに応じた予算の配分が行われていないという報告をしばしば聞く。改革は未だ始められたばかりであるので速断は禁物であるが、最近の高校の「特色化」、入試の多様化などによる改善のための施策も効を奏しているとはいえないのである。[34]

右の事例は私が実際に見聞した限りのもので、あるいは一面的というそしりを甘受しなくてはならないが、私としては日本に広く普及している事象であると確信している。

2　現代市民社会と教育改革

そうであれば、一方で自由を宣揚しつつ、他方で、格差を是正し、「切り捨て」を防ぐような施策を、しかも成熟化社会のなかでいかに構想し、具体化していくか。これが現代日本の緊急の課題である。

このアポリアを解決するために、臨教審答申の正・負の面を勘案しつつ、教育改革としていかに提示するか。もとより、総括的、具体的に答える用意はいまの私にはない。ただし、ここ数年、極めて不充分ながら高校、大学、社会教育などの改革について若干のアウトラインを示す稿を公刊してきたので以下に、それらと重複する点が多いが、改革のための幾つかの視座を以下に示して小論を結びたいと思う。

①現状改革と自己決定学習——E・ジェルピの提言

アポリアを解決するための目標として、市民社会を社会主義の実現に求めることはリアリティを持ちえないであろう。そこで私はここ数年、現代的「市民社会」の創造という観点からこの課題を考えてきた。現代的市民社会とは西欧において歴史的に形成されてきた近代市民社会の理念——自由・平等・友愛——を現代的状況において展開し、実質化しようとする運動のネットワークとでもいうべきものである。抽象的であろうか[35]。

このコンセプトを総体的に論ずることは今後の課題であるが、ここで教育面におけるやや具体的イメージ化のために私が大いに共感する二人のユネスコ関係者の所説を紹介したい。

(i)は先にその思想について触れたラングランを継承したエットーレ・ジェルピである。

彼がユネスコの生涯教育の「責任者《レスポンシビリテ》」になったのは、七〇年代初頭であったが、その頃から八〇年代にかけて、国際諸機関に「第三世界」の国々が多数参加し、南・北の格差を是正せよと激しく主張した時代であった。ユネスコでも同様であった。ジェルピの言説はこの国際情況の真中に居た経験からラングランの生涯教育を継承しつつもそれとはやや異なったアクセントをおびたことは当然であろう。

ラングランについては、急激な社会変化を是認しそれに適応する生涯教育論であり、先進国中心ではないかという批判があった。これに対してジェルピのスタンスは、現状への適応だけではなく、同時に現況を変革していこうという側面が強いといえよう。現行の生涯教育・生涯学習の政策を進めていけば、先進国とそれ以外の国々の「格差」は拡がるばかりだ、また現状のままで教育の機会を与えれば、教育のある人々はますますその機会を獲得・享受できるが、そのチャンスの乏しい、したがって、もっと教育が与えられるべき人々は必ずしも政策の恩恵を受けないのだという事実を彼は「第三世界」の現実に定位して剔抉し、告発したのである。まさしく、既述の日本のポスト臨教審的状況（「国家的側面」）をグローバルな視界から看取し批判したのだといえよう。

この立場からジェルピは、生涯教育は中立ではありえない、国の政策に反対する立場にも立つこともあり得ると繰り返し主張するのである。因みに、彼の著書『生涯教育論』（前平泰志訳、創文社、一九八三年）のサブタイトルが「抑圧と解放の弁証法」と付されていることに注目すべきである。つまり、現存する抑圧面をそのまま是認するのではなく、さりとて理念的な反対論を提示するだけでもなく、二つの契機のせめぎ合いを冷徹に見据え、変革の方向、解放の方向に向けて具体的なアクションを起こすこと。そのための「自己決定学習」（Self directed learning）と政治的「参加」こそが生涯教育なのだと主張するのである。すでに提示した現代的市民社会の創造のための生涯教育論にとって重要な示唆を与えてくれる。[36]

(ii)現代的人権の構築――K・ヴァザークの「第三世代の人権」

市民社会のエートスともいうべき「人権」の現代的展開についてはユネスコの「人権・平和部」部長を務めたカレル・ヴァザーク（私はかつてはヴァサクと発音していたがジェルピは昨年〈一九九四

年〉のパリの氏の自宅での会見時にこのように発音していたのでそれに従うことにする）の「第三世代の人権」が大きな示唆を与えてくれる。詳細は他稿[37]を参看して頂くことにして、ここでは要点を述べることにする。

a、「一八世紀段階に登場した市民的、政治的権利としての人権（多くは今日「自由権」と呼ばれている内容である——黒沢）や、二〇世紀の初頭ごろから主張されはじめた経済的・社会的な権利としての人権（いわゆる「社会権」にあたると考えてよいであろう）とは異なる新しい歴史段階において、つまり、第二次大戦後顕著になった非植民地化過程の中で、具体的にいうならば、植民地から独立して発展途上国が多数参加した『国際社会の構造変化』を反映したものとして、新しく主張されはじめた一群の人権」である。ジェルピの生涯教育論と同様に、これまでの先進国中心の国際秩序における差別・抑圧の構造に対して、「途上国」「第三世界」の立場から、そこに定位して構想された人権概念であり、差別・抑圧からの解放の観点が看取されることに注目すべきである。

b、従来の人権（自由権＝第一世代、社会権＝第二世代）を前提にしつつも、新たに「連帯」（友愛）に焦点を定めた人権である（因みに、名称としては「連帯の権利」の方がベターであるという主張もある）。この点について肯綮にあたる研究者の説明を紹介しよう。

「人権が創出したのは各個人が閉じこもる『私的空間』ではなく、各人が自由に往来することができることにより、必然的に他者と相対峙する『公的空間』である」。したがって、「人権の本質は、『個人の自由』（libertcs de individuelles）にではなく、『関係の自由』（libertes de rapport）にあるとされる。そして、『連帯の権利』は、まさにこの『公的空間』が広がる中で現出したものと解されるのである」。「第三世代の人権は、理想型でさえある。何故ならば、この新世代の権利は、自由権と債権的権利（社会権）の対立を統合し、乗り越えることによって、市民の参加としての権利として現れるからである」。「『古典的人権（自由権）』を核とした西欧に伝統的な『人権』とは異なり、他者との『開かれた関係性』の中に『人権』の本質を見ようとしているからである[38]」。

断片的な引証であるが、これらの章句に、「人権」の現代的特性を読み取ることができる。端的にいえば、個人を実体論的に捉える近代的人間観・古典的人権概念を批判的に捉え返えし、関係態として、他者との関わり＝連帯を中軸に据えている人権概念であるということが眼目である。この意味で、すでに考察した臨教審の措定する近代的「エゴ」を核心とする人間観・人権概念とは異質のものが込められていると私は了解する[39]。この人権観に立てば、公的空間の拡大こそが、そしてそのための市民社会への「参入」こそが人権の具体的・中軸的内容として保障されなければならないことになる。この点ではジェルピの説く「自己決定学習」による政治的「参加」の主張とも大きく重なるのである。このようにいってよいであろう。この際、「自己決定」が「関係性」といわば一連の〝対句〟（表裏一体）になっていると解することがとりわけ肝要である。つまり、「関係性」とは全体への埋没ではない。逆に「自己決定」も、私的・独断的決断ではありえない。あくまで他者との交信（関係性）のなかでのぎりぎりのところでの「自己」の決定である。このように解釈すべきであろう。そして、この公的空間は決して一国、一地域に留まらずグローバルな視界（トランスナショナル）を想定していることはaの説明から明らかである。

もちろん、多くの論者の指摘するように、この人権は目下のところ構想の段階であるが、「自由」

「平等」「友愛」という近代の古典的人権をこれまで軽視ないし限定されてきた「友愛」(連帯)を改めて中軸に据えて、現代の国際的情況において再構成する視座を大胆に提起したものとしてまさに現代にふさわしい人権構想である。今後この構想の一層の具体化・彫琢を期したいと念う。

3 企業国家と市民社会

「市民社会」の再生ないし創造を志向するとき、この国においては「企業国家」の問題に行きあたらざるをえない。

旧社会主義国家の多くが、「市民社会なき社会主義国家」であったとすれば、日本は「市民社会なき企業国家」ともいえるのではないか。

この企業国家日本は一面で、戦後わづかの時日で世界に冠たる経済大国を創り上げることに成功した。この豊かさによって、生涯学習社会を産みだし、それなりの「市民社会」の「成熟化」を生じさせた歴史的事実については評価したい。しかし、このために、日本の市民社会は窒息しがちであった。かろうじて現存する市民社会も西欧のそれとはかなり異なった面をもつ。

しばしば指摘されるように、企業戦士=会社人間の多くは、地域活動、政治活動などの「公的空間」(市民生活)を殆ど喪失してしまった。いや、私的な空間である「家庭生活」さえ奪われている場合が多いといっても過言ではない。しかも、これらの生活・活動を企業人に保証するための組合の多くも欧米のような労働組合と異なる企業内組合であり、いわゆる「年功序列」を前提とする「終身」雇用制を原則としてきたために「公的空間」の多くは「企業」を意味し、その関わりの内部にほぼ限定されたのであった。したがって、「市民社会」といっても、日本の経済成長を支えたこれらの企業人を除いた、その意味で極めて「歪んだ」ものになったのである。

ところが、近年この企業国家日本が国の内と外から厳しい批判をうけていることは周知のところである。つまり、一方で日本企業の不公正性——長時間労働、系列取引、閉鎖的市場、人権の軽視など——がつとに国際的非難を浴びてきたのであり、国内においても、最大の犠牲者である女性、子どもから、「定年離婚」「少子化」「フリーターの増加」などによる反乱が起こっているのである。さらに、オイルショック以来、日本企業が誇ってきた「終身雇用制」「年功序列」も大きくゆらいでいることも事実である。バブル崩壊後はとくにこの傾向は顕著である。「市民社会なき社会主義国家」の多くが崩壊したように、「市民社会なき企業国家」もまた崩壊する恐れなしとはいえない——このことを重ねて指摘したいのである。つまり、企業にとっても市民社会の復位、共存が問われているのである。この課題は大きな問題であって、本格的に展開することは現在の私の能力をはるかに越える。したがって、最近の傾向と先学に学んでの若干の提言に止めざるをえない。

これまでの日本の企業には総じて「社会的貢献」という意識がなく、社会から企業批判（水俣病問題など）が激しく起ったときにだけ（市民）社会との関係を考えるという状況が一般的であった。

だがすでに指摘したように国際化の中で日本の企業が進出した現地の社会からも告発をうけ、近年ますます国際的非難が高まるようになってからようやく企業の「能動的社会性」ないし「開明的な自己利益」（社会貢献は長期的視野では企業に利益が環元される）が現実問題となった。こうして今日フィランソロピィ、コーポレイト・シチズンシップ、メセナなどが話題になった。また、経団連による「ワンパーセント・クラブ」（所得の一部を自主的に支出して文化活動に使う）の設立なども注目された。最近のバブルの崩壊で下火になったがこの傾向は一層強調されるべきであろう。

しかし、現代的「市民社会」の創造、ないし共存のためには、企業が教育や文化活動・産業に進出したり、寄付や冠講座によってイメージアップをはかるだけでは有効ではない。そうではなくて、むしろ、さしあたって地域社会―広く市民社会―との共存のためになにが求められているかを探り、その課題解決のための文字通りの社会貢献をあらゆる角度から工夫し、具体的に実践することが不可欠である。

そのためには、企業の外で企業として文化活動を行うよりも、むしろ企業内の、企業人一人一人の市民・人間としての文化度を高めること。つまり、企業国家に吸収され、文化とは企業上の接待、つきあいと錯覚している多くの企業人を「市民」として自覚化させ、企業から自立して地域活動に参加し、企業外の人とともに、まずもって「企業（活動）」を「市民社会の制御下に置く」（内橋克人氏の名言）ことを可能にするような〝企業人〟の転生が求められるのである。流行のボランティア・ネットワークとの関係も市民社会における企業の存立のために重要となっている。（註(42)の文献参照）。

因みに、この課題はさしあたっては企業内教育の最も重要な内容に据えられるべきであるが、企業人の教育だけではとうていできることではない。家庭、学校、社会教育との連携、つまり生涯学習の観点からの企業教育が必須とされるのである[40]。

4　生涯学習時代の社会教育

教育産業、各種協同組合(41)、ＮＰＯ（非営利事業(42)）も活発化しつつあり、今後一層の発展が期待されるが、当面は生涯学習の中核には行政社会教育が位置づけられるべきと私は考えている。すでに考察した臨教審による「生涯学習社会」への移行政策の「成果」として、ハード・ソフト面で行政社会教育を凌ぐ文化事業が多いことは事実である。そのため地域によっては行政社会教育の停滞ないし「終焉」（松下圭一氏の提唱）すら叫ばれて久しい。

しかし、新聞社や放送局が主宰する比較的公共性の強い「カルチュアセンター型」のものにしても、基本はコマーシャルベースでやっているわけで当然にそれなりにお金を支払い、そのサービスを買える人等、又地域的制約のために利用者は限定されるだろう。年金生活に入った時にはとても利用できないという人たちの声も聞く。私の利用経験からいってもその感を深める。また、企業内の文化・教育に熱心な企業にしても、それを利用・活用できるのは在職中に限られる。

子ども、障害者、高齢者、外国籍市民なども含めてさまざまな人々が交流し合う場、「濡れ落葉」が「乾いて舞い上がる」場もやはり「地域」である。平凡な結論ではあるが、さまざまな時系・空間にわたる人の一生を対象とする生涯教育・学習を大まかに括り共通な基礎的実感的空間としては地域、そこの諸関係でしかない。とすれば、ここを拠点にして、先述の現代的人権（第三世代の人権）を実現することが現代「市民社会」の創造の第一歩だと思うのである。そしてここにこそ行政社会教育はその可能性を賭けるべきである。

そのためには、行政社会教育は旧来の狭い教育・学習の範囲を野蛮に越境し、行政の他の分野とりわけ社会福祉、さらに文化産業、企業、各種、各段階の学校にもわたって、当該地域に応じた多元・多層的な生き方を保障するための生涯学習の全体的イメージづくり、全体的なゴーディネイト、そのための情報ネットワークづくりを地域住民の可能な限りの「参加」に基きつつ、いかに進めるかが主務になるべきである。それを通してそれぞれの機関が自らの役割を見定め有効に分担しあうことが、生涯学習時代の地域にあっては望まれているのである。地域の事例的な状況については旧稿[43]及び付論を参看して頂くことにしてひとまずは稿を閉じることにしたい。

追記

小泉構造改革によって臨教審の政策提言はより徹底して実現した。それについては拙稿「構造改革と対抗へゲモニー――地域学習ネットワークの創出」（拙稿『人間疎外と市民社会へのへゲモニー・生涯学習原理論の研究』（大月書店、二〇〇五年　第Ⅲ部第五章補論）を参照されたい。）

註

（1）小川利夫・倉内史郎『社会教育講義』（明治図書、一九六四年）Ⅱ「社会教育の組織と体制」（小川利夫氏稿、五四頁―六一頁）も参照のこと。

（2）寺中作雄『社会教育法解説』序（社会教育図書、一九四九年）。同『社会教育法解説・公民館の建設』（国土社、一九九五年）。

（3）この点の詳しい考察については次の拙稿を参照されたい。黒沢惟昭『グラムシと現代日本の教育』（社会評論社、一九九一年）第Ⅱ部現代日本の教育第1章「国家意志と教育政策―社会教育の『公共性』をめぐる諸問題」。

（4）ヘゲモニーについては註（3）の拙著の第Ⅰ部「グラムシの思想と教育」を参看願いたい。

（5）川野辺敏編集「キーワードで読む生涯学習の課題」（ぎょうせい、一九九四年一四一頁—四二頁（友田泰正氏稿）。本書に多くの教示を得たことを話して御礼申し上げる。

（6）同右、四二頁。

（7）この発達段階の区分は註（1）の「Ⅲ社会教育の内容と方法」（碓井正久氏稿）による。

（8）高齢者と社会教育については、さしあたって次の文献を参照して頂きたい。山田正行「高齢者問題と社会教育実践—年齢的排除の構造と高齢者の学習—（日本社会教育学会編『現代的人権と社会教育』東洋館出版社、一九九〇年）。百瀬勝「高齢者のための教室」（黒沢惟昭・森山沾一編『生涯学習時代の人権』明石書店、一九九五年）。

（9）いわゆる「企業戦士」問題については厖大な文献が刊行されているが私自身が関係したものとして次の文献の参看を奨めたい。平田清明・山田鋭夫・加藤哲郎・黒沢惟昭・伊藤正純著『現代市民社会と企業国家』（御茶の水書房、一九九四年）。「週休2日制、学校週5日制に対する社会教育のあり方Ⅱ」（平成6年度調査研究事業報告書、東京都立多摩社会教育会館、一九九五年）。

（10）註（5）友田氏稿、四三頁。

（11）この引用の後に友田氏は次のように注目すべき点を解説されている。「市民性育成という限られた領域においてではあるが、教育が『万人に対して』『一生涯を通じて』行われなくてはならないと述べていることである。つまり、生涯にわたって学ぶということが、一部の例外的な才能や意志の持ち主だけでなく、あらゆる人々によって行われなくてはならないというのである」（註（5）三三頁）。私も全く同感である。

（12）ポール・ラングラン著・波多野完治訳『生涯教育入門』第一部（大日本社会教育連合会、一九九〇年）一五頁。

(13) 同右三〇頁。
(14) 麻生誠『生涯教育論・生涯教育学の成立をめざして』(旺文社、一九八二年) 一五頁。
(15) 同右。
(16) 波多野完治『生涯教育新講』(教育開発研究所、一九八〇年) 一八〇頁。但し、ここでは麻生氏の教え(註(14)「まえがき」)による。麻生氏の御教示を謝したい。
(17) 註(14)「まえがき」五頁。
(18) 同右、一五頁-一九頁。
(19) 黒沢惟昭編『生涯学習時代の社会教育』(明石書店、一九九二年) 二八頁 (黒沢稿)。
(20) 同右、二一頁-二三頁 (黒沢稿)。拙稿「生涯教育と教育労働者」(室俊司編『生涯教育の研究〈成人の学習を中心に〉日本の社会教育第一六集、東洋館出版社、一九七二年一など。
(21) 註(5)七頁—八頁 (傍点は引用者)。
(22) 辻功・伊藤俊夫・吉川弘・山本恒夫編著『概説生涯学習』(第一法規出版、一九九一年) 一〇頁。
(23) 註(14)一九頁。
(24) たとえば、拙稿「生涯学習体系化における社会教育の再生—国家へゲモニーと市民社会の成熟化-」日本社会教育学会編『生涯学習体系化と社会教育』東洋館出版、一九九二年) など。
(25) 私とは異なる視点からではあるが、西尾幹二氏の臨教審・批判は示唆的である。氏の教育論・臨教審批判を知るためには、次の文献が参考になる。西尾幹二『教育を摑む・論争的討議の中から』(洋泉社、一九九五年)。
(26) 拙稿「激動の現代とグラムシの思想・生誕一〇〇年に寄せて」(『信濃毎日新聞』一九九一年九月十一日、但しここでは、小論に関する点に限定したので一部分の引用であることを断っておきたい)。
(27) 註(9)『現代市民社会と企業国家』所収の拙稿「企業国家日本と教育改革—現代市民社会創造のために

十一月号）など。

——」、及び拙稿「現代教育の『病理』と学校の転換——中等教育のポストモダン化へ」（『情況』一九九七年

（28）註（24）拙稿。

（29）この点については、拙稿「生涯学習の問題状況を読む——臨教審からポスト臨教審へ——」（『神奈川大学評論』15号、一九九三年）も併読されたい。

（30）岡村達雄編著『現代の教育理論』（社会評論社、一九八八年一四八頁（岡村達雄氏稿）。

（31）詳しい説明については拙稿『国家と道徳・教育』（青弓社、一九八九年）第七章「現代日本の道徳教育『新学習指導要領』を読む」を参看されたい。

（32）（30）岡村達雄氏稿を参照のこと。

（33）岡沢憲芙『生活大国・高齢化社会をどう豊かに生きるか』（丸善、一九九三年）iii頁。

（34）この状況の一端については拙稿「成熟化社会の高校改革」（『季刊教育法』102号、エイデル研究所、一九九五年）、及び拙稿「最近の教育政策の動向を読む——自由・平等・友愛を視軸として——」（『部落解放研究』116号、一九九七年六月）を参看願いたい。

（35）現代的市民社会については、註（9）の『現代市民社会と企業国家』に所収されている平田清明、山田鋭夫氏の論稿を参看されたい。なお、最近興味深く拝読したものとしては次の文献がある。今井弘道『〈市民的政治文化〉の時代・主権国家の終焉と「グローカリズム」』（河合文化教育研究所、一九九五年）。以上の論稿によってやや具体的に「現代市民社会」像をイメージすることができるであろう。

（36）因みに、私は一九九三年三月と九四年十二月にパリのジェルピ氏宅で親しく会談するチャンスがあった。その折にも氏はこの点を繰り返えし強調したことを懐しく想い出す。またこの会談の中で氏の理論とそれに基く行動はグラムシの「実践の哲学」の現代的適用であることを確認することができた。私のかねてからの推測と期待を氏自らの発言によって確めることができて大変うれしかった。なお、グラムシについては註

(3)の拙稿第I部「グラムシの思想と教育」を参照して頂きたい。「グラムシは私の心《クオレ》だ」というのがジェルピの口ぐせであった。自分の心身に内面化しているという簡潔な表現であることをこの章句によって確かめることができた。

(37) 拙稿「現代的人権と社会教育」(日本社会教育学会編『現代的人権と社会教育』東洋館出版社、一九九〇年)を参照のこと。

(38) これはD・ルソー教授の見解であるが出典その他については註(37)の拙稿を参照のこと。

(39) この点に関しては、拙稿「物象化論と教育の再審・実体から関係へ・そして関係の変革へ」(『情況』一九九四年十一月号)も参看願いたい。

(40) 次の拙稿も併読願いたい。拙稿「現代の教育・文化状況と企業国家」(『経済評論』一九九二年八月号)。

(41) たとえば、石見向『いま生活市民派からの提言』(御茶の水書房、一九八八年)など。

(42) たとえば、P・F・ドラッカー・上田惇・田代正美訳『非営利組織の組織』(ダイヤモンド社、一九九一年)、内橋克人『共生の大地・新しい経済がはじまる』(岩波書店、一九九五年)、金子郁容『ボランティアもうひとつの情報社会』(岩波書店、一九九二年)などを参照のこと。なお本書第三章も参照して頂きたい。

(43) 註(19)拙稿。

第三章　新しい社会形成とボランティア・ネットワーキング

一　マルクスの再評価と社会民主主義

1　今村仁司氏の問い

すぐれた社会思想の研究者今村仁司氏は、今から十年程前に、半年間中国に滞在し、その時の印象を『中国で考える』という一書にまとめた。(1) 私の友人である中国の専門家によれば、現代の中国はその当時とは大きく状況が違うという。最近の私の訪中の見聞からもその通りであろうと思う。

顧みれば、今村氏が滞在した時代の中国は、「市場経済に向かって、巨大なエネルギーが、堰をきって奔騰」しようとしていた時期であり、「近代世界が非近代世界を襲い、それを包摂するとき」(前掲今村書の「帯」に付せられた説明文)であった。それはまた、かの天安門事件の前兆の半年間にもあたっていた。その過渡期に当代一流の思想研究者が現地で何を感じ、何を思ったかの記録である本書は全体として大変示唆に富むのであるが、小論の視点からいえば、第二部の末尾に記されている次のような今村氏のマルクス主義についての見解が極めて興味深い。やや長いが以下に引用しよう。

「マルクス主義は現在の中国でまさに死滅しつつある。いずれ『マルクス主義』は、ソビエト、ロシアの作ったイメージや中国が作ったイメージから解放されて、本来あるべき姿、つまりマルクスとエンゲルスの思想にもどされるだろう。そのときもう一度、マルクスとエンゲルスという巨匠が本来何を考えていたのかが、学問的に厳密に研究されて学びなおされるであろう。そのとき、『二〇世紀のマルクス主義』とは、ソビエト・ロシアのレーニンやスターリンの思想、中国の毛沢東の思想であって、もともとマルクスやエンゲルスとはあまり関係ない、ということもはっきりするだろう。彼等はロシヤ人や中国人に刺激を与えたが、それだけのことかもしれない。私の言いたいのは、ソビエト・ロシアの『マルクス主義』（実際はレーニン／スターリン主義）が解体したり、中国で『マルクス主義』（実際は毛沢東主義）が死滅しつつあるからといって、一九世紀のマルクスの思想がそれで消滅するわけではないと言うことである。この混同は長い歴史があるから、解きほぐすにはやっかいであるが、やはり確認しておきたい。マルクス主義はようやくその創始者のもとにもどってきたのだ。古典的思想になってようやくマルクスとエンゲルスは、政治闘争から距離をとって、正当に評価されることになるだろう。そして真実の批判的思想として回帰するだろう。これが中国を見ていて感じる印象である(2)」。

私もまた右の今村氏の印象と同様の感慨を抱いている。それでは、今村氏のいう「正当」な「評価」とはなんであろうか。そのような性急な問いこそが問題だという批判もあるかも知れない。しかし、今村氏が中国に滞在したときからまもなく二十年がたち、社会主義の崩壊からさえもまもなくそれに近い年月が過ぎている。その後の様々な諸言説を勘案し、実践的な課題、そして現実の展開から、あえて私見を言えば、それはアソシエーションによる組織原理、あるいはボランティア・ネットワーキングによる社会形成が回帰すべき中心軸になるのではないか。そのようにいってもそれ程的を外れていないのではないだろうか。

2　社会民主主義

ところで、当初私は、いわゆる、マルクス・レーニン主義ないし毛沢東主義に対抗するオールタナティヴな社会形成の原理として「社会民主主義」に期待を寄せたことがあった。その事情を一部旧稿との重複を恐れずに述べてみよう。

二十世紀の思想の現実化の過程でドラスティックな破局に至ることなく、どうやら危機を乗り切ってきたのは、いわゆる西欧社会民主主義ではなかったか。顧みれば、マルクス・レーニン主義型社会主義の破綻が少なくとも多くの知識人に次第に顕かになりつつあった頃から、旧西ドイツの社会民主党の綱領とその諸政策の成果が注目された。少し古くは、イギリス労働党の理念と政策も同様の潮流と見ることができよう。最近では、①自由、②平等、③友愛（連帯感・協同）に加えて、④平和、⑤機会均等、⑥安全、⑦安心感、⑧公正の八つを具体的理念として掲げた「スウェーデンモデル」が脚光を浴びてきたことも記憶に新しい。〝セイオウ・シャミン〟とかっては蔑称された社会民主主義が行き詰まった社会主義に代わる「希望の星」になっていたのだ。

ところで「社会民主主義」の内実はそれ程厳密ではないが、抽象的には、生産としての資本主義、分配としての社会主義と解することができよう。因みに比較的新しい文献によって、やや具体的には、「経済システムとしては資本主義だが、国家が介入することによってその過渡の運動をセーブし、労働組合の利害も組み込んだ形で福祉政策を実現していく社会制度」(3)と定義できるであろう。大雑把にいえば、資本主義と社会主義の混合（アマルガム）の総称である。

以上のように理解すれば、現存の、あるいは少し以前までの先進資本主義国はその実態においては総じて社会民主主義であると言っても間違いではないであろう。こうした現状の中で、比較的、社会的公正に力点を置いた如上の三国（旧西ドイツ、イギリス、スウェーデン）のモデルに、私もまた一定の期待を寄せた次第である。しかし、改めて省みればそこでは次のような問題が生じていることを認めざるを得ない。

それらの国々では国内の所得格差は比較的に少ないことは確かであろう（社会的公正の実現）。ただし、それらの国々を主とする少数先進国とそうでない多数の途上国との格差は余りにも著しいことも事実なのである。鴨武彦氏によれば、「最富裕国の二十七カ国が世界全体の富の七九・五五％を占めている」(4)という。しかも具体的数値で明示できないが、これら二十七の国々の生活水準をそれ以外の人々にも保障しようとすれば、エコロジーは直ちに破壊され、地球の資源は僅かの時日に枯渇してしまうことは誰の目にも明かであろう。

この点を考慮するだけでも、「希望の星」たる社会民主主義にも大きなかげりが見えるようだ。グローバルな社会的公正が解決されていないと考えざるを得ないからである。単純に結論すれば、社会民主主義もこれまでのような福祉国家の現実を継続すれば、結局「大きな政府」に行き着くほかないと言うことになる。しかも、その大きな政府を地球規模に実現・持続することはエコロジーの視点から到底できないのである。社会民主主義の掲げた理念は正しくてもグローバルな実現は現在のところ困難であると断定せざるを得ないのである。

二　「小さな政府」の再審

1　サッチャーリズム

それでは「小さな政府」に期待すべきか。対局の「大きな政府」とは、社会主義国家を始め福祉国家などに典型的なように、官僚が生活の相当部分にまで関与する国家、ないし社会ということができるであろう。反対に、国家の市民社会への介入ができるだけ少ない国家を「小さな政府」と常識的には言うのである。詳しい理論的検討は省略して言えば、「小さな政府」の典型として、イギリスのサッチャー時代を挙げても異存はないであろう。そこでは「市場主義」の原理の拡大と推進が政策の基本であった。

ところで、そもそも「市場主義」とは何か。専門家によれば「市場の活力を利用しながらいろいろな問題を解決していく姿勢、それが『市場主義』の立場である」[5]と説明される。イギリス保守党のサッチャーがこの「市場主義」を中核とするいわゆる「新自由主義政策」をドラスティックに進めた経緯はよく知られる。ここでは、日・英両国の教育に精通するロナルド・ドーア氏の興味深い説明を聴こう。

「技術の進歩が必然的に先進国全体にもたらすこのような分化現象（「高度な細かい技倆を要求する、ますます競争的になった労働市場で、うまく浮かびあがる人と沈んでいく人との違い、知能的にも情緒的にも競争的情況に適応できる人とできない人との違い、学校で『よくできる子』と『できない子』との違い」など）に、イギリスで拍車をかけたのは、サッチャー首相就任の一九七九年以来の新自由主義である。公益より私益を重んじる諸政策――小政府主義・公営事業の民営化・役所の従来の年功（年おおよび功）的昇進制度の代わりに、『成績基準給料』の導入・投機的貯金の趣味を国民全体に普及させた金融界の全面的規制緩和・社会保障制度の削減とそれに伴う生活保護の拡大・雇用者保護の諸規制の撤廃、などが社会的連帯意識を蝕み、アングロサクソン文化に深く根を張っている個人主義をさらに助長する効果をもった。しかも、それは、社会に対する義務を各々が自分の良心に鑑みて解釈する。責任を強調するような個人主義と言うよりも、むしろ単なる利己に近い個人主義である[6]」。

2 臨時教育審議会の再審

日本において、この新自由主義政策を積極的に導入し推進したのは中曽根政権であった。国鉄のJR、電電公社のNTTへの転換などに典型的に見られるように、それは「民間」の「活力」を従来の公的領域にも導入して経済の活性化を志向しようとする政策であった。経済ばかりではない。これまで民営化には馴染まない「聖域」と考えられてきた、福祉、教育の面においてもその政策は進められた経緯は周知の通りである。教育においてその役割を積極的に担ったのは言うまでもなく臨教審であった。その内実についてはしばしば言及したところであるが、旧稿との重複を覚悟して要目を述べれば、次のようになろう。

それは端的に、「教育する国家」からの転換であった。これまで（福祉国家）のようにすべての人の教育の機会を保障しようと言うのではなくて、学習者の意欲や「自由」、あるいは能力に応じた学習の機会を、民間の「教育産業」と分けあおう、ないし競争しようとする方がベターであるという考え方であった。したがって、「学習尊重というタテマエのもとに、国家にツケがまわされてきた『物質的』『精神的』保障義務から身軽になれる。またなるべきなのだという国民的合意をうちたてていくためにこそ、この『移行』の実現、そのための『学習』イデオロギーによる国家的演出は回避せざるものだった」[7]のである。さらにいえば、「自発的に学習意欲を示したもの、自己責任の持てる『受益者負担能力』のあるものに対して、学習の機会、教育の機会は与えるけれども、それ以外のものについては国家は関知しない、それは学習者の自由を尊重すると言うことで当然なのだということに尽きる」。端的に、「体のよい『切り捨て』宣言、国家の過剰となった公的保障義務からの『解放』の主張」[9]であった。この結果、とりわけ、社会的「弱者」にとっては公的保障は必須であり、そのために公的保障を求める声は一層強まった。言い換えれば、国家の有難さ、偉大性を改めて多くの国民に認識させることになった。文字どおり〝労せずして〟国家のヘゲモニーの貫徹傾向が強まったのである。

臨教審以降については詳述する紙巾はないが、一四期中教審による「格差こそ教育の病理」という公的表明はあったものの、それは、多様化の一層の推進という処方箋を提言したため総じて差別化の拡大傾向に流れている実情は否定できない。つまり、日本においても前引したドーア氏が指摘するイギリスと同様の傾向（「分化現象」）が教育においても顕著なのである。
しかも、最近の「規制緩和」の宣揚の国民的大合唱の下に、この傾向は今後ますます強まることが予想される。これに関連して次の事態にも注目したい。

3 イギリスの現状と労働党の政策

私は一九九七年五月の選挙でイギリス労働党が保守党に圧勝し、久しぶりに政権に返り咲いたときは多くの希望を抱いた。社会民主主義を党是とする政党がイギリスに復権することでサッチャーリズムの潮流に歯止めがかかり社会的公正の実現への逆流が起こることを期待したからである。しかし、前出のドーア氏によれば、事情は私の予想とは大いに異なるようである。前掲のドーア氏の論文から必要な箇所を引用してみよう（以下の引用はすべて前掲論文による）。

「一九九七年五月のイギリス総選挙で、労働党の圧勝は衝撃的だった……選挙直後の期待は大きかった」。私の感想もまったく同じであった。しかし、「それは非現実的な期待であった」と氏は言う。何故なら、「国民は政権交替をこそ望んだのであり、大きな政策転換を望んだのではなかった（「国民の声」と新聞はいうが、実は保守党から労働党へ移った票は、選挙民のわずか一割強だった）というのだ。

一方、労働党の方も、八十年間も唱えていた「生産・流通手段の社会化」という党是を打ち捨て（三年前に党規約を改正）たのであれば、「大改革をはかる野心は持っていなかった」のである。すなわち、「外交面」でいえば、「ヨーロッパ共同体に対する姿勢は変わったが、たとえば通貨統一など具体的な方針は変わっていない」。対中対ロ対策も、「依然として対米協調を基調とし、……NATO拡大を全面的に支持してきた」。「財政面」では「中央銀行の独立、銀行管理制度改変」などの措置は、左翼インテリが長年求めてきた「経済全体に対する金融支配の打破」とはかえって逆への措置であるとドーア氏は断ずる。

ところで「社会政策」の面はどうか。ドーア氏の説明は続く。「たとえば医療制度、教育、社会保障、住宅などの分野では、前の政権より、日本でこの頃いう『弱者』、低所得者、貧乏な人達への思いやりを、言葉の上では見せ、最低賃金制をはじめて設けることを約束はしたが（ただしその額が問題）、インフレ抑制・政府支出凍結という前政権の政策目標の優先順位をそのまま受け継いでいる労働党政権は、その思いやりに具体的な、金銭的な意味を持たせることには、きびしい限界を設定している」。

以上に見られるように、ドーア氏の労働党に対する評定は非常に厳しいのであるが、それはイギリス社会の変貌の当然の反映であると氏は説く。日本の状況の考察にも大変示唆的であるので、さらにこの点についてもドーア氏の説明——詳細については同論文を参看願うことにして、ここでは要目のみに限定する——を引用させて頂く。

「一九四〇年代のイギリスでは、資産も大してなく、職業の安定性も保障されていない『労働階級のもの』と自己規定する国民の七割ほどが、不合理な、不平等な社会構造の根本的改造を求める労働『運動』の潜在的支持層をなした社会であった。それがいまや国民の六、七割が、まあまあ満足している社会となった。持ち家に住み、マイカーを乗り回し、自分の収入最大化という人生設計を脅かす税制変更に敏感に反発する中間層となった」。

一方で、「失業したり、不安定な低賃金の仕事に就いていたりという恵まれない人生を送る残りの三、四割の人々の多くが、投票にも行かない、『運動』の主体にもなりっこない。二流国民のレッテルを貼られても諦めてしまう。敗者・弱者となった」。おまけに――とドーア氏の考察は続く――「その七分三分の差、貧富の差は拡大する一方である」。

以上の要旨のもとに、ドーア氏は「年金」を事例に具体的説明を行うのであるが、それは省略して「教育」の例を見よう。これまた日本の現状と密接に関連するのでやや長いがあえて引用しよう。

イギリスでは、もともと小中学校又は高校においても、地域の学校に行くのが原則であった。これは「学区の境界線の引き方によって、オール中流階級の学校とオール労働階級の学校との差別がなるべく生じないような配慮」に基づくものであった。

ところが、サッチャー時代の教育行政は、従来の「国民統合・機会均等・階級隔離防止」の原理よりも、「消費者主権」及び「競争による効率性の追求」の原理を優先させたのであった。その具体的方途が〝学校選択〟の推進である。つまり、「消費者としての親」が「教育というサービス商品」を「選択する」際の「基準」（〝商標〟――黒沢）となる資料として各学校の全国共通テストの成績（〝商品の差別化〟――黒沢）を発表することにしたのである。結果はどうなったか。

「案の定」――と以下、ドーア氏の観察は続く――「教育熱心な親たちは、評判のいい学校に群がってくる。当然定員をオーバーする。結局、親が学校を選ぶというより、学校が（面接などをして）親を選ぶことになる。選ぶ基準は非常にあいまいだが、『家庭環境』がよいことと、学力が相当ものをいうことは明らかだ。したがって、中流階級の子弟の多い成績の良い学校と、生活保護世帯など恵まれていない家庭の子弟が集中する成績の悪い学校との差別化が、ますます進行していく」。しかも、「イギリス経済の競争増進のための人材育成を至上命令と考えがちな」人たちには、如上の「差別化」が結果する、「社会における階級差別、階級対立の激化」は、「払うべきコスト」とされるのである。さらに、ドーア氏によれば、「もとの学区制に戻ることは最早政治的に不可能になっている」という。「親の選択権」がすでに、「触れるべからざる神聖な市民権の一つとなっている」からだ。

4　日本の現状

ところで、日本はどうであろうか、長々とドーア氏によるイギリスの状況の説明を引用してきたのは、ほかでもない、氏の叙述はまるでその後の日本を活写しているように思えたからである。戦後日本の教育においては義務教育段階だけではなく高校も地域形成との関わりで捉えられてきたのであった。戦後の高校改革の理念の一つとされる「小学区制」はまさに地域の学校を創るためであった。総合選抜制度も、総合性もそして男女共学も同じ主旨の下に提唱されたのであった。

しかし、周知のように、五十年後の今日、現実は理念とは大きな隔たりがある。男女共学はともかくとして小学区制の現実は惨澹たるものである。九六年度文部省調査によれば、全日制普通科で小学区制を採用しているところは「ゼロ」、小学区、中学区併置は四県、小学区と大学区併置は六県とのことである。総合選抜、総合性についても、詳しい資料はないがほぼ同様であろう（ただし、「総合学科」による「総合性」には今後の改革の可能性を見出すことができる）。

最大の理由は、イギリスと同様、「選択の自由」に関わるものである。高度成長以前の全般的に貧しい時代には「選択」の余裕はなく、問題にもならなかった。ところが、七〇年代半ば頃から顕著になった情報社会、消費社会の急速な進展とともに画一的な「配給品」では満足できない子ども、親・保護者たちが俄かに増大したのである。このような国民の変化に加えて、行財政改革、さらに経済のグローバライゼーションへの対応も迫られたため、その有効な手段として「市場主義」「選択の自由」が、その教育への適用が推進されつつあるのだ。

とくに、「学校選択」についていえば、一九九六年七月に、行政改革委員会の規制緩和小委員会が通学区域の規制緩和として、「学校選択をめぐる賛成意見」を公表した時点からは、義務教育段階まで「選択の自由」を積極的に導入しようとする意図の宣明として特筆されるべきである。その後、同年一二月の同委員会の規制緩和の推進に関する第二次意見書「創意で造る新たな日本」においても、「自己の意識や価値観を育て、個性を伸ばし、自己実現のために自ら選択する力をつけさせる」ことが教育に期待されるとした上で、とりわけ「学校選択の自由」が謳われているのである。つまり、本節冒頭部分に引証した「市場主義」が教育においても急速に推進されようとしてきたのだ。因みに、日本の財界の方針も、この方向に向かって進んでいること、その方向へ日本を推進しようとしている事実は否定できない。ドーア氏はこの点についても言及しているので紹介をしておきたい。

氏は、経済同友会の「市場主義宣言」に注目する。そこでは、「市場原理の貫徹によって、英米と同じく、市場で浮かび上がる人と沈む人、強者と弱者の差、貧富の差が必然的に拡大することを率直に認めている」と、ドーア氏はいう。しかし、同友会によれば——続けてドーア氏はいう——「結果の不平等の増進――つまり貧富の差の拡大――は残念なコストであろうが、それ自体望ましくないことでもあろうが、避けて通れない規制緩和・護送船団解体・競争原理貫徹という『急務』を果たすことの必要条件なのである」。その主要な理由は失われた国際的競争力の復活である。つまり、「国際的競争力をとりもどすためには、いわゆる『高価格・高コスト構造の是正が必要』なのである。これはいわば「国家」的要請である。

一方、個人主義という名の下における「消費者主権」の原理による規制緩和の要請がある。「『消費者主権』という言葉に端的に表されるとおり、何がどのような方法で供給されるかということを、供給者・業界団体や役所が決めるのではなく……」「国民・消費者の市場における選択をすべての基本とし、それに的確に対応できる創意ある事業者が伸びていく制度とすることが求められている」（以上の二つの引用文は、行革委の規制緩和小委員会の報告書「創意で造る新たな日本」からである）。

しかし、以上はタテマエでホンエのところは「一種の利己主義という意味での個人主義」とドーア氏は推測し、それを「弱肉強食」とはいわないまでも、そこには「弱荷強捨」のきらいがあると説く。やや具体的にいえば次のようになる。「競争に勝ち抜く自信を持っているわれわれが、どうして負けそうな人達の面倒を見る『重荷』を背負わなければならないのか。あまり『結果の平等』にこだわり、所得のばらつきがひらくことを心配するのは間違いで、『機会の平等』さえ確保すればよい」。これは、「所得税の最高税率を引き下げ、累進度を一層緩和する」提唱になる。さらに興味深く、納得できるのは教育における以下の気運についてのドーア氏の説明である。

「たとえば教育界では『中高一貫校』の全面的導入を主張する人々はいつも、児童の知的発育段階論など、あくまで『教育学的』根拠から論じているのだが、本音のところでは、これまでの、中学修了時の十五歳まで能力別に分けない、学力的に異質的なクラス編成の制度は、よくできない子にはいいかもしれないが、優秀な子の発育を害するから止めるという意図があるようだ。同じ『弱荷強捨』の発想と言えよう」。端的に、「競争に勝ちそうな者が、どうして負けそうな人達とつき合う必要につきまとわれなければならないのか」ということである。

5 「小さな政府」の一つの結末

以上迂路を経ながらも、主としてドーア氏の日・英の比較研究を参照しつつ「小さな政府」の内実と日本の行末を検討してみたのであるが、どうやらその政策の近未来は八〇年代半ばに臨教審が示した「社会的弱者」の切り捨てによる差別化社会の到来ではないか。ドーア氏のいう「弱荷強捨」も結果としてここに行きつくと考えざるを得ない。そして、この差別化はグローバル化における国家の生き残り（国家の誰が？）のために必要なコストと見なされ、他面で、消費者主権（国民の多くの要求に応えるために「規制」を「緩和」する「小さな政府」への期待）のスローガンのもとに正当化されてきた。

ここで、共生の社会の意義については述べることは省略するが、常識的に言っても格差が大きく連帯感の薄い社会は健全とは思えない。独断的私見ではあるが、たとえばペルーのテロ事件などを省みれば、あのような事件の底流にはやはり極度な貧富の格差構造があることは否めない。そのために安全を保つべきコスト（社会不安の拡大という心理的コストも考慮する必要があろう）と先述の「コスト」との兼ね合いなども勘考する必要がある。いささか適切さを欠く例かも知れないが、高校の「困難校」が地域から「やっかいもの扱い」をうけている場合が多い。これは、学校間の「格差」及び「差別化」に多く起因するのである。この「やっかいもの」への対応のための「コスト」と、その原因である「格差」是正のための「コスト」との比較も慎重にリアルに検討すること（どちらが経済的か、、！）も必要ではないか。幸い、以前の日本は先進国では比較的階層間の格差が少ないといわれた。そのためもあって、安全度が高い国ともいわれる。こうした長所を敢えて捨てる考え方、政策には私はどうしても与することができない。前掲のドーア論文の末尾に記されている次の結論に私は全く賛成である。

「天皇制時代の『官』と、民主主義時代の『官』は違うはずだ。公益は打ち捨てるべき概念ではない。その公益の認識を支える社会の連帯意識も、きわめて大切だ。貧富の差が拡大していく社会では、その連帯意識は蒸発してしまう。市場主義者の唯一の善――経済効率――より重要な価値もあるはずだ」。

ところで、この貧富の差を是正し、連帯意識を高めることを「社会的公正」のスローガンの下に実現しようとしてきたのが西欧社会民主主義であったことはすでにみた。そして一国内ではともかくグローバルな視野からは限界を持たざるを得ないことも指摘した通りである。このアポリアの解決は容易ではない。しかし、先に提示したアソシエーション、ないしボランティア・ネットワーキングの構想がこのアポリアを超える展望を切り拓いてくれるのではないか。以下、その考察に移りたい。

三　社会形成の原理としてのアソシエーション

本稿の初めの方に、マルクスの思想が狭い政治闘争の教条から解放されてようやく正当な評価が可能になったという今村仁司氏の指摘を承けて、その有力な評価の一つはアソシエーションないしボランティアネットワーキングではないかという私見を述べた。この提言は厳密な検討を経た結論ではもちろんなくて、いわば私の〃直観〃めいた想念である。そして、この小論のテーマである「市民社会と生涯学習」に因んでいえば、私はこの〃直観〃に基づいて、社会教育学会が是非早急にボランティア・ネットワーキングと社会教育について共同研究を行うべきことを学会の理事会で提言した。残念ながらその提案は受け入れられなかったが、学会『年報』として、同じテーマで編集し刊行することには賛意が得られ、実現できたことは幸いであった。担当理事として編集・刊行に積極的に関わったので、その大枠を記してみたいのであるが、そのまえに、私の〃直観〃による想念の背景を述べておきたい。

1　初期マルクスの未来社会観

私はかつて、初期マルクスの思想形成の過程を追思惟し、『疎外と教育』という題名の一書に編み上げたことがある。その総括の章に次の章句を記した。

「『互いに教育しあう自由人の結合体』――『ライン新聞』期に記されたこの期のマルクスの人間――個人＝社会・教育についての考え方がここに簡潔に表わされている。より具体的にみれば、その教育の内実とは、『個々人の目的を普遍的な目的に』『粗野な衝動を倫理的性向に』『自然的な独立性を精神的自由に』変える（教育する）ことであり、このこと（教育）によって「個々人が全体の生活の中で自分の生活を楽しみ、全体が個々人の心情を自己の心情として楽しむ」ことが可能になるのであり、その結果、冒頭の『自由人の結合体』が創造されるとマルクスは説くのである[10]」。

ここに表白された共同態観をもとにマルクスが経済研究を始めるまでの人間・社会観の形成過程を辿ったのが前掲の拙著であった。したがって、マルクスの壮大な共同態の思想体系からいえば未熟なコンセプトであることは否めない。それは確かだ。しかし、反面、マルクスの未来社会のイメージが思想的出発点においてより鮮明に表われていると見ることもできよう。未来社会のデッサンの中にマルクスが「教育」を挿入したことに私はかねがね注目してきたのであった。この点に触れて私は次のように強調したことがある。

「いいかえれば、直接的な反逆のエネルギーがもはや必要でなくなった時点において（つまり、プロレタアート革命が一応終了した時においても）、教育はその役割を終えるものではなく、その資本主義社会の支配、被支配の関係の否定を条件とする新しい社会＝自由人の結合体を創造していくためにも教育はなお必要とされるのである。未来社会の展望を簡潔に表現した冒頭の（前掲の）マルクスの章句にマルクスが『教育』の語句を挿入したことは教育なくしては人間の真の自由は発現できないというマルクスの確信を表明しているものと思われる[11]」。

2 マルクスの「アソシエーション」をめぐって

拙著の執筆当時はもちろんアソシエーションと結びつけて引証したわけではないが、未来社会のデッサンであることは疑い得ない。ソ連や中国型の社会主義の現実と結末がこのデッサンとはかけ離れたものであってみれば、マルクスの社会観を再審するためにはこのデッサンを一つの指針とすべきであると私は改めて考えるのである。このような自省のもとにアソシエーションに関する最近の文献を読むに至り、その構想が如上のデッサンへ向けて進む可能性を実感したという経緯が私のアソシエーションへの期待の背景にある。

もちろん、アソシエーション論にもマルクス以外の様々な分野からのアプローチがある。それなりに興味深いのであるが、マルクスの「再読」という視角からいえば、田畑稔氏の労作『マルクスとアソシエーション―マルクス再読の試み』が白眉と言えるだろう。本書の「目的」について著者は「はじめに」で次のように述べている。

「この本は、『アソシエーション』という概念に焦点を当てて、マルクスを一から再読してみようとする試みである。マルクスに親しんだことのある人なら、彼が未来社会を『ひとつのアソシエーション』とか『諸アソシエーションからなる『社会』』とかとして構想していたことを思い出すだろう。なにかそこにマルクスは重要な意味を込めているに違いないが、それがはっきりとは伝わってこないというじれったさを感じたのではなかろうか[13]」。

「『アソシエーション』は、諸個人が自由意志に基づいて、共同の目的を実現するために、力や財を結合する形で『社会』をつくる行為を意味し、また、そのようにしてつくられた『社会』を意味する。

じつはこのようなタイプの『社会』が本格的に展開するのは、そう古くない。同好同信など周辺的な組織は別として、地域組織や国家が、また、とくに生産や流通の基本組織が、この型の『社会』として編成されるべきだという思想や運動が本格化するのは、ヨーロッパでも十八世紀以降だと言えるだろう。こういうアソシエーション型社会の展開の中にマルクスの解放論的構想を位置付けてみようというのが、本書の目的である[14]」。

このような視点と目的を持って本書は、序論「アソシエーションというマルクス再読の視座」、第1章「ルソーのアソシエーション論とマルクス」、第2章「『ドイチェ・イデオロギー』と『諸個人の連合化』」、第3章「アソシエーションと移行諸形態」、第4章「アソシエーションと『自由な個人性』」、補論「マルクス再読の試み」の5つの章と1つの補論から構成されている。刊行当初から注目されたことはいうまでもない。多少ともマルクスを読んだ者なら各章題から大方の内容が推察できるであろう。氏は各論点を逐一原典にあたり、従来の訳語の検討も併せ行いつつマルクスのアソシエーション概念の真義を解明しようと試みる。その具体的検証については読者の参照にゆだねたい。私が注目したいのは「補論」8「人類史の中のアソシエーション」についての氏の位置づけである。そこでは大略次のように述べられている。

「マルクスはあちこちで『古い市民社会に代わって一つのアソシエーションが出現する』(MEW4-482) という主旨の認識を示している」と指摘した後に、マルクスは、人間社会が類型上、①「共同体 (Gemeinwesen)」にはじまり、②「市民社会 (die bürgerliche Gesellschaft) の展開を経て、③「アソシエーション」(Assoziation) へと成層的に推移すると見ていたのではなかろうか[15]」。

以上のようにマルクスの社会形成の原理を段階的に分類しつつ、各段階における「成層的推移」を具体的な事例を挙げて説明するのであるが、ここではそれは省略する。しかし、田畑氏がいわんとすることは、マルクスの社会形成の究極形態は、アソシエーション、とりわけ「自由な生産者たちのアソシエーション」にあるということが眼目である。

ところで、田畑稔氏は自ら主宰する『季報唯物論研究』[16]において「アソシエーションの理論と実践」の特集を組んだ。再読、三読して大変示唆的な論稿が多い。そこでは、「実践サイド、理論サイド、思想史研究サイドを含めて、これまで『アソシエーションの理論と実践』をさまざまな形で志向してこられた中心的人物に、とりあえずは『横一線』で一度並んでいただこうと考えたと「特集」の「主旨」を田畑氏が述べているように、決してマルクス派による論稿だけではない。しかし、如上に田畑氏の所説の要目を紹介したので、以下にマルクスに関する各論者の主な見解の要目を引用しよう。煩雑を避けるためページ数は逐一記さない。

① まず大藪龍介氏は自らの書に対する批判の反批判という形で所論を述べるが、その要旨は、「マルクスの未来社会論は、アソシエーションを決定的なキーワードにしており、一八六〇年代から七〇年代にかけ、生産協同組合を基軸とする協同組合型社会として彫琢され、他方でのコミューン国家論の形成とあいまって、近未来的には協同組合志向社会に地域自治体国家を接合した過渡期社会・国家像として全体的な像を結んだ」というものである。これに関説して次の指摘も示唆に富む。「未来社会構想の領域でもマルクスの転換は根本的なものであって、生産手段の国家所有化に代えて協同組合

的所有化を、中央集権制国家に代えて地域分権の連邦制国家を、総じて国家への集権に代えて国家の社会への吸収の方位を定立し、それらに対応して土地に関しても国家（所有）化ではなく国民（所有）化を打ち出すにいたるわけである」。

② 村岡到氏は、アソシエーションに関連する術語、訳語について興味深い比較考証を行うのであるが、私には「長い間新左翼の活動家として『ブルジョアジーの暴力的打倒』（『共産党宣言』）を信条としてきた」氏の次のような問題意識の表白が面白かった。「私が〈アソシエーション〉の重要性に気付いたのは、ソ連邦崩壊の後に〈社会正義の再生〉のために思索していたからである」。さらに、問題常識の端初として『共産党宣言』の有名な一句――「階級と階級対立の上に立つ旧市民社会に代わって、各人の自由な発展が万人の自由な発展の条件である「EINE Assoziation」の訳語が一定していないことに注意を喚起する。そして、この用語の諸々の訳語の検討の後に、「私は社会主義思想において〈アソシエーションの視点〉はきわめて重要な認識の拠点であったと理解することができた」と結論する。

③ 石塚正英氏は、前掲の田畑氏の労作の主旨を踏まえつつも、現代のアソシエーションは、一方でトランスナショナルを、他方でファミリーを解体する方向を、そして「一元主義（monism）」から「多元主義（pluralism）」への移行を提唱している。そして次のような注目すべき章句で論稿を結んでいる。「二一世紀に入れば、そう遠くないうちに国家、民族文化など誰にも伝統的で自然なものと

思われていた概念が激しく揺れ、瓦解していくだろう。……ではその後において、国家、民族に代えてわれわれが自己同一を確認する媒体、対象は何になるだろうか。それこそが、社会の様々な領域においてボランタリーに成立する多元的アソシエーションなのである。」この内実ついては具体的に示されていないが、今後の社会の展開を考える際には示唆的な提言である。

④　さらに植村邦彦氏は、シュルツ研究を基軸に据えて、「アソシアシオン」を「マルクスの救出と社会主義思想の再活発化」の「一つの切り札」になっていることを是認しつつも、重要なのは、「具体的な構想と実践的課題の設定・掲示そのもの」であること、具体的には「自由と平等を、あるいは公正と効率を、両立させる社会形成の具体的展望」であることを提言している。全く同感である。なお、同氏の論文中に繰り返し提起される、アソシアシオンと現存の国家権力の関係についての次の指摘も重要であると思われるので引用しておきたい。

「一八六〇―一八七〇年代に書かれた経済学批判諸草稿や国際労働者協会関係の諸文書から判断する限り、マルクスは、労働者が自発的に形成する個々の協同組合工場や農業生産協同組合そのものを、社会変革の過渡期における『一つのアソシアシオン』として積極的に評価している。この場合、国民的社会全体では、具体的な生産の組織形態としての『複数アソシアシオン』が存在することになる。しかしながら、他方で彼は、社会全体が『一つの意識的で計画的なアソシアシオン』となるというサン・シモン派的理念を決して放棄しなかった。したがって、『複数のアソシアシオン』こそ、変革された社会の構想となる」のである。つまり、マルクスにとって、「社会形成の原理は一般的『財産共同体』ではなく自発的『アソシアシオン』でなければならないが、ただしそれは国家権力の掌握を通して、国民的規模で計画的なものにならなければならなかったのである。これは分権と集権、あるいは個人と国家との微妙で危ういバランスの上に立つ構想であった。こうして国家権力の掌握による現在の生産諸条件の変革、土地の国有と生産手段の国民的集中による『一つのアソシアシオン』の最終的な実現、これがマルクスの結論となった」のである。

以上が、直接マルクスとの関わりでのアソシエーションについての論稿の中から私なりに重要と思う箇所の「抜粋」的引証であるが、その正否を逐一検討する用意は私にはない。しかしながら、各論者がマルクスから何を読みとろうとしているかは、いささか断片的な、あるいは論争的叙述からも浮かんでくるであろう。私自身のそれについての纏まった見解は稿を改めることにして、マルクス研究の長老格である杉原四郎氏の同誌掲載の論稿「改良と革命——ミルとマルクス再論」から、総括と思われる部分を紹介しておく。

氏は、まず、山中隆次氏の論文「マルクスの社会主義思想」（上野格編『経済学の知の在り方を問う——経済思想史から現代を見る——』〈新評論〉所収）から自己の論述にとって重要と思われる箇所を引用しつつ次のように述べる。

「マルクスは『資本主義経済の客観的にして主体的革命をつうじて実現されるのだと展望した』が、その後の社会主義思想の歴史やソ連・中国を中心とする社会主義実践の歴史にかんがみて社会主義の未来像をえがく場合の教訓として、生産手段の国有と計画経済が社会主義経済の核心ではなく、『マルクスも含めて一九世紀のプルードンらが考えていたアソシアシオン（協同組合）的な所有にもとづく企業から成る社会＝協同組合が、その本来の社会主義の理念にふさわしい社会形態だと言えよう』と述べ、『各アソシアシオン企業は、それぞれが生産した商品が質的にも量的にも売れるかどうか、その市場機構をとおして、自分たちの社会性を実現し確認する……（つまり）各アソシアシオン企業は……その社会機構を通して陶冶されていくのである』と書かれている」。

杉原氏は、続いて、「私は、社会主義の本来の姿はここに書かれているようなものであろうという所論に共感を禁じ得ない」と述べるが、「それがマルクスが思い描いた社会主義・共産主義と一致するかについては、にわかに断定することをさけ、保留せざるをえない」と疑問を呈している。因みに氏の見解としては以下のような文章が続く。

「晩年のマルクスは、イギリスやオランダのような民主的な先進国では、平和革命も可能であるという見通しを持っている反面、イギリスの労働者階級の堕落に失望し、アイルランドやロシアでの周辺革命を待望するようになる。また協同組合の発展に新社会への萌芽形態を認めるようにもなるが、その体制全般への漸進的滲透の展望はなく、最晩年には協同組合への言及は影をひそめてしまう。『資本論』第一巻での資本主義崩壊論と『ゴータ綱領批判』で社会主義・共産主義論とを媒介するような明確な体制移行論をみいだすことはできないように思われるのである」。

以上、私の「抜粋」を示しつつ、何人かのマルクス派の人々のアソシエーション論を検討したが、惟うに植村論文が示唆しているように、マルクスにおいては国家の総体的変革とそれを内部から主体化するアソシエーション的改革とがつねにからみあって提起されていたのではないだろうか。アントニオ・グラムシの用語でいえば、「陣地戦」と「機動戦」が錯綜していたと思われる。その確証についてはなお今後の課題であるにしても、ソ連・中国型の革命とその破綻を実見した現在、マルクスの思い描いた社会主義・共産主義像とそれらは著しく異なるものに至っていることは明らかである。そうであれば、まずもって、マルクスのアソシエーションについての想念を有力な手がかりにして、未来社会を考えることが肝要であろう――この点については大方の一致するところといえそうである。それはまた、小論の冒頭部分で紹介した今村氏の指摘のように、マルクスの思想を政治闘争から離れて古典として正当に評価することになるのではいかというのが現在の私の一応の結論である。

なお、グラムシのアソシエーションについては、同誌に所収されている松田博氏の論文「〈グラムシとアソシエーション〉に関する覚書」が大変示唆的である。因みにグラムシのテーゼ〈政治社会＝国家の市民社会への再吸収〉に即しての自治体改革については私も目下関心を持続させているところなので、松田氏の御教示に従って近く成稿を予定している。

四　生涯学習とボランティア・ネットワーキング

1　アソシエーションとボランティア・ネットワーキング

迂路を経たが、いよいよ生涯学習とアソシエーションの関係を考えてみることにしよう。この点については、学会の『年報』刊行の経緯を先述したので、私どもの共有財産である『年報』（日本社会教育学会編）『ボランティア・ネットワーキング――生涯学習と市民社会(17)――』の概略を紹介しつつ、日本の社会教育におけるこの問題の取り組みの状況を概略することをもって代えたい。

まず、私は先に、アソシエーションとボランティア・ネットワーキングをほぼ同様の意味に捉える叙述を行ったがこの点の説明をしておこう。

アソシエーションへの接近は様々であるが、田畑稔氏に従って、「諸個人が自由意志にもとづいて、共同の目的を実現するために、力や財を結合するかたちで『社会』をつくる行為を意味し、また、そのようにしてつくられた『社会』を意味する」[18]という定義については異論はあるまい。一方、「ボランティアネットワーキング」の方はどうか。

まず、ボランティアの語源は、「自由意志という意味をもつラテン語のボランタール（voluntare）に始まるといわれる。これが、意志とか、意図を表現するフランス語のボロンテ（volonte）に引き継がれ、さらには、自ら進んで提供するとか、自発的に申し出る、という英語表現へと展開し、その実行者としてのボランティア（仏= volontaire 英=volunteer）を生んだ」[19]といわれる。ここから、「自発的に、公益的な仕事を報酬を目的としないでサービスする人をボランティア」と呼び、「その行為をボランティア活動」[20]と要約できる。一方、ネットワーキングはどうか。この語は「リップナック、スタンプスが新しい意味づけをした言葉で〈他人とのつながりを形成するプロセス〉であり、『社会運動の文脈では一九八〇年代以降の草の根運動に見られる運動体相互の意識的なネットワーク形成をさす』[21]とされている。又、「単にネットワークの形成過程を意味するだけでなく、その背後にある個と個の関係、個と全体の関係、組織の作り方、などに関する個人的な思想やコンセプトを表現する言葉である」[22]ともいわれる。

以上の引用からだけでも「アソシエーション」と「ボランティア・ネットワーキングの概念」はほとんど同じと考えてよいであろう。まずはこの点を確認しておきたい。この前提の下に、終わりに生涯学習とアソシエーション・ボランティア・ネットワーキングの現状を前掲『年報』の概要の紹介によって試みたいと思う。

2　社会教育学会『年報』の編集意義と背景

本『年報』の編集委員長を務めた小川剛氏は「はじめに」において、本『年報』の成立の背景を概述しているので、まずはその要目を記すことから始めよう。

まず一九九五年一月に発生した阪神・淡路大震災時のボランティア・ネットワーキング活動の驚嘆すべき成果を氏は指摘し、その結果が社会教育研究者にボランティアへの関心とその研究の必要性を急速に高めた事情を述べる。私も全く同感である。

次に、顧みれば、もちろん、それ以前にもこの活動は見られたが、とくに七〇年代に入って新しい段階への動きが見られたと小川氏はいう。第一はボランティア活動である。わが国では「日本青年奉仕協会（Japan Youth Volunteers Association' JYVAと略称）が中心となり、一九七〇年から全国ボランティア研究集会が開催され、全国でのボランティア活動が集約されるようになった。一九九四年一〇月三〇日から一一月三日にかけて、東京においてJYVAならびに大阪ボランティア会議――第一三回IAVE（International Association for Volunteer Effort）世界会議――が開催された」。同会議では、「新しい時代を拓くボランティア――地球家族の絆を求めて」をテーマに、「社会が抱える様々な課題を確認し、解決に向けて相互の経験や努力を学び合い、交流を通して、自発的に活動する市民のグローバルなネットワークを築き、二一世紀に向けて地球市民として、日本のボランティア活動の新たな潮流を見いだしていこう」という大会趣旨のもとに世界各地から六百名をこえる参加者により、活発な討論・情報交換が行われたことを小川氏は紹介し、その意義に注意を喚起している。

第二に、ネットワークについても、小川氏は七〇年代初頭のイリイチ、ライマーなどによる、学校の代替としての「学習のためのネットワーク」(Learning Webs)、あるいは「物・人のネットワーク(Networks of things and People) の提唱、さらに、企業経営面における今井賢一氏や金子郁容氏らの「ネットワーク論」の先駆的業績に言及し、それらが五十年代の社会教育の実践史における「共同学習論」と軌を一にすることを指摘している。これらの歴史については私もいずれ比較・検討を試みたいと念じている。

第三には、小川氏は、ネットワーキングは、「従来の血縁・地縁とは異なった次元での人間のつながり」を重視し、「時代の動きにダイナミックに対応できる社会集団」の成立を促すものであると指摘する。いいかえれば、それは「官僚制」化に対する「解毒剤」、つまり「市民固有の論理」による活動を活発化するものである。この点は特に私も同感するところである。

大略、以上三点を述べることによって、わが国の社会教育研究は新しい段階に至っていることを小川氏は予想している。私もこれら3点については小川氏と見解を同じくするものである。

3　『年報』の構成

次に、『年報』の目次構成を記すことによって、内容の紹介に代えよう（元稿では詳しい題名と執筆者名を記したがここでは柱立てだけを記することにしたい）。

はじめに
Ⅰ　ボランティア・ネットワーキングと生涯学習
Ⅱ　ボランティア・ネットワーキングの理論的課題
Ⅲ　ボランティア・ネットワーキングの諸相
Ⅳ　特別報告
Ⅴ　特論
《資料編》
(1)　文献解題・紹介
(2)　資料紹介

以上が目次・構成であるが、Ⅰは総論、Ⅱは各論、そしてⅢは事例報告、Ⅳは今回の大震災を勘案しての特別論稿、そしてⅤは、現代の新しいボランティア・ネットワークの動向と可能性についての特論的考察である。編集委員会で構成の柱立てを作成し、それを基に全会員から応募をお願いしたのであるが、応募数は予定の倍近くに達し、関心の高さと広がりを実感した次第である。

ところで、小論作成を決意した当初は、編集方針を踏まえ、編集会議の審議過程を充分に勘考し、各論文を改めて有機的に私なりに再構成することを企図したが、すでに制限の紙巾を越えてしまったので以下に、私の論稿（総論）に関連させつつ、私見を箇条書きに記して小括に代えたいと思う。

4　小論の総括　社会教育とボランティア・ネットワーキング

(1)　個人的な「奉仕」という意味でのボランティアについては、旧来社会教育においても相当の蓄積がある。たとえば、一九六九年に出版された『社会教育の方法』（辻・岸本編、第一法規出版）でも採り上げられている（伊藤俊夫氏稿）。そもそも、社会教育法に「国民の自己教育」と規定される社会教育の本質は、「公の支配に属さない」性格の謂であれば、ボランティアこそ社会教育というべきであり、戦後の社会教育は戦前・戦中の「官制社会教育」に対置されるべきものであることを標榜してきたのであった（この点については、碓井正久『社会教育〈一九七〇年、第一法規出版〉所収』の倉内史郎論文を是非参照されたい）。このような伝統を踏まえて、私たちは年報編集に際して、単なる個人のボランティアではなくて、そのネットワーキングを編集の軸にしたのである。つまり、アソシエーションの検討の際に述べたように、社会教育の一つの方法とか性格規定ではなく、それを含みつつも、社会形成の原理に社会教育がどう関わるのかという視座からの研究が目指されるべきだと考える。

(2)　このようなボランティア・ネットワーキングの性格は、社会主義、福祉国家に典型的な「大きな政府」の失敗へのアンチ・アーゼではあるが、同時に、すでに検討を試みたようなサッチャーリズムに典型的な「小さな政府」に対する批判でもある。したがって、組織形態としてのネットワーキングを単に「タテ」の関係を「ヨコ」に変えるということ（このことは必須の要件ではあるが）に止まらない。税金を使った公共「事業」や利潤追求を主旨とする「企業」にも対抗できる一定の経済的自立が可能であるようなＮＰＯ・ＮＧＯをもこのボランティア・ネットワーキングに含めているのである。当面はこのネットワーキングは公共事業や企業にとっては不可能な、あるいは有効ではない領域に多く関わるのであるが、前二者の中にも今後どんどん浸透していくべきであると考える。様々なボランティア活動を中核とするアソシエーションのインター・ナショナルなネットワーキング――もちろん、これからはトランス・ナショナルな形態が多くなるであろう――が今後の社会形成、編成の原理と基礎になるであろう。

(3)　社会教育の分野では、具体的に考えるとすれば、各自治体の生涯学習プランをどのように策定し、実現を図るかということになると思われる。この場合、従来の社会教育はしばしば公的保障を強く主張し、自助努力、企業との連携、ないし、その内在的批判に基づく改革については努力を怠ってきたのではないだろうか。そのために財政危機の喧伝の前に一方的後退を余儀されているところが多いのである。しかし、この際、先に植村論文の検討でも触れたように、自治体と国家権力との関係をどう変革するかが問題になるのであるが、社会教育では、しばしば「国家が一方的に「悪」として否定的に捉えられてきた。そこでは旧来マルクス主義国家＝階級支配の道具説が前提とされていたのである。むしろ最近のグラムシやプーランザス、ジェソップらの学説によれば、国家もまた諸関係の総体であり、その関係の環を具体的な場＝自治体などにおいて変えることによって、国家（権力）の変革の可能性は大きくなるのではないかと考える。（因みに、グラムシはこのことを「国家の市民社会への再吸」と表現している)。

(4) 田畑稔氏のマルクス研究による人類史の中では、「市民社会」から「アソシエーション」が「成層的に」推移すると説かれていることはすでに引証した。この場合の「市民社会」とは何かについては様々な捉え方があるのはもちろんである。私見によれば、具体的「場」としては(一つの手がかりとして)「自治体」を考えて良いのではないかと惟う。さらにいえば、「ブルジョア」から「シトワイヤン」への成層的展開、田畑氏がいう「成層的」「推移」がとりわけて肝要である。

この場合の「ブルジョア」とはヘーゲルに従って、わかり易く表現すれば、「同じ人間が自分と自分の家族のこと」を考え、契約を結ぶなどする(あるいは、それだけしか頭にない)人間と考えることができる。一方、「シトワイヤン」とは、「普遍的なもののためにも働き、これを目的とする」人間ということができよう。ここではとくに「成層的」という用言が重要である。つまり「ブルジョア」=「私」の契機とともに「シトワイヤン」=「公」の契機も同時に含まれているような人間が想定され、自治体の主要な構成員がこのような人間になることが眼目なのである。いうまでもなく、それは「強制」されるのではなく、自ら、ボランティア的にそうなることが肝要である。私はそのような人間による社会を「市民社会」と考えている。前出の田畑氏の見解でいえば、「市民社会」と「アソシエーション」の構成員が環流しつつあるような人間、それらの人々のネットワーキングを私は「市民社会」と捉えたいのである。そのためには、広い意味の学習が中核に位置付けられていなくてはならない。すでに引用した「ライン新聞時代」のマルクスの章句でいえば、「互いに教育しあう自由人の結合体」とそれはなるであろう。前出の社会教育学会の『年報』のサブタイトルに「生涯学習と市民社会」とあえてネーミングしたのは、少なくとも私の考えではこのような背景と意図があったからである。

(5) 阪神・淡路大震災時のボランティア活動の量と質が示した意味は実に大きい。発生時から夏休み終了時までの約八ヶ月の間に参加したボランティアの数は延べ百三十万人に達した。ボランティアはカネとヒマのある有閑階級がやるものだ、行政の下請けだ。このような従来の狭小な観念を吹き飛ばしたのであった。たとえば、ボランティアに楽しさを見出した人は、ほとんど「助けられているのはむしろ私の方だ」という。あるいはまた、ボランティアは「助ける」ことと「助けられる」ことが融合し「誰が与え誰が受け取っているのか区別することが重要でないと思えるような、不思議な魅力にあふれる関係のプロセス」であることを強調するのは金子郁容氏である[23]。また、鷲田清一氏は「関係発見」の喜びを次のように表現する。「他者の他者として自分を他ならぬ他者に認めてもらうということ……他者によって無視し得ない存在として認知されること」「そういう他者としての認知、行為としての評価や賞賛であること」、しかも、多くの人々が望んだボランティアの形態は、「他者の前に、他者に積極的に関わっていく活動……であったこと、そしてまた多くの場合、全身体的活動であった」ことが、大震災の際に確認されたともいう[24]。

以上の事態は大変に興味深いことである。一つは、「人間の本質は個人に内属するものではなく、社会的関係のアンサンブルである」(「フォイエルバハに関するテーゼ」)という有名なマルクスの人間の本質規定をボランティア活動が具体的に、多くの人々に実感させてくれたことを示している。二つは、ボランティア活動とは、単に自分のためでなく、さしあたって顔の見える他者のために——つまり、抽象的な国家や民族などの伝統的な共同体のためではなく――献身することが結局は自分に喜びとして還って来るという意味で、それは前述したように、「私」であると同時に「公」でもあるという「市民」の具体的形成過程であるとも思えるのである。つまり、市民社会の生成はボランティア活動の充実と拡大にかかっているのだ。このことを明示しているのである。

以上、やや羅列的であるが、私が社会教育とボランティア・ネットワーキングに関わって総括的に述べたかった諸点である。念のために前掲『年報』所収の次の拙文を掲げて小論の結びとする。

「一九六〇年代から七〇年代にかけて、『大きな政府』による社会形成が福祉国家のスローガンの下に推進されようとしたが、財政危機と社会の構造変化（情報化、消費化の進展）を契機に八〇年代には新自由主義の大反撃を受け『小さな政府』の市場原理による社会形成が唱導された。これをいわばアンチテーゼとして九〇年代から二一世紀にかけては、『大きな政府』でも『小さな政府』でもない、ボランティア活動を基礎にした公民（市民）の形成、つまり個人の自立による共同態＝市民社会が創造されようとしているのだ。詳述する紙巾はないが、欧米各国のボランティア・NPOの族生への動向はこのことを実感させてくれる。その意味でボランティア元年は新しい社会形成へ向けての元年でもある(25)」。こういっても過言ではないだろう。

付記

より具体的な面については次の私たちの報告書・提言を参照して頂きたい。

(1)「地方自治と社会教育」1（平成八年度調査研究事業報告書、東京都立多摩社会教育会館、平成

九年）
(2)「地方自治と社会教育」Ⅱ（同上、平成一〇年）
(3) 援言「小金井市における生涯学習の推進について」（小金井市生涯学習推進懇談会、一九九八年）

註
(1) 今村仁司『中国で考える』（青土社、一九九四年）。
(2) 同上、二二四ページ。
(3) 小阪修平『現代思想のゆくえ』（影流社、一九九四年）七五ページ。
(4) 鴨武彦『世界政治をどう見るか』（岩波書店、一九九三年）一三九―一四二ページ。
(5) 伊藤元重『市場主義』（講談社、一九九六年）三六ページ。
(6)「橋本『行革』と新自由主義への疑問」（『中央公論』一九九七年一一月号）。
(7) 岡村達雄編著『現代の教育理論』（社会評論社、一九八八年）四八ページ（岡村氏稿）。
(8) 同上。
(9) 同上。
(10) 拙著『疎外と教育』（新評論、一九八〇年）一七九ページ。
(11) 同上一八三ページ。
(12) 田畑稔『マルクスとアソシエーション―マルクス再読の試み』（新泉社、一九九四年）。
(13) 同上「はじめに」。
(14) 同上三―四ページ。
(15) 同上二三七ページ。

(16)『季報唯物論研究』(第六一号、一九九七年七月刊)。
(17)『ボランティア・ネットワーキング——生涯学習と市民社会——』(東洋館出版、一九九七年一〇月)。
(18) 註(12)四ページ。
(19) 註(17)二四ページ(黒沢稿)。
(20) 同上。
(21) 同上四八ページ(花立、森氏稿)。
(22) 原文は金子郁容氏による定義であるが註(17)四八ページからの重引。
(23) 金子郁容『ボランティア・もう一つの情報社会』(岩波書店、一九九二年)二—六ページ。
(24) 鷲田清一『だれのための仕事・労働VS余暇を超えて』(岩波書店、一九九六年)一六〇ページ。
(25) 註(17)二六ページ(黒沢稿)。(註完)

第四章　市民的ヘゲモニーの生成と展開——生産者社会から市民社会へ——

はじめに——現代日本におけるグラムシ思想と教育研究——

一九六〇年代後半、日本の思想界では「疎外論」が流行した。その理由はこうである。当時日本は経済成長が軌道に乗り、急速に経済大国に成長しつつあった。その時、経済学者内田義彦氏は、たしかに日本は経済発展を遂げているが、「市民社会」はないではないかと批判して、「市民社会なき資本主義」と論定した。つまり、明るい経済発展の「影」（公害 etc）に目を向けるべきことを説いた。日本の資本主義は歴史的に前近代的要素を温存しそれを再編・利用するかたちで発展してきたのだ。高度経済成長も「前近代と超近代の癒着の産物」（内田義彦『日本資本主義の資本像』岩波書店、一九六七年、三四二頁）。一方、同じ経済学者の平田清明氏は、それでは資本主義の超克を目ざした筈の社会主義ソビエトに市民社会はあるかと問い、「否」と断定した。当時のソ連は有人の人工衛星を世界に先がけて飛ばすなど、高度な工業化を誇っていた。反面、官僚支配の下で人民の抑圧が顕著で民衆の疎外が拡大、深化していた。

平田氏はその状況を『資本論』研究に内在して、「個体的」所有の意義を見てとり、それによってソ連を「市民社会なき社会主義」と告発したのであった。平田氏によれば、「否定の否定は私的所有を再建しはしないが、しかし資本制時代に達成されたもの――すなわち、協業や、土地および労働そのものによって生産された生産手段の共同占有――を基礎とする個体的所有を再建する」。(『資本論』第一部二四章七節)のだ。各個人にとって、「労働と所有の同一性」が実証されるような所有のありかたとして、問題の個体的所有を概念把握する。(平田清明『経済学批判への方法叙説』岩波書店、一九八二年二九二―二九三頁)。当時日本を代表する二人の経済学者が、日本の資本主義と社会主義の盟主ソ連にはいずれも「市民社会」が欠如していることを主張したことに私は強い関心を抱いた。両者の主張は当時の思想界の疎外論の盛行とも軌を一にするものでった。つまり、疎外論は資本主義、社会主義の影の部分に目を向けそれを批判する武器として日本思想界では歓迎されたのであった。しかも、疎外論は初期マルクス研究として日本では結実していった。そこにはソ連の社会主義はマルクスの志向した社会主義ではないという考えが底流していた。なぜなら、マルクスが目ざしたのは、人間の本質が資本主義社会では疎外されている。それを回復する社会が社会主義社会であるのに、そこでも官僚支配によって民衆の疎外は回復していない。とすれば、ソ連に代表される社会主義はマルクスの構想した社会主義ではない。こう考えるのは当然であった。

それでは、疎外が回復される社会とはいかなるものか。それは人権が尊重され、民主主義が花咲く、つまり、「市民社会」が全面開花した社会でなければならない。日本の初期マルクス研究はこの点を思想的に深めようとした。私は、この初期マルクス研究に基き、疎外の回復を「教育」と捉えかえし、「人間の疎外と教育」というテーマで「修士論文」を書き上げ、東京大学に提出しパスした。ところで、当時、日本では「マルクス主義教育学」が流行していたが、それは当時の東ドイツやソ連の教育の翻訳の域を超えるものではなかった。一九八九年の「ベルリンの壁」の崩壊とともに「マルクス主義教育学」は消滅した事実が「翻訳」を超える水準でなかったことを如実に物語っている。

しかし、社会主義国家の崩壊は教育学だけでなく、日本の思想界に大きな衝撃を与えた。その結果、市民社会へのこれまで以上の強い関心を惹き起こした。市民社会の内実については本文で述べるが、端的にいえば人間の本質にとってもっとも重要な「政治の領域」の復権である。つまり、個々人の生来の異質性を相互の批判的討議によって克服して社会的同質性を漸次的に拡大していくことである。ところが、社会主義国家では、政治の領域は、その目的を歴史哲学的に了解した知識人が、それを了解していない大衆を教化することとされ、その権力的教化と統制は党―要するに官僚が行うこととされた。社会主義国家が標榜したプロレタリア独裁の実態とはこのようなものであった。この実状が社会主義の崩壊によって白日のもとにさらされた。

そうであれば、政治の領域を市民社会に奪いかえすことによって疎外の回復が目ざされなくてはならない。人間の形成を目的とする教育についてみれば、課題は知識人と大衆の関係を再審し両者を止揚することに集約される。ところで、日本においてはマルクス主義は社会主義の劣化、崩壊とともに、それまでは「修正主義」と見なされていたグラムシの思想が改めて脚光を浴びた。一九八七年、一九九七年そして二〇〇七年に、それぞれグラムシ没後五〇年、六〇年（参考文献28、グラムシ没後六〇周年記念シンポジウム編『グラムシは世界でどう読まれているか』社会評論社、二〇〇〇年）、七〇年（「グラムシ没後七〇周年記念シンポジウム・文書報告集」グラムシ没後七〇周年記念シンポジウム実行委員会、二〇〇七年十一月、及び同「増補版」二〇〇八年十一月）の国際シンポジウムが東京で開かれたことが日本におけるグラムシの思想を広めた。私はいずれのシンポジウムにも主催者の一人として積極的に参画した。その際、国内外のグラムシ研究者と交流するプロセスで、市民社会の創造のためには、知識人—大衆関係を再検討して市民社会を創る新しい市民を追究しなければならないことを痛感するに至った。これまで私が進めてきた初期マルクス研究は、グラムシの思想と結びつく確信を深めた。日本の教育界で一時流行し、社会主義国家の消滅とともに崩壊した「マルクス主義教育学」とは異なり、私の初期マルクス研究はグラムシの思想と結びつくことによって再生し、展開、深化したのである。具体的にいえば、国家（政治社会）に奪われた人間の本質（政治の領域）を身近な市民社会に奪回することである。グラムシはこれを「国家（政治社会）の市民社会への再吸収」と表現するが、その核心が知識人—大衆の関係を止揚することである。

日本では近年、不登校、学力問題をはじめその時々の社会問題と関連する個別研究を実証的に追究することが教育研究では流行している。個別的研究の重要性は認めているが、同時に、社会の全体構造を根源的に問いかえし、新しい社会形成のための原理的教育研究も不可欠である。本論文はその一環を担うと自負する。予め本論文の意図と日本における時代的背景を述べて「はじめに」にかえたい。

一　資本主義の変貌と現代の市民社会

1、現代資本主義の修正

顧みれば七〇年代半ば頃から日本はポスト産業主義の時代に至り、社会構造が大きく変質した。周知のように、このような構造における変化を実に巧みに捉えて、戦後教育の大転換を企図したのが八〇年代半ばの臨時教育審議会（後述）であった。そしてその答申の意想はその後の小泉構造改革にも継承され一層の徹底化が進行している。その背景には一体なにがあったのだろうか。端的にいえば、それは資本主義の「先祖がえり」に伴う教育政策であったと見ることができる。日本の経済成長が実質マイナスに転じた七四年あたりから、順調に見えていた資本主義に「かげり」がさすようになった。その典型的な事象が「スタグフレーション」、つまり、インフレと停滞的低成長が同時に現出するといった、従来の経済学が全く予期しなかった事象であった。この事態はイギリスからはじまり、やがて日本もそれに巻き込まれ、世界的に拡がることになったのであった。その原因を経済学者は、最終的には、資本主義の修正による延命策が行き詰まった点に求める。

それではそのような事態に対してどう対処するべきであるか。その対応のための一大政策がつまり先述した資本主義の「先祖がえり」に集約される諸政策である。それは要するに七〇年代末に政権についたイギリスのサッチャーの政策、「サッチャーリズム」（新自由主義）に先駆的に見られるように、先進資本主義と社会主義的要素の「アマルガム」から社会主義的要素を取り除き、あるいはできるだけ薄めて、資本主義の活性化を試みようとする志向である。具体的には労働運動を徹底的に弱め、社会保障も薄める施策が推進され、他方で規制緩和、新自由主義による市場原理の貫徹が提唱されたのであった。「例外なき規制緩和」「市場原理至上主義」のスローガンの下に推進されたこの政策理念は、アメリカのレーガン政権（レーガノミックス）を経て八〇年代の日本の中曽根政権に移入・継承され推進された経緯は記憶に新しいところである。

2、臨時教育審議会（臨教審）の再審

学習者の意欲や「自由」、能力に応じた学習の機会を尊重し、しかも民間の教育産業と分担しつつ、そこにおける「活力」と「自己責任」をテコにして、国家の負担を軽減しようというのが臨教審の考え方である。この発想を広く国民の間に浸透させ合意（ヘゲモニー）を獲得することは不可欠であった。このために、臨教審は「教育」に代えて「学習」を提唱し、学校教育よりも「生涯学習」を強調しかつ宣揚するキャンペーンをマスコミを通じて大々的に行ったのは周知の通りである。臨教審が従来の中央教育審議会と異なり首相の「時」に「臨」んだ諮問機関であったこともマスコミの関心を強く引いた。

たしかに、経済成長によって進展した消費社会は、情報化によって増幅され、ソフト化も進んだ。そのために画一的で均質的な大衆の時代は去り、個人化とまではいかないまでも分衆（分割された大衆）あるいは少衆化が進んだためもあって、臨教審の喧伝する「自由化」「多様化」路線は国民に歓迎される面も多くあった。言葉の含意としても教え育てる「教育」よりも、自ら学んで習う「学習」の方が、その限り自由の尊重として時代の風潮に合致していたとも言えよう。それは否定できない。

当時、全国紙も社説で、明治以来の日本の教育に色濃い国家主義・官僚統制に「風穴を開ける」ものとして期待を表明していたほどである。

しかし、基本的には、すでに考察してきたような資本主義の「先祖がえり」のための教育政策でそれはあった。少なくともこの側面が大きかったことは否定できない。すなわち、学習尊重というタテマエの裏には、それによって、国家が教育負担を免れたい、軽減したいというホンネが隠されていた。したがってそこで宣揚される「自由」にしても「学習」にしても、自発的学習意欲を示す者、「自己責任」（受益者負担能力）のある者だけを措定するものであった。端的に言えば、それ以外の者は切り捨ててもよい、それは当然なのだ、というのが実相であった。（本書第二章三も参照されたい。）

二　市民社会の主体形成――グラムシの思想を視軸にして――

1、工場における主体形成

一九一七年にロシア革命が起こった時、グラムシは二六歳の青年であった。クローチェの影響下にあった当時の青年グラムシは後発国で勃発したこの「革命」を人間の主体性の発揚、その結実と捉えた。つまり、当時多くの人々によって共有されていた、経済決定論、資本主義の「自動崩壊説」に反して、新しい社会秩序を創ろうとする目的を持った人間の主体的意思の結晶――その意味で「『資本論』に反する革命」（参考文献47、『アントニオ・グラムシの思想的境位』八九―九〇頁）であった――と考え、大いなる感動に浸ったのである。

その意志の具体化として彼が注目したのは「ソビエト」（「評議会」）であった。彼は考えた。イタリアにこのソビエトにあたるものはないかと。当時、すでに彼は期待された言語学者への道を自ら断ちトリーノで、大学を中退し、労働運動に深く関わっていたが、工場内にあった労資協調的な「内部委員会」という協議機関を、イタリア版ソビエト、工場評議会（コンシリオ）に改変することを思いつく。

グラムシのこの構想は、折しも高揚したヨーロッパの労働運動、革命的気運の上昇（「赤い二年間《ビエンニオ・ロッソ》」）にも助けられて、三万人もの労働者によって支持されたのであった。

しかし、トリーノではこのような高揚が見られたものの、他の都市の状況はまちまちで、結局改良主義的な社会党および労組指導部の妨害工作もあったため、経営者側の反撃に対抗できず、政府側が提起した妥協案を不本意ながら受け入れざるをえなかった。グラムシが期待した、生産現場における労働者の主体性の確立を目指す運動は挫折したのである。

この運動の失敗については、政党の指導力の欠如など様々な要因が挙げられるが、私が強調したいのは次の点である。

生産過程に労働者が介入し、そこに「ソビエト」（＝工場評議会）の樹立を！というグラムシの構想は鋭かった。つまり、理念としては正しかったと私は考える。それ故に、一定程度に、拡がりをみせたのであったが、反面それは生産点に限定された運動でもあった。それに対して、資本の側の管理方式はより広く、深かったといえる。つまり、アメリカ合衆国におけるフォーディズムのように家庭・地域社会においても、労働者のアルコールの管理さえも実施して、質の高い労働力の再生産を企図したのである。しかもこの管理方式に従う者には、それなりの「高賃金」とそれによる「生活」を保障して労働者の合意を求め、それに成功したのであった。いいかえれば、グラムシの構想した主体形成の方策は、資本側の打ち出した労働者の包摂の方法に対抗できなかったのである。この非強制による合意獲得をグラムシは「ヘゲモニー」と呼ぶのであるが、工場評議会運動におけるグラムシは結果としてこのヘゲモニー闘争において資本側に敗北を喫したのであった。

2、ヘゲモニーの構想

この敗北の経験をグラムシは後に——ファシストによって強いられた一〇年余にわたる獄中において——反省し、思索を重ねたのである。以下要目のみを記してみよう。

ロシア革命の例にならえば、生産の場において、労働者が主体性を回復し、そこの主人公になれば——工場評議会はその具体的拠点であった——そこに根ざす国家権力も音を立てて崩れる、とグラムシは考えたに違いない。ところがそうはならなかった。労働者の生きる場は、生産の場だけでなく、広く地域・家庭でもあったからだ。しかも、そこにも資本のヘゲモニーが網の目のように張りめぐらされていたのであった。このことをグラムシは工場評議会運動の展開と挫折から学んでヘゲモニーの問題を再考せざるをえなかった。支配——被支配の諸集団は社会の様々な場面で関わり、対立・抗争しながらそれぞれのヘゲモニーを獲得しようとする。このようなヘゲモニーをめぐるたたかいの空間と機能面をグラムシは「市民社会」と呼び、国家の直接的な統治機構・制度と区別する。この国家の機構・制度の総体をグラムシは「政治社会」（あるいは狭義の「国家」）と呼ぶ。

ヘゲモニーのなかで、最大・最強のものは支配者集団――国家のヘゲモニーである（それゆえにこそ支配者集団たりうるのだ）。国家権力は、生産の場だけでなく、教会、学校、組合、結社、マスメディアなど市民社会のあらゆる「場」を通じて大衆に対してヘゲモニーを行使貫徹させようとする。注目すべきは、「政治社会」の強制的統治はこのヘゲモニーの浸透によってはじめて効果をあげるのだ。こう考えれば、国家とは、単なる支配のための暴力装置ではなく、私たちが生きる場の全体に広く、そしてもちろん不可視の面も含めて、深くめぐらされた「ヘゲモニー」関係の総体なのだとグラムシが説く所以も了解できる。

そうであれば、市民社会の一定の成熟をみた先進諸国では一部の前衛的集団が、一時的な社会の混乱に乗じて、統治機構を攻撃・掌握して一気に権力を奪取するというロシア革命のようなスタイル（グラムシはこれを「機動戦」という）は無効であろう。評議会運動の失敗はここにあったのだ。先進国では、市民社会の全域に浸透しているヘゲモニー関係の実相を見抜き、日常的にその関係の在り方を抉り出し、捉えかえし、支配――被支配の関係を共生・友愛の関係に組みかえていく運動が、そしてそのためのネットワーキングが不可欠である（因みに、グラムシはこれを「陣地戦」と呼ぶ）。

ヘゲモニー「関係」と述べたが、これは国家のヘゲモニーが一方的に貫徹していくという謂ではなくて、多くの場合、その行使に対抗する諸多のヘゲモニーが存在することを含意する。したがって、通常は両者の力関係によるせめぎあいとしてヘゲモニーは現存する、という意味である。したがって、現状を肯定・放任し、自然発生性に任せるならば、それは現状の維持ないし、その一層の強化に行きつく。グラムシは、この状況を「順応主義」という。「順応主義」に陥りたくなければ、支配的なヘゲモニーに対抗する新しいヘゲモニーを創り出さなければならない。ただしその創生は市民社会の「外部」から持ち込むべきではなく、市民社会内部の関係の変革によるしかないのだ。これが、グラムシが獄中で書き遺した『ノート』の根本意想である。次に教育に関わる要点を再認識しておこう。

3、ヘゲモニーと主体形成

対抗ヘゲモニー創成のためには、普遍化された「順応主義」に対して本能的に反感を抱く人々と、それを覚醒・意識化させ、束ねていくためのリーダー的役割を担う先覚・有志の人間が必要である。一般的にいえば、知識人による大衆の指導という関係をグラムシも前梯とする。しかし、グラムシの先駆性は、両者の区分を固定的なもの、相互に不換的な関係とは捉えなかったことである。つまり、区分はあくまで機能的、部分的であり、「指導」の必要性を認めたとはいえ、それは知識人がいわゆる「真理」なるもの、あるいは「教条」・知識を大衆に注入することとは考えなかった。そうではなく、日常生活に生きる大衆の「感性」に信頼をおき、大衆が依拠する「常識」をまずは認め、しかし同時に、常識がはらむ一面性を批判し、「良識」に転成しさらにより一貫性のある思想（それをグラムシは「世界観」という）に「練り上げる」ことが眼目である。そして、両者のたえざる「接触」（交流）によって、集団意志を形成していくことが、対抗ヘゲモニーの創出のためには不可欠の条件であるとグラムシは考えた。（参考文献45、『現代に生きるグラムシ』一七四—一七七頁。）

4、三池闘争と労働者のヘゲモニー

戦後日本の労働運動を顧みていえば、資本の側の圧倒的ヘゲモニーに、労働者がたたかいを挑み、三一三日間の全面ストライキをやり抜く程の対抗ヘゲモニーを樹立したが、終に敗北したのが三井三池炭鉱における三池闘争であった。文字通りそれは総資本対総労働によるヘゲモニーをめぐる苛烈な階級闘争であった。それではこのたたかいの本質とはなにか。要約すれば次のようになる。

「資本の側が職場活動家（資本側のいう「生産阻害者」）を名指しで企業外に、いな経済的生活から抹殺しようとした点にある。つまり、資本の意図は単なる合理化ではなくて、労使関係の根底の変革をふくむ合理化であった。しかも、それが巨費と、国家権力と全資本の援護のもとに遂行されたのである。（因みに、組合側が費やした経費二十二億円、三池現場に動員された労働者延べ三十二万人、会社側の損失二二〇億円といわれる）。この闘争の進行過程で労働者は、資本主義的国家をつぶさないかぎり労働者側が勝利しえないところまで追いつめられた。しかし、日米同盟を一層強化することを目ざした日米安全保障条約を多くの国民の反対にもかかわらず強行に成立させた国家権力の自信、相対的力の増大、第二組合の発生、炭労における三池の孤立等を主因として労働者側は結局、資本の側の条件で争議を終結するほかなかった」この結末は評議会運動と同じである。

もちろん労働者側の対抗ヘゲモニーも空前の拡がりと深化を示し、「企業合理化に伴う首切りに反対して成功し」、一時は資本家側（日本経営者連盟）をして「経営権の放棄」と嘆かしめた程であった。三池でも工場評議会運動と同様に生産点におけるヘゲモニーの獲得（三池の「職場闘争」として有名である）が中核であったが、これにとどまらず、家族と地域にそれぞれ「主婦会」「地域分会」

という組織がつくられ、労働者による対抗ヘゲモニーを進めたのである。さらに以上の三つの場の実践は、これまた有名な学習会によって統合されヘゲモニーの質を高めた。この点は評議会運動とは異なる。以下に対抗ヘゲモニーの中核を占めた三池の学習・教育の要点を箇条書に記してみよう。

(1)生産点や生活の場で発生するさまざまな問題点をマルクスの『資本論』で説かれる資本蓄積の一般理論と結びつけて理解しようと努めたことである。その前提にはまず、個別の問題をそれだけで解決しようとするのではなく、つねに資本主義体制の問題の一環として捉え、社会科学的認識を目ざしたこと。同時に資本主義的蓄積の一般的法則の帰結としての労働者の「窮乏化」を単なる経済理論としてではなく人間の意識の面も含めて理解しようとする志向があったこと。いいかえれば、資本主義社会における労働者の自己疎外（窮乏化）が哲学的（疎外論）次元にとどめられるのではなく労働者のあらゆる生きる場（就中、生産点）のなかで現実の形態（労働苦、失業 etc）で発現（作用）していると理解されていたことである。（観念における表象化ないし理論的認識の前提としての感性的把握の重視と両面の結合）

(2)この発現（作用）に対して労働者は自然発生的に「反抗」する。この「反抗」は発現（作用）の多様性、各々の労働者の多様な個性・「状態」に応じて多種・多様な形態をとる。しかし、この自然発生性を意識性の萌芽として重視し、そこに依拠して小集団による、しかも現場の直接的体験の話し合い（感情の交換）、その反復によって(1)の一般理論に結びつけ、その理解・共有化に努めたことである（グラムシの用言では「常識」の彫琢による「良識」そして「世界観」への形成である。）

(3)(2)の「結びつけ・転成」がうまくいくときに、自然発生性は意識性に高められ「集団意志」が創成されるのである。さらにグラムシの用語でいえば、「反復」によって労働者は資本の「順応主義」から次第に離脱し、労働者自体の「順応主義」（主体形成）を確立していくのである。この場合に、知識人の役割は極めて重要であるが三池の場合は向坂逸郎氏をはじめ近辺の九州大学を主とする知識人集団が積極的に協力するという条件に恵まれていたのである。有数な炭鉱業、三井・三池は近代日本の生成発展のための一大拠点であった。したがって一面では資本の豊かな集積の地でもあったが、同時にそれに抵抗し、支配を切り崩していく対抗ヘゲモニーの要素も豊かであったということができる。

要目の叙述に止めるが（詳しくは本書Ⅰ部を参照）、以上の学習の方式とそれに基づく実践が「実践学習の組合組織化」（組合による集団意志の形成）を有効に推進し、労働者集団の物質的・精神的連帯感を育んだのである。それは日本の労働運動史上空前の、恐らく絶後のことといっても過言ではない労働者によるヘゲモニーの創出の土台であった。だが時代は大きく違うがイタリアの工場評議会運動と同じく、「第二、第三の三池」を創り出すことは終にできず、結局資本のヘゲモニーに屈したのであった。以後、多くの日本の労働者はその本来の意味の労働者というよりも、実態は、企業人、会社人間に近い存在になり、当然ながら支配者集団のヘゲモニーに対抗する中核ではなくなったのである。その結果、皮肉にも企業内組合が一般化し、終身雇用、年功序列とともに三点セット（日本企業の「三種の神器」）となり、日本経済急成長の原動力となった経緯は周知のところである。

三　現代日本の主体形成

1、高度経済成長と地域の問題

三池闘争の終焉による労働者へゲモニーの敗北は、資本、それと密接に結びついた国家のへゲモニーに対抗するへゲモニーの中核は労働者階級という一元的なものではなくなったことを意味する。断定的ではあるがこのようにいっても過言ではないだろう。三池闘争敗北後、実に一〇余年に及ぶ、六〇年代を中心に展開された経済成長は短時日の間に日本を経済大国に押し上げた。

しかし、その光の面（未曾有の豊かさの実現）と同時に影の部分にも注目する必要がある。（前出の「市民社会なき日本資本主義」という内田義彦氏の言説を想起せよ）すなわち、高度成長に伴う、外部不経済の多くは不特定多数の地域住民に押しつけられた。「公害」という名称はその事実の象徴である。そのほか、経済優先という国策のために、地域の自然や文化が著しく荒廃した例は枚挙にいとまがない。これに対する地域住民の反発・不満は大きかった。疎外の状況は生産点から広く生活圏に及んだといえる。だが、すでに述べた状況（三池闘争の敗北）によって、労働運動もそれに依拠する革新政党も、そうした不満を統合して対抗へゲモニーを創出する活力を失っていた。

むしろ、対抗運動を担ったのは、六〇年代後半に簇生した、女性、学生、障害者、エスニック・マイノリティなど生活の場における広義の疎外状況に対して異議を申し立てる非階級的なグループによる、ラディカルな運動であった。因みに、大規模な形での市民運動は、日本では一九五六年の警職法反対運動が最初で、そのときはじめて「市民」の呼びかけで労組や政党とは関係のない人々が知識人やジャーナリスト中心に組織されたのである。その後、六〇年の反安保運動の経験を経て六五年の「ベトナムに平和を市民連合」においては市民運動は一層の展開をみた。なお「七〇年代初めの調査によれば、そのとき全国では三〇〇〇を超える数の住民運動が活動していると報告されている」(参考文献35、『現代市民政治論』一六―一七頁)。その目的、内容は多様で一括することはできないが、あえていえば、政治的課題よりも自分たちの身近かな生活を守るために地域住民自らがこれまでの「支配の対象としての地域」を「連帯の場としての地域」に転換させようとする点で共通していたといえよう。このような運動に支えられ連動して、横浜、東京、大阪などの大都市にあい次いで革新自治体が誕生したことも中央中心に効率の名のもとに、列島を〝改造〟しようという国策に対する地域の反発の表われとみることができる。革新自治体の最盛期の七〇年代には実に日本国民の四〇%が革新首長の下で生活していたのであった。

革新自治体の簇生という、これまでになかった政治の潮流変化などとも併わせ考えると、高度経済成長を一つの契機として、労働運動及び革新政党のヘゲモニーの凋落と反比例するかのようにして、地域、自治体(市民社会全域)への関心がにわかに強まり、そこを拠点にして、地域住民・市民による新しい対抗ヘゲモニーのための主体形成への胎動がはじまったと結論しても間違ってはいないだろう。視点を変えれば、疎外が(「公害」に象徴されるように)生産点だけでなく生活圏全体に広まったということである。

2、市民社会の思想と現実

ところで、国家に吸収されていた人間の様々な諸権利、諸機能を「規制緩和」「自由化」によって解放されるべき「場」は「市場」だけであろうか。市民社会＝市場社会と捉えるのは一面的である。市民社会について簡潔に説明することは大変難しいが、歴史的には、ギリシアのポリスの市民と一五世紀末頃にイギリスに出現した独立自営農民層という二つの歴史的人間像を「市民」のプロトタイプ（原型）と考えてみても、それ程大きな誤りはないであろう。ポリスの市民は、アリストテレスによって「ゾーオン・ポリティコン」（政治的動物）と呼ばれたように、家事、育児、そのほか生活のための労働などは女性や奴隷たちに任せて、ひたすら「公」的な仕事＝政治に従事し、同時にそのために心身の鍛錬（スポーツ、武芸）や徳性の育成に励んだのである。逆に独立自営農民（層）は、私的労働とそれに基づく所有に自分の関心を集中させ、その意味で「私」的生活を中核としていた。もちろん、そこにも「公」はあったが、それは「私」的労働、それに基づく私的所有、その交換関係を維持する限りでの、いわば副次的な、結果としての「公」であった。

ここで、大切なことは「私」を大切にしつつ、同時に「公」をも考える、そうした人間の形成である。それは、ヘーゲルのいうように国家という大きな組織、あるいは民族という血縁的共同体においてではなく、ふつう「地域社会」と呼ばれる手のとどく感じの「空間」、そこで働き、生活する「住民」による同好、同志のアソシエーション、もっと具体的にいえば、理念としての「地方自治体」において、実現が見込まれるものである。私はそのような理念的かつ歴史的に実在した共同体を「市民社会」と呼びたいのである。

3、現代市民社会の展開

以上が実在の歴史的人間・社会から抽象した、私なりの現代的「市民社会」のイメージであるが、最近の研究成果によりつつ、さらに「市民社会」の展開について考えてみよう。詳細かつ多面的研究の中から、小論にとって特に重要と思われる現代市民社会論の特徴を抽出してみよう。

(1)「市民社会」は「ブルジョア社会」ではないということである。つまり、「市民社会」は、ヘーゲルが「欲求の体系」として、『法の哲学』において観念化したような、すなわち社会的労働と商品交換の市場経済システム、自由主義的な伝統をもった「ブルジョア社会」とは異なる文脈に位置づけられている。言いかえればマルクス主義の影響から離れた地平で「市民社会」論を構築しようとしている。この点をまずは指摘しておきたい。

(2)ここには、市場経済こそがそのまま市民社会なのだという最近の思潮(「資本主義の先祖がえり」)に対する批判が強く看取される。それどころか、市場経済の自生的秩序論と規制緩和論に対して、市場経済をコントロールするもの、すなわち諸々のアソシエーションとそのネットワークとして市民社会を捉えようとする傾向が強く見られるのである。この点に関連して次の指摘は重要である。「市民社会は旧来、一方で『市場経済』と同等視されるとともに、他方で国家との対立において把握されてきた。こうした一八世紀以来の『国家』と『市民社会』との二分法の上に立つと、『市場経済』=『市民社会』として理解、混同され、国家から自律した『市民社会』による『市場経済』のコントロールという視角が出てこない。こうした混同はいつでも発生しうる。したがって、この混同から免れるためには、従来の『国家』と『市民社会』という二分法から『市場経済』の領域＝『ブルジョア社会』と『国家』との中間領域として、『市民社会』を設定した三層構造を最低限、想定する必要がある」（参考文献26、『復権する市民社会論』三二頁）。

⑶市民社会は決して自律・自存的に存在しているものではない。つねに土台としての経済構造によって規制される社会であり、放置されれば市場の法則が貫徹していく社会なのである。したがって人間（市民）の諸アソシエーション、諸運動およびそれらのネットワークによって創り出されるものと考えるべきである。いいかえれば、市場原理ではない要素を強め、広め、深めていく、そういう意志をもった人々のアソシエーションによるヘゲモニー獲得の闘いの場でもある。

⑷市民社会は、現代のようにグローバリゼーションとローカリゼーションが同時に進む時代においては、トランス・ナショナルな性格を滞びるのは当然である。つまり、一国の範囲を超えて、グローバルなレベルでグローバルな自律的連帯の生活空間をいかに創造できるかが現代市民社会の大きな課題なのである。

4、「批判教育計画」と主体形成

さて、主題である市民社会と主体形成について論ずる段階に至った。だが、市民社会についてもこれまで述べてきたように理論的にもかつてのように、国家に対する「エートス」を強調する従来型の思想として市民社会論だけでは進展する市民運動に対応できなくなったのである。新しい状況に求められるようになったのは、「実際に則した具体的な政策や組織などの運動論（としての市民社会論）」

（参考文献39、『現代市民政治論』一七頁）であった。

因みにこの期待に応えた新しい理論家として、久野収、鶴見俊輔そして小田実氏らが挙げられる。いずれもマルクス主義ではなく、アメリカのプラグマティズムの影響をうけた思想家として知られる。また、ロックの市民革命の研究を通して大衆社会状況下で、都市の住民自治運動論を政治学の立場から展開した松下圭一氏も注目される。

以上のような理論家の影響もあって、かって一部の思想家の専用語であった「市民社会」という外来語も次第に、地域社会、自治体など旧来語とともにこの国でも一般化するようになった。しかし、それと逆比例するかのようにその内実は多種・多様化し、市民運動もその目的、主体、形態は様々に変容し、総覧はもとより分類さえも困難で私の能力をはるかにこえる。

そこで、厖大な実践例のなかから、直接教育に関わり、しかもマルクス、グラムシの思想を充分に踏まえた主体形成論を抽出・検討し、その意義と限界をグラムシ研究の視点から明らかにするに止めたい。

持田栄一は一九七八年に五三歳で世を去ったがその短い生涯にも関わらず戦後教育研究においていまなお記憶されるべき足跡を残した教育学者であった。主体形成に関連する限りで持田教育論の検討を試みたい。（以下の持田理論の要約は参考文献7、拙著『疎外と教育』による）

戦後日本の公教育体制――近代公教育体制を根底から批判しこれを超出する主体を形成すること。ここに持田の教育研究活動の全ては収斂するといっても過言ではない。その方法を氏はマルクス及びグラムシの近代批判、主として彼らの国家・市民社会論から学びとり、教育分析への適用を意図したのであった。その結果、土台＝上部構造の関係を短絡的に結合し、「国家論なき不毛の論争」と揶揄された「教育科学論争」、及び多くはマルクスの「教育」という章句のアンソロジーまた当時の社会主義国といわれた国々の教育の現状を無批判に紹介したルポルタージュの域を出なかった旧来「マルクス主義教育論」の水準をいっきょにレヴェルアップしたのであった。

持田によれば、「教育は市民個人の『私事』として位置づけるとともに、そのような『私事』としての教育の秩序」が『国家』によってトータルに保障され助長される」（参考文献7、『「生涯教育論」批判』四六―四七頁）ところに近代公教育の本質がある。ただし、この場合の教育とは「生活実践の中で自主的共同的に自己を形成する学習主体、教育主体が相互に媒介し合う過程」（参考文献7、『「生涯教育論」批判』四三頁）に基礎をおきながらも、それを対象化し意図的に助成する機能として、それ自体人間の生活実践の重要な一環をなすものである」と捉えられる。ここに、教育を「社会共同の事業」と見なす考え方によって近代公教育を批判しようという持田の根本意想が如実に読みとれるであろう。人間は本来的に類的存在であるからこそ「公」教育が可能なのであり、それを「共同化」する道も拓かれるのである。氏の専門分野に即していえば、「教育管理」論もまた本来共同的存在である人間の現存を再組織するところにその存立根拠をもつのである。問題はその質と方法である。

「いわゆる『社会国家』（「福祉国家」）といわれるものは抑圧と階級支配という『国家』の本質的機能を市民社会内部へのヘゲモニーの浸透すなわち一般的にいう『非権力的』助長、助長作用としても表現するもので、それは市民社会の問題を国家の問題としてとりあげることを国家支配を市民社会の全面に拡大したものである。」（参考文献3、『講座マルクス主義6　教育』九〇頁）。いいかえれば、「近代市民社会においては『人間』は『私』的個人として現存するがゆえに『理念』共同体として存在する。利己的な『私的』個人は、『理念』共同体への忠誠義務を担う抽象的な『公人』である。市民社会が高度化するにしたがって国家の機能は拡大され、今まで市民社会の『私事』とされていたことが公的に運営される。このことは一見すると現象的には公的機能によって、『私権』が否定されたかのようにみえるが、しかし、それはその本質において私的なものが『国家』によって共同化されたものに外ならない。『社会権』とは『国家』によって組織化された『私権』に外ならないのである」。

現在なお、鮮度を失っていない見事な公教育分析であるが、この認識から持田は、労働者階級のヘゲモニーによる教育の社会化構想――「批判教育計画」を提言した。日本の近代公教育＝教育基本法体制を変革し超出していくための「主体」形成の具体案の提唱であった。そこでは、「変革の主体をインテリゲンチャや学生、その他の末組織大衆にもとめること」は「アナーキズムと近代公教育変革を思想文化闘争としてしか理解しえないラディカルではあるが観念的傾向」と批判し、「近代公教育変革のための主体としての自己権力形成は、労働者党が中核となり、労働者階級をはじめとした市民社会層が結集されることによってつくりあげられるものである」（参考文献3、『講座マルクス主義6教育』一二一頁）と説かれる。しかし、すでに考察したように、中核となるべき労働者階級は当時殆ど存在しなくなってしまった。そのためにこの「批判教育計画」は地域の教育共同体形成へと焦点を傾斜していく。すなわち、近代公教育の変革と、教育＝自己教育の共同化、「親」「教師」関係の社会化は、基本的には、公教育の総体性とかかわり、ナショナル・レベルですすめられるべきものでありながら、現下、日本の政治状況からすると、地方自治体ごとにその体制を整え、それを連結していく外ないと説かれ、地域に「新しい教育共同体」を創出していくことが提唱されたのである。
たしかに、そこでは、内部においては教育を現実の支配——被支配から切り離されたところで成立するという、当時流行した「親」「子ども」「教師」による「幻想共同体」の主張を批判的に捉えかえすこと（ヘゲモニー関係の対自化）が求められ、外に向かってはその「計画」を自治体の教育政策に組み込み、それらをナショナル規模にネットワーキング化し、国家の教育政策に対抗するプランに練り上げ、教育におけるヘゲモニー関係の転換を目ざそうというプラン、グラムシ的にいえば、「国家の市民社会への再吸収」の具体化の提言であった。

残念ながらこの持田構想は結局実現されなかった。冷戦構造・五五年体制がなお強固であった七〇年代においては、ナショナル・レベルでのイデオロギー対立が激しく、その影響もあって自治体における教育の幅広いコンセンサス（ヘゲモニー）が創り出されなかった事情が主因と考えられる。もちろん、持田は読むべくもなかったが、校訂版『獄中ノート』によれば、グラムシもまた「獄中」でコムーネ社会主義によって「国家の市民社会への再吸収」を構想していたことは今では明らかである。この点を鑑みれば、持田構想の先駆性は改めて評価されるべきである。同氏の余りにも早い死が惜しまれるが、持田がその構想実現のために苦闘した時代とは状況が大きく変容した今日、ヘゲモニーと教育の課題は如上の持田構想を踏まえつつも、その意想を発展的に継承しかつ一層具体化することが後進の責務であると私は考えている。その点について以下考察を試みたいと念う。

5、「批判教育計画」の意義と限界

前述したように、持田は教育研究者としてグラムシの国家・市民社会論をよく学び、公教育の分析を行い、それに基づいて如上の主体形成のプラン「批判教育計画」を提示した。まずは市民社会において主体の核を創成し、それを連結して、ナショナルレベル（政治社会）の変革を志向するというプランも形式としてはグラムシと同じである。しかも、当時の労働者党、労働者階級が力量を失い、逆に地方自治体が相対的に力を強めつつあった状況を想えば一定の現実性を有していた。その点を私は評価したい。

しかし、そこには当時のグラムシ研究の制約もあって大きな限界も指摘されなければならない。そのために、まず「自治体とグラムシ」について確かめておきたい。

ところで、改めて先行研究を検証してみても、グラムシが直接に自治体に論及している箇所はみられない。ただし、注目すべきは、本論でもしばしば論及したグラムシの国家観の拡大・刷新である。それは、周知の「国家＝政治社会プラス市民社会（強制の鎧を着けたヘゲモニーという言う意味で）」という定式、同時に「国家の市民社会への再吸収」という定式によく示される。

ここから、市民社会の領域を次第に拡大し、強制の政治社会を可能な限り縮小していくという変革の方向が出てくる。したがって、いうまでもなくグラムシが目指す未来社会は、若きグラムシの用語では「最大限の自由、最小限の強制（La Citta futura. Einaudi. Torino. 1982. p. 11）」の社会、『獄中ノート』のことばでは、「自己規制（律）的社会」Societa regolata（Q7 §33Qは「ノート」§は節を示す）となる。そうであれば、自治の政体をグラムシが重視したのは当然であろう。

一方、詳しいことは専門研究に譲り、要点だけを述べれば、イタリア社会主義の伝統には自治体社会主義とも呼ぶ特徴が根強い。いいかえれば、社会主義思想と大衆の生活・文化との結合である。こうした考え方が、イタリアの社会主義政党の綱領にも反映し、将来の社会主義社会との関連で「自治体社会主義」の積極的な意義が位置づけられてきたのであった。

ところが、結論のみをいえば、一九一七年のロシア革命の強烈なインパクトのなかで、以上の風潮は一変する。つまり、「自治体社会主義」は「ブルジョア民主主義への屈服、改良主義的堕落」として批判されたのである。日本でもつい最近に至るまで国家権力打倒の改良の戦術として軽視されてきたのは周知のところである。

グラムシの『獄中ノート』が日本でも読まれるようになったのは、五〇年代終わりから六〇年代にかけてであったが、その際には狭い意味の「構造改革」という政治路線と関わって解釈され、如上の国家論の拡大、「国家の市民社会への再吸収」の視点の意義は理解されてこなかった。したがって、当時の自治体改革、近年盛んになったアソシエーション論、ＮＰＯ論なども必ずしもグラムシのヘゲモニー論と関説されたものとはいいがたい。

もし、持田が如上のようなグラムシの国家観の拡大・刷新の知見を理解していたならば、市民社会の重要な領域として地方自治体におけるヘゲモニー、主体形成の意義を充分に捉えることが可能となったろう。それは決して当時持田が考えたように、ナショナルな面の変革が一義であるのに対して二義的なものではなくて、両者を統一的に捉えて変革を考えるということこそグラムシの思想の眼目なのである。残念ながら持田はそこまでは思い至らなかった。もちろん、それは当時のグラムシ研究の限界とはいえ、あえて持田の市民社会と主体形成論の限界として指摘しておきたい。

6、自治体におけるヘゲモニーの創成

持田がその短い生涯を閉じた七〇年代終わり頃から前述したように日本の社会構造は大きく変わった。この変化を疎外状況の変容と関説することは困難である。そこで概況を記せば、少数の可視の者(ないし集団)が多数の人々を一元的に支配するような仕組みではなく、遍在する不可視のヘゲモニー関係が一般的になっている。七〇年代半ばに、第三次産業従事者が五〇パーセントを越え、「情報」「サービス」など非物質的な「商品」の産出システムが利潤追求の主要なメカニズムに転化して以来、この傾向は一層拡大され深化している。それにもかかわらず、総体として「資本増殖」のメカニズムは様々な「自由」「個性」「多様性」を受容ないし宣揚しながらも自動調整的に作動している事態を認めざるをえないのである。つまり、資本制システムの側のヘゲモニーは有効に働いているということに注目すべきである。しかも、つとにグラムシが予見したようにこのヘゲモニーの浸透の過程で、生産の領域のみならず、消費の領域(生活過程)においても、様々な「人間疎外」の状況(「窮乏化」の発現)を呈している。いじめの陰湿化、校内(校外)暴力、「学級崩壊」の急増(少年犯罪は八〇年代に入って、生命を弄ぶ殺人事件として凶悪化している)は、前述の支配的集団によるヘゲモニーに対する子どもたちの「非合理な」反逆であり、不登校(七〇年代半ば以降実数・率とも急増している。二一世紀に入っても問題は一向に解決の兆しが見えていない)、中退(ここ数年、その率は上昇している)は無言の抵抗である。にもかかわらず、この状況に異議を申し立て、対抗ヘゲモ

ニーを打ち立てようとする運動は分断され、統合されたヘゲモニーを結集するに至っていないのが現状である。グラムシは支配的集団のヘゲモニーに対抗する側が分裂し、自ら力を弱めている状況を「トラスフォルミズモ」（変異主義）と呼んだが、この現状をいかに転換するか。その「拠点」を市民社会のどこに創出するか。これが現在の課題である。

前述したように、持田は当時のグラムシの思想に多くを学びつつも、なお、真意はナショナルなレベルの変革に主眼をおいていた。地域の変革、そこにおける主体形成はいわば二次的なものとみなされた。しかし、その後の疎外状況の変化は、次第により身近かな側面にまで浸透し、ヘゲモニーのたたかいは手のとどく日常的な領域にまで進展したことも既に指摘した。しかも、そこにおけるヘゲモニー闘争を重視しなければならないことがグラムシの強調点であることも述べた。正確にいえば、身近かな日常的ヘゲモニー闘争を通して国家の変革に迫るということである。したがって、持田説の現代的継承を試みれば、その統合の拠点を自治体に見据えるべきだというのが私の考えである。以下その点を論じたい。

冷戦構造の崩壊、五五年体制の変質によって、現代は七〇年代の状況とは大きく変わり、少なくとも、ナショナルなレベルにおいても、教育の論議以前の不毛な「イデオロギー」対立は弱まり、大勢は教育の「病理」に対して教育をどう変えるかという方法と内容をめぐる対立に転じている。しかも、この場合の「教育」も、学校だけでなく、生涯教育（学習）に拡大され、学校以外の多くの人々にも関心が拡がっている。そして、なお中央集権の圧力が強力であることは否定できないが、地方自治体も七〇年代当時に比して飛躍的に力量を増し、むしろ国ができないことを突破して取り組もうとしている例（川崎市における学校運営への市民参加の例など）も多い事実なども勘考すべきである。

如上のような最近の状況変化に基づいて私が注目するのは、各自治体の生涯教育（学習）についての「策定」ないし「推進」のための「委員会」である。とりわけ、そこにおける市民（団体）と行政側の協働（コ・プロダクト）の機能である。ここでコ・プロダクトとは、一面で市民が行政と協力しながら、反面で権力との闘いを進めることである。つまり市民が行政の内部に入り込んでヘゲモニー闘争を挑み、グラムシの用語でいえば、「国家の市民社会への再吸収」を実現することなのである。つまり、私としてはかつての持田構想（「批判教育計画」）を、この委員会（コンシリオ）に継承・発展しそこにおけるコ・プロダクトによって具体化すれば、行政、市民の「調整」の役割が、期待できるのではないかと惟うのである。コ・プロダクトの要目を述べてみよう。例えば、地域の諸団体の要求をそこで討議し「調整」するといっても、団体の代表や地域住民たちが集い交流するための一定の「公共」の機会と場が不可欠であり、情報交換、そのための予算も必要である。その仲介の作業と場の提供をまずは行政に分担してもらうのである。

しかしながら、次のことは留意されるべきである。たとえば、従来しばしばみられたように、行政側が「叩き台」をつくり、委員が多少とも意見を述べて、それで、多少の文言の訂正程度で行政側の素案が委員会の決定案に変じてしまう場合などは、極めて形式的な「市民参加」でしかなくとうていコ・プロダクトなどとはいえないことは明らかである。最近は財政的行詰りのために以前のように行政が然るべき民間の機関にプラン作成を委託することが困難になっている。これはコ・プロダクトのために好機である。「白紙からのマスタープラン」づくりが眼目であり、委員選出も各団体の代表の外に、積極的有志の参画のために「公募」委員の選出の保障、加えて行政側が保有している情報の完全公開、会議・議事の公開性などが「コ・プロダクト」のためのミニマムな条件である。さらに、市民が行政職員のプロとしての能力（情報収集・ノウハウの習得など）とイコールパートナーとしてやっていくためには市民全般の一定の力量アップ、そのための学習と調査の機会の保障も不可欠である。

私がかかわり、あるいは見聞した限りでいえば、各自治体では「コ・プロダクト」に向けて様々な実践が試行（ないし志向）されている。しかも、行財政改革のためもあり従来、行政が行うべき領域が市民のボランティア（意志・行動）にうけわたさざるをえない面が増大している。いいかえれば、地域の人々がこうした状況を冷静にうけとめ、積極的に関わることによって様々なレヴェルでコ・プロダクトが実現する可能性が大きいのである。私が関わった地方自治体においては、座長としての私及び各委員が如上の状況を充分認識し、持田説の意義と限界を自覚して新しいグラムシの研究の成果を取り入れたためもあって、コ・プロダクトは相当の成果を挙げた。この過程で、「地域の人々」が「自律した市民」に転成し、同時に行政の任務の基本も市民活動の支援に徹するように変容することが一定程度実現したのである。

もちろん、私が関わっている分野は、教育という限定された機能、空間であるが、「コ・プロダクト」に基づく「調整」、そしてそのネットワーキングによって、まずは自治体という市民社会の一角から新しい対抗ヘゲモニーが形成され、それが次第にナショナルなものに接合されていけば、「ソチエタ・アウトレゴラータ」（societa autoregolata）の創造も不可能ではないと思われる。このことを期待して市民社会の主体形成、対抗ヘゲモニーの創出プランについての提言を終える。

おわりに

二〇〇七年は、グラムシ没後七〇年にあたる。それを記念するシンポジウムが開かれ、私はその実行委員長を務めた。終了後に次の一文を新聞に寄稿したがそれを「おわりに」にかえて再録する。

「今年はイタリアの思想家、革命家アントニオ・グラムシの没後七十年にあたる。それを記念して十二月一日、二日に明治大学で開かれたシンポジウムには、研究者ら三百人近くが参加し、グラムシの思想の今日性をめぐって熱心な討論が行われた。

一八九一年、イタリア・サルデーニャ島に生まれたグラムシは、トリノ大学在学中に労働運動にかかわり、大学を中退して革命家を志した。一九一七年のロシア革命に大きな影響を受け、イタリアにおける革命を目指すが、ファシスト政権によって逮捕され、十余年の獄中生活を強いられた後、一九三七年に四十六歳でこの世を去った。

獄中の困難な状況下で思索を続けた彼は、それを三千ページに及ぶノートに遺した。この「獄中ノート」に記された、彼の中心的な思想の一つがヘゲモニー論であり、それは今回のシンポでも論議の柱となった。

ヘゲモニーという言葉は、説得によって合意を得ることを意味する。グラムシはこれを政治に適用し、国家の統一機能ととらえた。つまり、議会をはじめ民主的諸制度、教育などによって国家が国民の合意形成を図ることを、グラムシは国家のヘゲモニーと言うのである。もちろん、政党、労働組合など国家に対立する集団も存在し、それぞれの対抗ヘゲモニーを組織している。そうであれば、国家とはさまざまなヘゲモニー関係の総体なのだ。これがグラムシの国家観である。

今日、経済のグローバル化に伴って、外国人労働者が多く国境を越えて移動するようになった。日本にもグローバリゼーションの波が押し寄せて久しい。以来、異なる文化をもつ人々と共存を図り対等な関係を維持するために、旧来のヘゲモニーを検討し新しいヘゲモニーを創り出すことが求められてきた。私たちはこの課題に充分こたえてきただろうか。

ヨーロッパでは、ＥＵ（欧州連合）が結成された当時、「ヨーロッパ市民」の理念が謳（うたわれた。だが、現状はその理念とは大きくかけ離れている。六〇年代以降、旧植民地国などからの移民が数多く欧州各国に受け入れられてきた。それがグローバリゼーションの進展によって一気に加速し、ＥＵ圏域内のイスラム系移民人口は、最近では二千万人に達する。しかし、移民系の人々は、一部を除いて、単純労働以外の就職が困難であり、民族差別が深刻化して、移民のコミュニティーは犯罪や暴動の温床にもなっている。これまでまがりなりにも保たれてきた異文化間の共生が急速に崩され、グラムシ的に言えば、ヨーロッパはヘゲモニーの危機に直面している。

状況はアジアでも変わらない。日本国内では、経済の低落と連動して台頭した偏狭なナショナリズムが、従軍慰安婦や靖国問題、改憲などをめぐる対立を激化させ、排外主義の高まりが近隣諸国に大きな不安感を与えてもいる。日本のナショナリズムとアジアのヘゲモニーの危機も、シンポの論点の一つであった。
経済のグローバル化とともに、富裕な地域・階層は一層富裕化し、逆に貧困地域・階層のさらなる困窮化と荒廃が世界規模で進んでいることも議論された。課題が大きく論点が多岐にわたるため、具体的な解決方法について論議は煮つまらなかった。しかし、目指すべきは、排外と排除、抑圧を強める現存の支配―被支配のヘゲモニー関係の解体であることは明らかだ。
言い換えれば、それは新しいグローバルな対抗ヘゲモニーを創造していくことにほかならない。そのためには、固有の文化・宗教・生活習慣の違いに充分配慮した共存・共生のヘゲモニー関係を世界の各地域でまずは次々と形成し、それをグローバルにネットワーク化していく以外に道はないであろう。困難ではあるが、そこに希望がある。それぞれの場で理論的にまた実践的にこの課題に取り組んでいくとき、グラムシのヘゲモニー思想がグローバリゼーションの時代にも有効性を失っていないことが実証されると、私は確信している。」

（二〇〇七年一二月一四日付「信濃毎日新聞」朝刊文化面に掲載）

参考文献

1．アントニオ・グラムシ　上杉聡彦訳『愛と思想と人間と』合同出版　1962年
2．平田清明『市民社会と社会主義』岩波書店　一九六九年
3．持田栄一『講座マルクス主義6　教育』日本評論社、一九六九年
4．廣松　渉『唯物史観の原像　その思想と射程』三一書房　一九七一年

5. G・フィオーリ・藤沢道郎訳『グラムシの生涯』平凡社　一九七二年
6. 廣松　渉『世界の共同主観的存在構造』勁草書房　一九七二年
7. 持田栄一『「生涯教育論」批判』明治図書、一九七六年
8. 森田鉄郎・重岡保郎『イタリア現代史』山川出版　一九七七年
9. 黒沢惟昭『疎外と教育』新評論　一九八〇年
10. 黒沢惟昭『社会教育論序説』八千代出版、一九八一年
11. Ch・ビュシ=グリュックスマン　大津真作訳『グラムシと国家』合同出版　一九八三年
12. 廣松　渉『物象論の構図』岩波書店　一九八三年
13. 廣松　渉・増山眞緒子『共同主観性の現象学』世界書院　一九八六年
14. 山之内　靖『社会科学の現在』未来社　一九八六年
15. 伊藤成彦・片桐　薫・黒沢惟昭・西村暢夫編『グラムシと現代』御茶の水書房　一九八八年
16. 黒沢惟昭『国家と道徳・教育　物象化事象を読む』青弓社　一九八九年
17. 加藤哲郎『東欧革命と社会主義』花伝社　一九九〇年
18. 黒沢惟昭『グラムシと現代日本の教育』社会評論社　一九九一年
19. 編集フォーラム90’s『グラムシの思想空間　グラムシの新世紀・生誕101年記念論集』社会評論社　一九九二年
20. 平田清明『市民社会とレギュラシオン』岩波書店　一九九三年
21. 片桐　薫・黒沢惟昭編『グラムシと現代世界』社会評論社　一九九三年
22. 平田清明・山田鋭夫・加藤哲郎・黒沢惟昭・伊藤正純『現代市民社会と企業国家』御茶の水書房　一九九四年
23. ディヴィド・フォーガチ編　東京グラムシ研究会監修・訳『グラムシ・リーダー』御茶の水書房　一九九

五年
24. 黒沢惟昭・森山沾一編『生涯学習時代の人権』明石書店 一九九五年
25. M. マナコルダ 上野幸子・小原耕一訳『グラムシにおける教育原理―アメリカニズムと順応主義』出版社 楽 1996年
25. 八木紀一郎、山田鋭夫、千賀重義、野澤敏治編著『復権する市民社会論』日本評論社 一九九八年
26. 上杉孝實・黒沢惟昭編著『生涯学習と人権 理論と課題』明石書店 一九九九年
27. グラムシ没後60周年記念国際シンポジウム編『グラムシは世界でどう読まれているか』社会評論社 二〇〇〇年
28. 平井陽一『三池争議―戦後労働運動の分析』ミネルヴァ書房 二〇〇〇年
29. 黒沢惟昭・佐久間孝正編『世界の教育改革の思想と現状』理想社 二〇〇〇年
30. N. ボッビオ 小原耕一・松田博・黒沢惟昭訳『グラムシ思想の再検討―市民社会・政治文化・弁証法』御茶の水書房 二〇〇〇年
31. 黒沢惟昭・佐久間孝正編著【増補改訂版】『苦悩する先進国の生涯学習』社会評論社 二〇〇〇年
32. 黒沢惟昭『国家市民社会と教育の位相―疎外・物象化・ヘゲモニーを磁場にして』御茶の水書房 二〇〇〇年
33. J・エーレンベルク 吉田傑俊監訳『市民社会論 歴史的・批判的考察』青木出版 二〇〇一年
34. 黒沢惟昭『疎外と教育の思想と哲学』理想社 二〇〇一年
35. 今井弘道編『新・市民社会論』風行社 二〇〇一年
36. 黒沢惟昭 増補『市民社会と生涯学習 自分史のなかに「教育」を読む』明石書店 二〇〇二年
37. 黒沢惟昭『教育改革の言説と子どもの未来 教育学と教育運動の間』明石書店 二〇〇二年
38. 高畠道敏編『現代市民政治論』世織書房 二〇〇三年

39．山口　定『市民社会論　歴史的遺産と新展開』有斐閣　二〇〇四年
41．山之内　靖『受苦者のまなざし　初期マルクス再興』青土社　二〇〇四年
42．吉田雅明【責任編集】『経済学の現在2』日本経済評論社　二〇〇五年
42．黒沢惟昭『人間の疎外と市民社会のヘゲモニー　生涯学習原理論の研究』大月出版　二〇〇五年
43．渡部　蓊『臨時教育審議会　―その提言と教育改革の展開―』学術出版会　二〇〇六年
44．黒沢惟昭『現代に生きるグラムシ　市民的ヘゲモニーの思想と現実』大月書店　二〇〇七年
45．黒沢惟昭『生涯学習と市民社会　自分史から読み解く「教育学」の原点』福村出版　二〇〇八年
46．黒沢惟昭『アントニオ・グラムシの思想的境位　生産者の夢・市民社会の現実』社会評論社　二〇〇八年
48．La citta futura 1917-1918, Einaudi. 1982
49．Quaderni del Carcerre. Istituto Gramsci. A cura di V. Gerratana. Torino Einaudi. 1975

あとがきにかえて――初出と追記

Ⅰ部

序章は、拙稿「三池闘争の終焉と現代日本――組織された生産者社会の夢・市民的ヘゲモニーの形成――」（長野大学紀要　第30巻第3号、二〇〇八年一二月）のうち、はじめにかえて、一、二、三章である。

第一章、付論1、第二章は、拙著『社会教育序説』（八千代出版、一九八一年の第一章、補論、第二章、第三章）であるが、その後、拙著『国家市民社会と教育の位相　疎外・物象化・ヘゲモニーを磁場にして』（御茶の水書房、二〇〇〇年）Ⅲ部　第一章・補論1、2に表題を変えて収録。

第三章は、初出は拙稿「労働運動と部落解放運動との接点についての一考察――「階級」と「差別」に関する研究・序論」（神奈川大学心理・教育研究論集、第10号、一九九四年）であるが、その後拙著（森山沾一氏と共編著）『生涯学習時代と人権』（明石書店、一九九五年）第1部Ⅰ・二に表題を変えて収録。

第一章付論Ⅱは拙稿「久しぶりに大牟田で『三池の学習会』を学ぶ」（『社会主義』二〇〇九年三月号No.561）である。

なお、三池については拙稿「現代に生きる三池――時代と世代を超えて――」（山梨学院生涯学習センター紀要第12号、二〇〇八年、その後拙著『アントニオ・グラムシの思想的境位　生産者社会の夢・市民社会の現実』社会評論社、二〇〇八年に収録）は、旧稿と重複する面が多いが、さいきんの私の総括でもあるので是非ご参看を乞いたい。

Ⅱ部

第一章は、本書のための書き下ろし。ただし、一部旧稿との関連については付記した。

第二章、第三章は、それぞれ拙著〔増補改訂版〕（佐久間孝正氏との共編著）『苦悩する先進国の生涯学習』（社会評論社、二〇〇〇年）の第一章「現代の生涯教育と市民社会」、〔付論1〕「市民社会と生涯学習――新しい社会形成とボランティア・ネットワーキング――」にあたる。

第四章は、拙著「市民的ヘゲモニーの生成と展開――グラムシの思想と現代日本の主体形成――」（長野大学地域共生福祉論集第3号、二〇〇九年三月）である。

以上、転載をご許可いただいた各出版社、各関係機関に御礼申し上げる。

本書の意義、内容については、「はじめに」で述べたのでくりかえさない。三池は私の教育研究の原点である。向坂逸郎氏が私どものゼミナール開催のシンポジウム「窮乏化論」に講師として来学されたのは私の大学三年の秋だった。その時、「窮乏」の現実を知るためには三池へ行くべきだ。三池の労働者がどう闘っているか。どう学んでいるかを知る必要がある。君たち学生とは違う学び方をしておるぞ。こう語られたことが、五〇年近く経る現在《いま》も昨日のことのように憶えている。それから私の三池への往復が始まった。長年にわたる私の集大成がⅠ部の諸論考である。

「三池労組解散」（二〇〇五年四月一〇日）は、翌日の全国紙で知った。さいごまで闘ったのは一四人。その報道に名状しがたい感動を覚えた。現地で取材を重ねた記者はこう書く。「闘い続けた三池労組の理念は、これからも生かされると信じたい」。しかし、その方途は容易ではない。これまた長年こだわり続けたグラムシの思想を手がかりにして、私の専攻である生涯学習論と架橋・接合することによって生かす道がひらけるのではないか。Ⅱ部はそのための拙論である。さいごに付言すれば、単なる接合と私は考えていない。そうではなくて、三池の闘い、そしてグラムシの思想を導入することによって、つかみどころがない生涯学習がヘゲモニーとしての「教育学」に甦がえり、体系化されるのだ。その方向を見据えて未踏の生涯学習の体系化の構築を目指す所存である。そうであれば本書はその飛翔ためのスプリングボードといってもよいであろう。近くその構想を上木して成果を世に問いたい。そのことをここに約して「あとがき」を結ぶ。

二〇〇九年四月一二日

一教育学徒として　　黒沢惟昭

山崎功　149
山下開　114, 115
山中隆次　249
山本恒夫　177
山本博貫　106
湯浅誠　10
芳川勝　19

ラ
ライマー　254
ラングラン　190, 192-195, 214
レーガン　268
レーニン　43, 45, 50, 123, 125, 126, 169, 228
ローザ・ルクセンブルク　125
ロナルド・ドーア　231, 234-240

ワ
ワーキングペーパー　187
鷲田清一　259

ジウリア・シュヒト　142,143
ジェソップ　257
ジェルピ　214-216
重岡保郎　12
清水慎三　32,39,61
シュルツ　248
ジョヴァンニ・パローディ　152
杉原四郎　249,250
スターリン　228

タ
代久二　149
高木督夫　30,32
高橋庄太郎　27
高橋正雄　27
竹中平蔵　9
タチアナ・シュヒト　143,164,165
田中光夫　37
ダニエル・ベル　205
谷川雁　107-109
谷端一信　32
田畑稔　244,246,247,252,258
帖地国男　39
塚元敦義　31,32,35,36,39,41,
43-47,49,55,60,61,71,76,89,110
辻功　197-199
津高正文　28
鶴見俊輔　282
土光敏夫　195

ナ
中曽根康弘　232,268
中田忠男　67
ナトーリ　144

ハ
灰原茂雄　25,39,61,89,93,106
波多野完治　190
ハッチンス　189
パルミーロ・トリアッティ　150
平田清明　263,264
平畑金一　107
廣松渉　145
フィオーリ　152
プーランザス　145,257
深谷鍋作　28
深山正光　28
藤沢孝雄　22,24
藤沢道郎　152
プルードン　250
ヘーゲル　279
ヘゲモニー　277
ベネデット・クローチェ　148
ポール・ラングラン　187

マ
前平泰志　215
松下圭一　221,282
松田博　251
松本治一郎　106
マルクス　45,60,111,112,119,120,
242-245,249,250,257,282,283
宮川睦男　32,71,110
ミル　249
ムッソリーニ　138,142
村岡到　247
毛沢東　228
モーリス・ドッブ　122
師岡佑行　102
持田栄一　282-289
森隆夫　187
森山沾一　298

ヤ
山川均　47,110

索　引

ア

麻生誠　190, 191, 193, 198, 199
安倍晋三　10
荒畑寒村　109
アルド・ナトーリ　143
アンジェロ・タスカ　150
石塚正英　247
石堂清倫　153
伊藤俊夫　256
稲葉光昭　20
今村仁司　227, 228, 242
イリイチ　254
岩井克人　205
ヴァザーク　215
ウーゴ・スピリト　157
上杉佐一郎　98, 99, 103, 105-107, 109
上野格　249
植村邦彦　248, 250, 257
上村忠男　148, 154-159, 163, 164, 173
受川孝　17
碓井正久　256
内田義彦　263, 277
ウンベルト・テルラチーニ　150
エドガー・フォール　189
太田薫　105
大藪龍介　246
岡嵩・高橋磐　207
小川剛　253, 254
小川太郎　28
奥田八二　64, 91

カ

カール・シュミット　155
カウツキイ　41, 124
金子郁容　259
ガボール　202
鎌田慧　16, 34, 97, 115
鴨武彦　230
川口武彦　32, 71
川野辺敏　196
木下春雄　28
久野収　282
久保清　26, 78
久保田正巳　39
熊谷博子　14
倉内史郎　256
グラムシ　11, 12, 111-114, 138-151, 153-157, 159-173, 251, 257, 266, 269-273, 275, 276, 282, 285-294, 300
小泉純一郎　9
孔子　186
幸徳秋水　156
河野昌幸　39
小浜逸郎　207
小林文人　177
古宮敏孝　116

サ

斎藤浩志　28
堺利彦　156
向坂逸郎　12, 16, 17, 24, 31, 32, 43-47, 76, 106, 114, 119-122, 276, 299
佐久間孝正　299
サッチャー　231, 232, 236
佐藤一斎　198
サン・シモン　248

黒沢惟昭（くろさわ・のぶあき）

1938年長野市に生まれる。一橋大学社会学部、東京大学大学院で社会思想、教育学を学ぶ。神奈川大学、東京学芸大学などを経て現在、長野大学教授。川崎市生涯学習振興財団理事、日本社会教育学会常任理事を務める。
主要著書：『国家・市民社会と教育の位相——疎外・物象化・ヘゲモニーを磁場にして』（御茶の水書房、2000年）、『疎外と教育の思想と哲学』（理想社、2001年）、『教育改革の言説と子どもの未来——教育学と教育運動の間』（明石書店、2002年）、『増補・市民社会と生涯学習——自分史のなかに「教育」を読む』（明石書店、2002年）、『現代に生きるグラムシ——市民的ヘゲモニーの思想と現実』（大月書店、2007年）『アントニオ・グラムシの思想的境位——生産者社会の夢・市民社会の現実』（社会評論社、2008年）ほか。

生涯学習とアソシエーション
——三池、そしてグラムシから学ぶ

2009年10月30日　初版第１刷発行

著　者：黒沢惟昭
装　幀：桑谷速人
発行人：松田健二
発行所：株式会社社会評論社
東京都文京区本郷2-3-10　☎ 03(3814)3861　FAX 03(3818)2808
http://www.shahyo.com
印刷：スマイル企画＋倉敷印刷
製本：東和製本

ISBN978-4-7845-0884-6